2015年度河南省哲学社会科学规划项目
2015CLS022

自然环境与社会互动下的唐宋洛阳研究

朱宇强 著

·广州·

版权所有　翻印必究

图书在版编目（CIP）数据

自然环境与社会互动下的唐宋洛阳研究/朱宇强著.—广州：中山大学出版社，2020.8

ISBN 978-7-306-06937-5

Ⅰ.①自… Ⅱ.①朱… Ⅲ.①城市史—研究—洛阳—唐宋时期 Ⅳ.①K296.13

中国版本图书馆 CIP 数据核字（2020）第 152041 号

出 版 人：	王天琪
责任编辑：	王延红
封面设计：	刘　犇
责任校对：	吴政希
责任技编：	何雅涛
出版发行：	中山大学出版社
电　　话：	编辑部 020-84111946，84110283，84111997，84110771
	发行部 020-84111998，84111981，84111160
地　　址：	广州市新港西路 135 号
邮　　编：	510275　传　真：020-84036565
网　　址：	http://www.zsup.com.cn　E-mail：zdcbs@mail.sysu.edu.cn
印 刷 者：	佛山市浩文彩色印刷有限公司
规　　格：	787mm×1092mm　1/16　12.25 印张　210 千字
版次印次：	2020 年 8 月第 1 版　2020 年 8 月第 1 次印刷
定　　价：	48.00 元

如发现本书因印装质量影响阅读，请与出版社发行部联系调换

崤山山脉之新安县青要山漏明崖（摄于 2016 年 3 月 19 日）

崤山山脉南麓之洛宁县罗岭乡罗岭村（摄于 2018 年 10 月 2 日）

邙山之孟津县小浪底镇段（摄于 2016 年 1 月 20 日）

熊耳山山脉之洛宁县神灵寨（摄于2017年7月16日）

熊耳山脉之宜阳县锦屏山（摄于2016年3月27日）

熊耳山脉与嵩山山脉之间的伊阙（摄于2015年10月18日）

嵩山山脉之洛阳市万安山（摄于2016年3月13日）

嵩山山脉之登封市太室山(摄于 2016 年 10 月 1 日)

伏牛山脉之嵩县五道潭（摄于 2016 年 7 月 15 日）

伏牛山脉之栾川县龙峪湾（摄于 2018 年 8 月 4 日）

序　言

"每一代人都有自己对自然秩序的描述，这种描述总能同样多地揭示出人类社会和大自然及其各自的不断变化的关系。"[①] 18世纪，西方逐渐进入工业化社会。与此同时，自然环境与人类社会的关系也在发生着微妙的变化。基督教式的田园主义、梭罗的浪漫主义、爱默生的超验主义等，对大自然持有机论的、整体论的思想、观点以及感性认识的，逐渐为笛卡尔、牛顿、培根等所倡导的机械论的、理性的、帝国生态观的思想、认识所取代，甚至以教条化的机械分析方法认识大自然。近代以来，伴随着西方的坚船利炮、工业化浪潮、文化输出，这种自然观念也深刻影响了地球上的大多数国家和地区。中国传统的人与自然的关系也因物质、精神文明的迅速变革，与其他传统文化一起被清扫一旁。生机勃勃的大自然，被视为生产过程中毫无生气的一个部分、一个环节；大自然退居于单纯的经济发展背后，成为"舞台"的幕布或背景；人们的生活似乎离自然也越来越远，自然越来越"无关紧要"。

近代城市是工业文明的产物。大自然和城市曾是"野蛮"与"文明"的象征，相互对立、相互隔绝。自然环境、自然环境与社会经济的关系，曾一度在城市问题中处于次要的、从属的地位。城市是人的城市，大自然在城市中是缺位的。然而，人类始终是大自然的一员，大自然也从未离开过城市。

20世纪五六十年代，环境污染、生态恶化等问题严重威胁到了人类的生存。绚烂夺目的城市文明之光，也被大气污染、光污染、噪声污染、

[①] ［美］唐纳德·沃斯特著，侯文蕙译：《自然的经济体系——生态思想史》，商务印书馆1999年版，第343页。

水体污染等所遮蔽。人们意识到"不要过分陶醉于我们人类对自然界的胜利","每一次胜利,起初确实取得了我们预期的结果,但是往后和再往后却发生完全不同的、出乎意料的影响,常常把最初的结果又消除了",① 开始思考人类文明的新出路。被看作"恢复人类与自然界其他生物之间已失去很久的那种伙伴与亲密关系"② 途径之一的生态学,越来越得到包括生物学、地理学,乃至经济学、社会学、历史学在内的众多学科的重视。人们开始反思以人类、人类社会为中心的研究思路与方法,"有些历史学家终于开始接受生态学以及其他的自然科学,同时开始从根本上重新定义了我们所构想的人类事务。"③

人类是自然的一部分,不可能孤立地存在于自然之外,需要从自然环境中不断获取满足衣食住行等方面基本生存的各种资源,同时参与到生态系统的物质循环与能量流动中。作为人类聚落形式之一的城市,汇聚了大量的人口、物资、财富,也是制度、思想、教育、艺术、社会风尚等人类精神文明的重要创造地。一方面,城市生存发展所需要的各种资源来自乡村、来自腹地、来自大自然;而城市产生的各种"废物",又以某种形式重新回到了大自然。另一方面,城市与自然环境的交流是通过人类所创造的文化进行的,城市与自然环境之间不仅仅有物质、能量的交换,更有精神层面的对话。城市的发展变化与环境的变迁是密切相关、互为因果、相互作用的。

有机体与其周围环境的相互关系,就是生态。城市居民与其环境相互作用而形成的整体,就是城市生态系统。环境指某一特定生物体或生物群落,比如人类或城市居民周围地方或周围一切的总和,既有空间上的含义,也包括各种直接或间接影响该生物体或生物群落生存、发展的各种因素。环境是一个相对的概念,相对于主体生物或生物群落而言。城市环境是相对于城市主体,即城市居民而言的,按照其性质可分为自然环境与社会环境。自然环境是城市产生、存在、发展的基础。人类城市产生之前,自然已长久地存在着,呈现着芒福德所说的"由地理结构、土壤、地表

---

① [德]恩格斯著,中共中央马克思恩格斯列宁斯大林著作编译局编译:《自然辩证法》,人民出版社2015年版,第313页。

② [美]唐纳德·沃斯特著,侯文蕙译:《自然的经济体系——生态思想史》,商务印书馆1999年版,第388页。

③ [美]唐纳德·沃斯特:《为什么我们需要环境史》,《世界历史》2004年第3期,第6页。

的起伏、水系、气候、植被和动物生命等所形成的原生状态"。城市作为区域中心，往往"集中了经过该区域的能源、人员和物资的流动，对它们进行集结、分散、转移或重新派送"，富有吸引力与开放性。人类在"将自然转化到城市的结构语言中"，创造了城市文化，形成了城市的社会环境。① 自然环境与城市社会是相互作用、相互影响、相互融合的。人们"通过研究作为自然一部分的人类如何随着时间的变迁，在与自然其余部分互动的过程中生活、劳作与思考，从而推进对人类的理解"②，而我们也试图研究作为自然一部分的洛阳城市居民，在唐宋之际如何在自然环境与社会互动的过程中，创造出洛阳城市文化与生命的意义。

最早系统地研究自然环境与社会互动关系的，并非生态学家，而是社会学家。受 20 世纪初生态学思想的影响，以美国芝加哥大学的罗伯特·帕克（R. Park）为代表的社会学家们，采用生态学的基本理论研究城市社会问题，提出了人类生态学的研究方法。芝加哥学派倡导在研究城市社区时，重点考察人类活动的空间布局与生态关系的变化，关注人类社会与自然环境之间的关系，强调生物系统与社会系统的有机融合。尔后，随着生态学的发展，特别是生态系统理论的提出，芝加哥学派的人类生态学理论得到了继承和发展。20 世纪五六十年代以后，奥迪斯·邓肯（O. D. Duncan）从人口（population）、组织（organization）、环境（environment）、技术（technology）四大变量的互动关系，解释自然环境与社会相互作用而形成的生态系统。改革开放后，中国一些学者开始尝试以生态学理论、生态系统理论阐述、分析自然环境与社会关系。1984 年，马世骏、王如松《社会－经济－自然复合生态系统》一文提出，"社会、经济和自然是三个不同性质的系统，都有各自的结构、功能及其发展规律，但它们各自的存在和发展，又受其它系统结构、功能的制约"，必须将三个系统当作一个复合系统来考虑，也就是"社会－经济－自然复合生态系统"③。这一复合生态系统理论对中国生态学、人类生态学以及自然环

---

① ［美］刘易斯·芒福德著，宋俊岭、李翔宁等译：《城市文化》，中国建筑工业出版社 2009 年版，第 354、367 页。

② ［美］J. 唐纳德·休斯著，梅雪芹译：《什么是环境史》，北京大学出版社 2008 年版，第 1 页。

③ 马世骏、王如松：《社会－经济－自然复合生态系统》，《生态学报》1984 年第 1 期，第 1 页。

境与社会的关系相关研究产生了深远影响。王利华先生在吸收、融合、借鉴"社会-经济-自然复合生态系统"理论基础上,提出历史时期自然环境与社会的互动关系的系统表述,"人类社会现象与自然环境因素之间存在着极其复杂的生态关系,人与自然彼此因应、互相反馈和协同演化"、互为因果,而进行研究的核心理念应当是"生命关怀",即"既要关怀人类自己的生命,同时还要关怀其他物种乃至非生物因素",自然环境与人类社会是一个具有复杂生态关系的"生命共同体"。①

---

① 王利华:《探寻吾土吾民的生命足迹——浅谈中国环境史的"问题"和"主义"》,《历史教学(下半月刊)》2015年第12期,第3-8页。

目　　录

第一章　"骨骼"与"肌肉"
　　——唐宋洛阳城的山脉与土壤 ……………………………………（1）
　　第一节　山河险固 ……………………………………………（6）
　　第二节　襟带两京 ……………………………………………（11）
　　第三节　北邙修亘 ……………………………………………（15）
　　第四节　导洛自熊耳 …………………………………………（23）
　　第五节　嵩高外方 ……………………………………………（27）
　　第六节　厥土惟壤 ……………………………………………（30）

第二章　"气息"与"血脉"
　　——唐宋洛阳城的气候与水系 ……………………………………（36）
　　第一节　唐宋洛阳的气候变迁 ………………………………（36）
　　第二节　唐宋洛阳的水环境概况 ……………………………（46）
　　第三节　洛阳城的"主动脉"——洛水 ……………………（48）
　　第四节　洛阳城的"主静脉"——伊水 ……………………（52）
　　第五节　洛阳城的"毛细血管"——瀍涧及其他支渠 ……（55）

第三章　生命共同体
　　——唐宋洛阳地区的动植物 ………………………………………（69）
　　第一节　洛阳古今动物概况 …………………………………（70）
　　第二节　唐宋洛阳动植物变迁 ………………………………（74）

第四章　生命共同体
　　——唐宋洛阳城市人口 ………………………………（78）
　　第一节　唐以前洛阳人口变迁 ………………………（80）
　　第二节　唐代洛阳人口变迁 …………………………（83）
　　第三节　五代时期洛阳人口变迁 ……………………（89）
　　第四节　北宋洛阳人口变迁 …………………………（92）

第五章　自然环境与城市社会的生态空间互动 ……（100）
　　第一节　唐宋洛阳城居民的核心生存空间 …………（101）
　　第二节　唐宋洛阳城居民的生存维持空间 …………（126）

第六章　城市社会生命层面的直接互动 ……………（152）
　　第一节　唐宋时期洛阳城自然灾害概况 ……………（153）
　　第二节　唐宋洛阳自然灾害与环境承载力 …………（159）

结语 ……………………………………………………（163）

参考文献 ………………………………………………（168）

第一章 "骨骼"与"肌肉"
——唐宋洛阳城的山脉与土壤

城市以自然环境为基础,从自然中产生,是自然环境与社会交互作用的结果。人首先是自然的一部分,不能够脱离自然环境而生存。不同区域的人们,会采用不同的策略,适应身处的环境,并改造、利用自然环境,更好地实现族群的生存、延续与发展。城市是人类群体的一种聚集形式,也是人类适应环境的一种文化体系。

"凡立国都,非于大山之下,必于广川之上。高毋近旱而水用足,下毋近水而沟防省,因天材,就地利,故城郭不必中规矩,道路不必中准绳。"[①] 城市并非无中生有,而是依托于一定的自然环境。特别是中国传统社会的城市,根植于土地,与乡村的联系非常紧密。自选址创制之时,人们首先考虑的是城市周围的环境,河流、山川、地形、地势、地利等。与乡村相比,城市人口众多,需要大量的维持城市社会系统正常运行的各种资源,如食物、水、燃料、矿产、动植物等。这些资源都要从城市周围的乡村、腹地等地区获取,根本上讲,要从城市周围的自然环境中获取。随着城市政治地位、经济作用、社会影响的不断提升,人口数量和城市规模也会不断增加,适宜的自然环境能够支撑起更大的城市。相应地,规模更大的城市与自然环境的互动也更加广泛。一方面,在条件相对恶劣的自然环境下,城市、城市社会的发展受到较多的束缚,甚至根本无从产生城市;另一方面,即使是自然条件、资源禀赋相对优越的城市,也存在着与环境相适应的问题,特别是如何应对环境变化的问题。

在城市生态学中,自然环境一般指未经人类改造、利用,或非人工制

---

① 黎翔凤:《管子校注》卷1《乘马》,中华书局2004年版,第83页。

造的生物或非生物因素,是直接或间接影响着人类社会的各种自然条件的总和。这种非此即彼的分类式的定义,有助于准确、全面地了解、认识某一区域城市生态系统中自然环境的结构、功能、作用,有助于细致地分析各自然因素之间以及与城市、城市居民及城市社会之间的关系,形成一个较为系统的认识。同时,不同的自然因素都有其"时、空、量、构、序"的规律,"始终处于平衡与失衡的动态变化之中"①。在某一区域、某一时期,某种自然因素可能发生失衡,或其变化超过城市社会所能承受的范围,导致城市生态系统乃至整个区域发生紊乱,对城市居民造成威胁。或在某一时期某种自然因素对城市社会发展具有极为重要的作用,例如,唐代洛河、伊河与城市水运的关系,以及对洛阳城市经济发展的重要作用。因此,按照"时、空、量、构、序"的规律考察某个自然因素,有助于有重点、有针对地研究自然环境与社会之间的互动关系,有助于更好地理解唐宋之际洛阳城市生态系统的整体。

先秦时期,洛阳及其附近地区就是中国发展较快的区域之一,较早地过渡到以农业生产为主的社会,是中华农业文明的肇始地之一。农业生产对洛阳来说,极为重要。与农业生产密切相关的光照、土壤、降水、温度等自然因素对洛阳的影响最大。同时,农业生产对自然环境的变化又较为敏感。光热条件的变化、水资源的丰盈欠缺、土壤性质的变化、动植物的迁徙进缩等都可能制约农业生产的发展,甚至带来灾荒,影响城市居民的生存、生活。

生态更是一种互动关系,城市居民与其他居民以及周围环境中的生物、非生物因素共同构成了"生命共同体"。生态环境学中,时常强调"蝴蝶效应"的问题,即环境中的各个因素都是相互联系的。环境中的各个因素,都可能对城市居民、对其他因素造成重大影响。因此,我们始终强调的是自然环境与社会的互动,强调的是洛阳城市生态系统各要素之间的互动关系。城市社会历史应当与更广阔的自然史相融合,在物质流动、能量循环中考察城市政治、经济、社会、文化的运作与发展,考察城市与城市腹地之间的关系,考察城市在区域以及整个国家体系中的地位。

文化是人类适应、利用、改造自然的方式。不同时期、不同地域、不

---

① 王利华:《探寻吾土吾民的生命足迹——浅谈中国环境史的"问题"和"主义"》,《历史教学(下半月刊)》2015年第12期,第6页。

第一章 "骨骼"与"肌肉"——唐宋洛阳城的山脉与土壤

同自然条件下,人们发展出不同的生存策略,形成不同的文化。同一地域、不同时期、不同自然条件下,人们对自然因素的认识、利用、改造也是不同的。以今日眼光来看,一些自然因素及其变化对社会经济并无太大"影响",但在唐宋时期却深刻地影响着洛阳。以先秦时期的眼光来看,一些自然、社会因素影响较大,但至唐宋时期可能已湮灭无闻了。西周时期,洛阳西南部的中山、深山区内散布着诸戎狄部族,平王东迁后"辛有适伊川,见被发而祭于野者,曰:'不及百年,此其戎乎!其礼先亡矣'"①。此后,陆浑之戎被秦晋迁至伊川,这一地区仍旧是"狐狸所居,豺狼所嗥","诸戎除翦其荆棘,驱其狐狸豺狼,以为先君不侵不叛之臣"②。秦汉之后,随着洛阳地区人口不断增加,沿伊河、洛河的西进、西南进的交通路线不断延展,以及农业生产技术的改良,这一地区的戎狄诸族逐渐融合、消亡,被农业居民所取代。东汉末年,胡昭隐居于陆浑山中,仍时常见到"有野人居之,长生不死。春秋时迁陆浑之戎,意其遗类"③。见微知著,除了对唐宋时期洛阳居民生产、生活密切相关的自然因素外,一些看似"无关"的自然因素,也是我们需要考虑与研究的。

大业元年(605),隋开始在汉魏洛阳城西十八里处,兴建新城。此后唐、宋承袭沿用,故址存续至今,即隋唐洛阳城遗址。唐宋时期的洛阳城位于伊洛河盆地的西部,"北倚邙山之塞,东出瀍水之东,西出涧水之西,洛水贯都,有河、汉之象焉"④。自然环境是人们选址建城的首要考虑因素。在伊、洛、瀍、涧四河水系变迁、森林植被盈缩、动物资源变化以及兵燹战火破坏、政治社会地位变革等的影响下,唐宋时期洛阳城的规模时有变化。在隋唐洛阳城遗址范围内,还存在着西周洛邑、东周王城、西汉至北周时期的河南县城城址等。这些城址在承袭沿用或迁徙营建的过程中,与自然环境之间的互动关系,对研究唐宋洛阳城自然环境与城市选址营建具有重要的参考价值。唐宋洛阳城在承继前代的基础上,对自然环境不断地进行再改造;城市居民在生产生活的过程中,不断地与城市自然环境相互

---

① 〔晋〕杜预注,〔唐〕孔颖达疏:《春秋左传正义》卷15,中华书局1980年影印版,第1813页。
② 〔晋〕杜预注,〔唐〕孔颖达疏:《春秋左传正义》卷32,中华书局1980年影印版,第1956页。
③ 〔北宋〕李昉等:《太平御览》卷42《地部七》,中华书局1960年影印版,第200页。
④ 〔唐〕李林甫等撰,陈仲夫点校:《唐六典》卷7《尚书工部》,中华书局1992年版,第220页。

动,形成了具有洛阳城特色的自然认知与生态观念。城市自然环境被赋予越来越丰富的文化内涵,已不同于"纯粹"的自然环境,而是与人类文化相交融的、与人类社会密切联系的自然。唐宋洛阳城址区域是城市生态系统的核心,也是自然环境与社会经济相互作用、激荡交融最深刻的地区。

"郭外之田五十亩,足以给飦粥;郭内之田十亩,足以为丝麻"①,农业社会中,城市附近的"附郭"之地具有重要的经济地位,是城市经济的重要组成部分,承担着城市居民基础性的物资供给,如粮食、蔬果、衣料、薪柴等。临近城市核心区域,城内或负郭的土地被誉为沃润流泽,是最为丰腴的。而作为全国政治、经济中心的洛阳,城市周围的地区更是具有极高的经济价值,与城市区相似,负郭之地也是自然环境与城市社会经济互动最为频繁的地区,而且也是城乡互动最为密切的地区。自唐至宋的兴衰交替间,负郭范围也时有进退。从生态学的角度来看,城市是一个开放的系统,需要不断地与环境进行物质循环与能量交换。唐宋时期,洛阳行使都城或国家中心城市职能时,所需要的各种物资非负郭之地能够满足,要由更大范围的城市腹地来提供。与城市社会相互动的自然环境也更为多样、更为复杂、更为广阔。

洛阳河、山控带,形胜甲于天下,"南望三涂,北望岳鄙,顾詹有河,粤詹雒、伊,毋远天室"②。极目所望,伊洛河盆地及其周围山系围合而成了历代洛阳城的"形胜",是洛阳城辐射的基本区域。洛阳作为都城或国家中心城市时,这一基本的辐射区域往往扩展至北面的黄河北岸太行山边鄙、西面的崤渑太华、东面的旋门虎牢,"溯洛背河,左伊右瀍,西阻九阿,东门于旋;盟津达其后,太谷通其前;回行道乎伊阙,邪径捷乎轩辕;大室作镇,揭以熊耳;底柱辍流,镡以大伾"③。审曲面势,一方面,伊洛河盆地及其周围山系为洛阳城营造了基本安全的环境("山河险固"是历代王朝定都洛阳考虑最多的因素之一);另一方面,伊洛河盆地具有适宜农业生产、农业社会的自然环境,"天地之所合也,四时之所交也,风雨之所会也,阴阳之所和也",可谓百物阜安。④ 伊洛河盆地肥

---

① 〔清〕郭庆藩撰,王孝鱼点校:《庄子集释》卷9下《让王》,中华书局1961年版,第978页。
② 〔西汉〕司马迁:《史记》卷4《周本纪》,中华书局1975年版,第129页。
③ 〔南朝·梁〕萧统编,〔唐〕李善注:《文选》卷3,中华书局1977年版,第65–66页。
④ 〔清〕孙诒让撰,王文锦、陈玉霞点校:《周礼正义》卷1《天官冢宰》,中华书局1987年版,第9页。

第一章 "骨骼"与"肌肉"——唐宋洛阳城的山脉与土壤 5

沃的冲积土、相对优越的气候条件、丰富的水源、多样的生物资源等，为唐宋洛阳居民提供了生产、生活所需要的各种资源。但是，伊洛河盆地"其中小，不过数百里，田地薄"①，不如天府之国的关中盆地，"在人口还未达到饱和之时，当地所生产的物资还是可以供给雒邑城中的需要的"②。不过，唐宋时期，洛阳作为都城或国家区域中心，具有极强的吸附力，吸引大量的各色人等汇集于此，人口规模迅速趋于饱和，甚至超出伊洛河盆地的环境承载力。"洛阳土中，朝贡道均"③，万方辐辏，来自全国乃至海外的各种物资汇聚于此，既满足了洛阳居民的各种需求，也使洛阳作为全国经济枢纽的地位更加凸显。在某种程度上，洛阳城是在全国乃至更大范围，与自然环境进行着互动。但是，"百里不贩樵，千里不贩籴"，对于洛阳来说，最基本的、最重要的仍然是城市内外、伊洛河盆地以及城市辐射的"三河"地区。

综上所述，为了更为细致、全面、系统地理解唐宋时期洛阳城内外、伊洛河盆地以及城市辐射区的自然环境，及其与城市社会经济的互动关系，我们需要分门别类地考察自然环境各主要因素的历史变迁；同时，有必要参考现代伊洛河盆地及唐宋洛阳城市辐射区的自然环境状况。基于以下考虑：①为历史时期自然环境的变迁设定一个科学的参照系。按照竺可桢先生的划分，唐宋时期仍然是传统的物候时期，人们对气候的认识主要是"用人目来看降霜下雪，河开河冻，树木抽芽发叶、开花结果，候鸟春来秋往，等等"④。物候评价方法的优点是资料丰富，具有一定的延续性，反映了人们对环境变迁的直观认识，但问题在于缺乏科学的观测与计量，无法进行精确的分析，主观随意性较大。不同时期、不同境遇的人们可能对同一现象做出不同的、甚至是相反的描述。因此，历史时期自然环境变迁的记载，需要与现代物候相比较，才能得出较为准确的结论。②自然环境中的部分因素对于人类社会来说，具有较长时段的稳定性，如地质、地貌、气候类型等。而土壤、水、光照、温度等因素，自唐宋以来，其变化的幅度也在洛阳地区多数生物种群的生态幅以内。而森林植被、动

---

① 〔西汉〕司马迁：《史记》卷55《留侯世家》，中华书局1975年版，第2043页。
② 史念海：《中国古都和文化》，中华书局1998年版，第191页。
③ 〔北宋〕司马光：《资治通鉴》卷193，中华书局1956年版，第6191页。
④ 竺可桢：《中国近五千年来气候变迁的初步研究》，《中国科学》1973年第2期，第168—189页。

物分布等虽然有较大变化，但物种类型基本没有太大变化。现代洛阳地区的地质地貌、气候、土壤、水、植被及动物分布等研究具有一定的参考价值。③近代以来，随着西方文明的传入，中国传统的生存方式发生了巨大的改变。人们对自然环境的理解、认识也随之发生了改变。现代自然环境解释体系不同于传统自然环境知识体系，我们固然不能用现代知识体系强行解释传统的自然认知，但又需要将两套解释体系结合在一起，这样才能更为全面地认识唐宋时期洛阳自然环境及其变迁。现代自然环境科学研究相对来说更为全面、深入，一些被唐宋时期洛阳居民"忽略"的自然因素，能够得到更好的阐释。

第一节　山河险固

"山河险固"是洛阳形胜的突出特征。汉初，刘邦左右大臣多劝其定都洛阳，以"雒阳东有成皋，西有殽黾，倍河，向伊雒"①，山河险固。东汉灵帝光和七年（184），为防黄巾之乱，因洛阳山川形胜，设置八关都尉。隋仁寿四年（604），隋炀帝即位，拟定都洛阳，认为洛阳"控以三河，固以四塞，水陆通，贡赋等"②。唐高宗驾崩后，灵驾将迁至长安，陈子昂上书，盛陈洛阳形胜，谏议即于此安置山陵。洛阳地处"瀍涧之中，天地交会，北有太行之险，南有宛、叶之饶，东压江、淮，食湖海之利，西驰崤、渑，据关河之宝"③。宋开宝九年（976），宋太祖赵匡胤巡幸洛阳，有迁都之意，打算利用洛阳山河之胜，去除冗兵，效仿周汉，以安天下。再如宋李格非对洛阳山川形胜的著名论述："洛阳处天下之中，挟殽渑之阻，当秦陇之襟喉，而赵魏之走集，盖四方必争之地也。"④ 从这些关于洛阳形胜的论述中，可以看出，山川便利、四塞之险是洛阳最为突出的特征之一。东面的成皋、西面的殽渑、南面的伊阙、北面的黄河乃至太行是涉及最多的。

隋唐洛阳城遗址位于伊洛河盆地西端。伊洛河盆地位于今河南省西

---

① 〔西汉〕司马迁：《史记》卷55《留侯世家》，中华书局1975年版，第2043页。
② 〔唐〕魏徵、令狐德棻：《隋书》卷3《炀帝纪》，中华书局1973年版，第61页。
③ 〔后晋〕刘昫等：《旧唐书》卷190中《文苑中》，中华书局1975年版，第5020页。
④ 〔北宋〕李格非著，〔明〕毛晋订：《洛阳名园记》，松本幸彦重校刊本1829年，第12页。

第一章 "骨骼"与"肌肉"——唐宋洛阳城的山脉与土壤

部,处于中国地势三大阶梯中的第二阶梯与第三阶梯的过渡地带。向西地势不断抬升,至黄土高原;向东地势不断下降,至黄淮海平原;南面是绵延八百里的伏牛山脉;北面跨天险黄河,有东偏北的太行山脉横亘于山西高原南麓。山地,是洛阳城周围主要的自然地理环境特征之一。

从大的范围上说,洛阳城周围山地属于"豫西山地"的一部分。现代自然地理学将秦岭山系东延至河南省的部分称为豫西山地。豫西山地自北向南,如手掌五指般分布着小秦岭山脉、崤山山脉、熊耳山山脉、外方山山脉、伏牛山山脉。这些山脉及其余脉将洛阳城、伊洛河盆地包纳其中。豫西山地初步形成于地质时期的中生代末期,在燕山运动的影响下,洛阳周围地区发生了显著的褶皱、断裂以及岩浆侵入等活动,塑造了洛阳地区地形地貌的基本特征。新生代以来发生的喜马拉雅运动、新构造运动等进一步使豫西山地整体抬升,加剧了地形地貌的差异性。而在长期的风化、重力等地质作用下,不断地侵蚀、搬运、沉积,不断地改变着地表的面貌。

经过漫长地质时期的演变,豫西山地几经沧海桑田、陵谷变迁。而与漫长的地质年代相比,人类活动的历史时期则相对较短,洛阳地区豫西山地的基本特征也没有发生太大的变化。唐宋时期洛阳居民所看到的山峦丘陵,与现代的差异不大;当然,存在个别山体变形,部分山体表面植被、溪谷分布等在不同时期也有较为明显的变化。

豫西山地主体山脉的山势多高耸险峻。受地质时期褶皱、断裂运动和岩浆侵入的影响,山体成分多为质地坚硬的花岗岩、石英岩、喷出岩等,山体绝壁横生,车行至此,"不得方轨"。这些岩石本身又具有较强的抗侵蚀性,水难浸入,因此,降水或地下水往往沿着岩层间空隙、岩层节理流动、侵蚀,形成深邃而狭窄的 V 形谷地。谷地两岸,壁立千仞,一旦出现较大强度的降水,极易发生山洪泥石流、山体滑坡等自然灾害。山地主体山脉的周围分布着一些海拔低于 1000 米的低山、石质丘陵等。这些低山、丘陵的表面覆盖着厚薄不等的新生代黄土层。山地周边,特别是崤山山脉向东延伸的部分,分布着大面积的黄土丘陵、黄土台地等,海拔较低,宽阔平缓,但又易受到风力、水流的侵蚀。

传统文化与知识体系中,对"山"的认识,多为单一山体,即现代地理学中构成山地的基本单元形态。山地并非适宜于人类生存、生活、生产的区域,人们对山的认识多与其自身的活动相关。人迹罕至之处,山的记载也相对较少。豫西山地包围着伊洛河盆地，其中也点缀着一些山间谷地、盆地。这些地势相对平缓的地区是人们生活、居住的主要区域。山，则构成了一道道天然的屏障。人们沿山间河谷，穿越于群山之间，往来于盆地、谷地内外。因此，豫西山地的史料记载多集中于重要交通孔道附近。人们对豫西山地的认识，所形成的"山"的观念也多与交通往来的体验相联系。另一方面，"虞不出则财匮少"①，山林是传统社会重要的物资来源，竹、材、石、铜、铁等物多出于山。山泽之饶，历来是财富的体现，既可富民，也可富国。豫西山地在历史时期，林木繁茂、矿产丰富、动物多样，多有竹木之饶。例如，唐《新修本草》记载，"银与金，生不同处，所在皆有，而以虢州者为胜"②。山之于洛阳城社会经济发展具有重要的地位与作用。此外，豫西山地中的一些山岭还被赋予了重要的政治意义与文化内涵。因此，本书以唐宋时期洛阳地区的陆路交通为主线，依次考察各种史料记载的山岭，特别是对洛阳城经济、社会、政治、文化有重要影响的。

与豫西山地相关的史料较多，但也较为分散。《尚书·禹贡》被称为"古今地理志之祖"，假借大禹之名，记载治水之后，更复改新，随山刊木，奠定九州。《禹贡》记载了九州区划内的"山岭、河流、薮泽、土壤、物产、贡赋以及交通道路等"，同时还罗列了各个地区的"主要山脉河流的走向、流经"，具有很高的科学价值。③《禹贡》作为《尚书》中的一篇，其所记载的内容，对后世影响很大。豫州部分的山河、湖泽、土壤、贡赋等，既反映了先秦、秦汉时期人们的认识，也成为后世洛阳、河南地理的一种文化标识与符号。《汉书·地理志》（简称《汉志》）开地理志书之先河，此后的正史《地理志》、地方志等多因循《汉志》体裁与内容。《汉志》以行政区划疆域为主体框架，记载了各郡国、县道的山岳等自然地理信息以及交通、关隘、物产、城邑、乡聚、盐铁、物产等人文地理信息。虽然本书关注的时段主要是唐宋时期，但前后沿革，《汉志》"河南郡""弘农郡"和"河内郡"的相关记载具有重要的参考价值。《隋书·地理志》、两唐书《地理志》、《旧五代史·郡县志》、《新五代

---

① 〔西汉〕司马迁：《史记》卷 129《货殖列传》，中华书局 1975 年版，第 3255 页。
② 〔明〕李时珍：《本草纲目（校点本）》卷 8《金石部一》，人民卫生出版社 1982 年版，第 461 页。
③ 〔清〕胡渭著，邹逸麟整理：《禹贡锥指》，上海古籍出版社 2006 年版，第 1 页。

史·职方考》、《宋史·地理志》的相关记载是考察唐宋时期洛阳地区山地环境与城市经济社会互动的主要资料。

唐李吉甫《元和郡县图志》是我国目前现存最早且较为完整的一部地方志书，起于关内道京兆府，终于陇右道，共四十七镇，分为四十卷，每镇篇首有图，但至北宋即已亡佚。卷五河南道河南府，卷六河南道陕州、虢州、汝州，记述了各府州县的山川形势、关隘桥梁、城邑古迹等，"审户口之丰耗，辨州域之疆理"，重点在于"兵镶山川，攻守利害"。① 宋乐史《太平寰宇记》延续《元和郡县图志》之制，而又鉴于其"编修太简""朝代不同"，查漏补缺，而又有所创造，"万里山河，四方险阻，攻守利害，沿袭根源"，成二百卷，起自河南，周于海外。② 《太平寰宇记》远述两周、秦汉，近及五代、宋初，备载宋初十三道及"四夷"建置沿革、山川湖泽、土产贡赋、关塞亭障、名胜古迹、四至八到等。宋王存、曾肇、李德刍编修《元丰九域志》十卷，始自四京，终于化外、羁縻州，在各府州军监领县中详细列出乡、镇、堡、寨以及名山大川等信息。与《太平寰宇记》相比，《元丰九域志》详于北宋时期的地理信息，基本不追述前代，内容丰富。其后，又有成书于北宋晚期的《舆地广记》。欧阳忞的《舆地广记》共三十八卷，第五卷西京河南府，罗列一府十五县的沿革、山川、关隘等，但所记失于简略。此外，后人辑佚的唐李泰《括地志》、元《河南志》等地理志书也或多或少地记载了洛阳城周围的山脉。上述唐宋地理总志是了解山川等自然环境与洛阳城社会经济相互关系的主体资料。

北魏郦道元《水经注》虽是以河流为主，但水源于山，山附于水，山与水的关系密切。郦道元注《水经》，一方面引用、著录了大量北魏及此前的史料，而这些史料大多已散佚。借由《水经注》，可以对唐宋时期洛阳地区的山川变迁及山川文化有更好的了解。另一方面，郦道元能够亲历探访，寻山问津，补苴《水经》等的不足。唐去北魏尚未远，《水经注》可补充、验证唐宋洛阳地区山脉的相关记载。《隋书·五行志》、两唐书《五行志》、《旧五代史·五行志》、《宋史·五行志》等志书，在水、旱、山洪、山摧、山鸣、地震等灾异的记载中，有关于洛阳地区山脉

---

① 〔唐〕李吉甫撰，贺次君点校：《元和郡县图志》序，中华书局1983年版，第1—2页。
② 〔北宋〕乐史撰，王文楚等点校：《太平寰宇记》序，中华书局2007年版，第1页。

的生动记录，可作为地理志书的补充。一些农书、医书、草木志书涉及洛阳地区周围山脉的植被、动物资源状况，丰富了唐宋洛阳地区山的记录。唐李德裕在洛阳城外三十里龙门西之空谷内修建平泉山庄，著有《平泉草木记》一卷，"记其别墅奇花异草树石名品"①。这些"奇花异草、树石名品"虽然不是龙门山自然之物，却更好地反映了唐人与山之间的互动关系，反映了人们对自然环境的认知和重构。此外，唐宋的杂史、笔记小说以及《初学记》《艺文类聚》《北堂书钞》《白孔六帖》《太平御览》《册府元龟》《文苑英华》《玉海》等类书中，也分散载有唐宋洛阳地区山脉的相关记录，可作为地理志书的重要补充。

唐宋洛阳居民无论是达官贵族还是平民百姓，多倾向于选择将城北的邙山和城南的万安山作为安葬地。考古发掘和墓葬材料在一定程度上丰富、填补了文本记载的不足。通过研究洛阳地区，特别是邙山、万安山出土墓志中，关于茔域选择、墓地环境的描述，本书考察了唐宋时期洛阳居民丧葬与山岭之间的关系，洛阳人是如何选择坟茔，洛阳周围的山岭在丧葬文化中又扮演着怎样的角色。对汉魏故城、隋唐洛阳城等遗址的考古发掘，虽然主要是关于城市内部空间布局、城市遗址遗迹等方面的，但洛阳城依山傍水，城市与山岭之间的互动还是在城郭山麓处最为突出。

除了前面提到的唐宋时期的地理志、地理总志外，明清时期的洛阳方志资料也是研究唐宋洛阳地区山岭的重要参考。明代的弘治《河南郡志》，清代主要是顺治十八年（1661）刻本、康熙二年（1663）刊本《河南府志》，康熙三十四年（1695）刻本《河南府志》、乾隆四十四年（1779）刻本《河南府志》。顺治《河南府志》，二十七卷，知府朱明魁修，其"山川"卷记载了河南府之名山大川，以及关津、桥梁、形胜等，是清代早期洛阳地区山水环境较为系统的记录。然而，顺治府志修纂于王朝交迭之际，存在简陋草率的问题，部分山岭、关隘等的记载仅抄录名称，而无详细的考证。康熙《河南府志》二十八卷，知府孙居湜修，汝阳县儒学训导董正等纂。康熙府志是在顺治府志的基础上，查漏补缺、正讹删芜，体例和主要内容并没有太大的变化。乾隆府志，知府施诚修，童钰、裴希纯、孙枝荣等纂，历时两年，成一百一十六卷，卷帙浩繁、内容丰富，为现存洛阳地区方志中保存完整、质量最优的一部。乾隆《河南

---

① 〔元〕马端临：《文献通考》卷215《经籍四十二》，中华书局1986年版，第1756—1757页。

第一章 "骨骼"与"肌肉"——唐宋洛阳城的山脉与土壤

府志·凡例》指出旧志山川卷的不足,"山川脉络支派,非亲历不能详。旧志多沿袭旧闻,有一山而名称不一,以至二三见者。有两山而合为一山者。至于水之源流,随其盈缩而书之,不特与《山经》诸书不合,即就土人而问之,亦茫然也"。而纂修孙枝荣"躬为考订",并亲至"穷岩绝壑"之处探察,开洛阳地区山水志之生面。明清时期,河南府各州、县志也都有"山川"部分的记述,可作为府志的补充。明清府州县志虽然并不是研究唐宋时期洛阳地区山脉的第一手资料,但同处于传统时代,生态观念、环境理念有较强的连续性,不同于现代的话语体系;且所记内容距今不远,相较于唐宋时期更为丰富,可资对比与补充。

第二节 襟带两京

现代地理学上,崤山山脉属于秦岭东延的一条支脉,自三门峡灵宝县、卢氏县西部始,呈西南—东北走向,延伸至伊洛河盆地西部、唐宋洛阳城西、城北,山势西南高、东部低。今豫陕交界附近至三门峡陕州区硖石乡段是崤山山脉最为高耸险峻的部分;山体主要由石英岩、喷出岩、硅质岩组成,质地坚硬,宽大陡峭,谷深而窄。自洛阳西行至陕虢、长安,必经行于崤山山脉的群山深谷之中。崤山古道(见图一),多有险隘似函之处,如秦、汉之函谷关,故有"崤函"之称。军事、交通上的险峻形胜,是历史时期人们对崤山山脉的最突出的认知,也是崤山山脉的文化符号。

自硖石乡以东、以北,崤山山脉山势逐渐下降,海拔多在800米以下,至唐宋洛阳城附近已降至400米左右;山体也由石质逐渐过渡到黄土覆盖、黄土质,至洛阳城附近,已多为黄土塬、黄土丘陵、黄土台地。以黄土为主体的邙山,即为崤山山脉的余脉,横亘在黄河与伊洛河盆地、嵩山山脉之间,东延至今郑州广武山。邙山是洛阳城北的重要山脉,将在后文详细论述。传统意义上,崤山指的是唐宋永宁县北崤函古道两侧的山岭,即所谓"二崤""三崤"。

《元和郡县图志》"永宁县"条载:"二崤山,又名嵚崟山,在县北二十八里。"春秋时期,秦军袭郑,蹇叔哭师,认为晋人必在崤山伏击。崤山有南、北二陵,南陵即夏后皋之墓,北陵为周文王避风雨之处。崤山有东、西二崤,绵延相连,自东至西三十五里。东崤有"长坂数里,峻阜绝涧，车不得方轨"，而西崤则"全是石坂十二里，险绝不异东崤"。东汉末年，曹操西讨巴、汉，以崤山道太过险恶，在其北开道路，后多从北道经行。①《括地志辑校》据张守节《史记正义》、杜佑《通典》等所记，穀州永宁县载有"崤山"条，其内容基本与《元和郡县图志》相同，唯称文王所避风雨之处为"东殽山"，俗称文王山，而南陵夏后皋之墓记在了北面。②《舆地广记》卷五西京河南府之永宁县下载："西北有二崤山，连入硖石界。"其后记南北二陵、蹇叔哭师、曹公改北道等事，与《元和郡县图志》基本相同。③王应麟《通鉴地理通释》所记基本与前两条史料相同，唯二崤记为"三崤"。④这些记载，多为前代故事，但也反映了唐宋时期人们对崤山的基本认识。

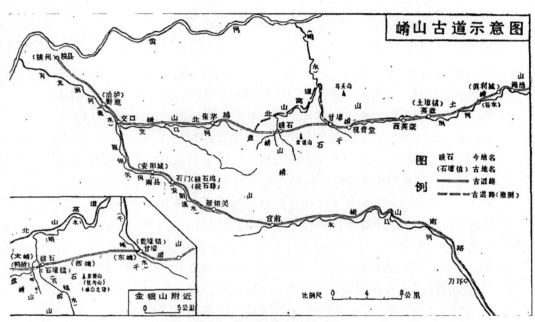

图一：崤山古道示意图⑤

---

① 〔唐〕李吉甫撰，贺次君点校：《元和郡县图志》卷5《河南道一》，中华书局1983年版，第141－142页。
② 〔唐〕李泰等著，贺次君辑校：《括地志辑校》卷3，中华书局1980年版，第116－117页。
③ 〔北宋〕欧阳忞：《舆地广记》卷5《四京》，中华书局1985年版，第53－54页。
④ 〔南宋〕王应麟：《通鉴地理通释》卷5，商务印书馆1936年版，第63－64页。
⑤ 辛德勇：《崤山古道琐证》，《中国历史地理论丛》1989年第4期，第38页。

第一章 "骨骼"与"肌肉"——唐宋洛阳城的山脉与土壤

二崤、三崤皆有是称,辛德勇先生的《崤山古道琐证》一文对这一问题有详尽的考证。他认为,二崤之名早于三崤,班固《西都赋》、刘昭所补注《续汉书·郡国志》《后汉书·梁统传》及其玄孙《梁冀传》以及西晋戴延之的《西征记》都是记为"二崤"。三崤的说法,辛文认为始于北魏时期。《魏书·地形志下》《北史·崔宽传》以及郦道元的《水经注》等都有"三崤"的记载;且自北魏以后,"一般也就不再提二崤,文献上往往都是称三崤山或三崤"。今点校本《括地志》《元和郡县图志》等则将"三崤"校订为"二崤"。依据《水经注》关于崤山、崤水的记载,辛文认为三崤自西向东,一字排开,分别为西崤(或称石崤)、东殽(或称千崤)和土崤。①

蹇叔哭师与南北二陵事,《春秋左传》鲁僖公三十二年、三十三年条有详细记载。杜预注称,秦师所行之道,"在二崤之间南谷中,谷深委曲,两山相嵌,故可以辟风雨,古道由此。魏武帝西讨巴、汉,恶其险而更开北山高道"②。《水经注》卷四"河水"载,黄河支流崤水,有分支石崤水,水出石崤山。山有二陵,即夏后皋之墓和文王避风雨处。蹇叔哭师、晋人御师之处也是在石崤山的崤山古道上。郦道元对北陵的描述也是"山径委深,峰阜交荫"③。唐孔颖达在《春秋左传正义》中对崤山、北陵注疏:崤山古道至唐时仍见在,"崤是山名,俗呼为土崤、石崤。其陋道在两崤之间,山高而曲,两山参差,相映其下,雨所不及,故可以辟风雨也"④。对"辟风雨"的认识,多数的注疏、释义认为是一种自然现象,山高谷深,山体相交错,遮蔽道路,而此处又"风雨总至"。从现代气象学角度讲,崤山山脉呈西南—东北走向,且有青龙涧河、苍龙涧河、清水河(崤水)等支流自南向北流入黄河,形成南北向切割的山间深谷。西南的暖湿气团沿山脉走向,遇山体抬升,在崤山南麓本就容易形成降水。而来自西北的干冷气团,沿南北向的黄河支流河谷与暖湿气团相会,增加了这一地区降水的概率。"从崤山向东北沿伸至渑池、曹村、八里胡同一

---

① 辛德勇:《崤山古道琐证》,《中国历史地理论丛》1989年第4期,第46—51页。
② 〔晋〕杜预注,〔唐〕孔颖达疏:《春秋左传正义》卷17,中华书局1980年影印版,第1832页。
③ 〔北魏〕郦道元著,陈桥驿校证:《水经注校证》卷4《河水》,中华书局2007年版,第117页。
④ 〔晋〕杜预注,〔唐〕孔颖达疏:《春秋左传正义》卷17,中华书局1980年影印版,第1182页。

带"是伊洛河流域年均降水量较大的地带,"最大雨量中心达760毫米以上"①。崤山古道山势高峻、地势险恶,曹操更开"北山高道"。北山高道主要是为了避免东、西二崤之间的险恶路段,辛德勇先生认为应该是从"盘崤山西侧即今硖石西开始离开旧路,向东则至千崤水,沿千崤水谷地上溯南行,至千崤山下与旧路合"②。然而,晋太康三年(282),弘农太守梁柳修复旧道,并立有碑石。此后,东、西崤之间,仍然是以崤山古道为主。自春秋至唐宋时期,崤山古道始终以"谷深""山险"为突出特点,以蹇叔哭师、文王避风雨为主要文化事件,既见其军事意义的重要,也见其地势之险要。唐初,高祖令秦王李世民率军攻打王世充统治的洛阳。武德四年(621)二月,李世民"越三崤,馈粮千里,勤师远出",兵临洛阳城下。崤山为洛阳、长安两地的交通咽喉,李世民在历年征战中,对其有深刻认识,认为"崤函称地险,襟带壮两京"③。

唐宋时期,三崤山南北各有一条主要道路自陕州通向洛阳。南北二陵及曹操开辟的北山高道所在的崤山古道均处于北路上。这条路自"三崤"西的(今三门峡)交口乡溯交口河而上,至盘崤山,穿越石崤(西崤)至千崤(东崤)间的山谷险道,再沿发源于千崤东马头山的谷水河谷,东行经渑池、新安,抵达洛阳,全程约140公里。崤山南路自交口乡与北路分,溯雁翎关河(安阳溪水)南行,过雁翎关,再沿连昌河(昌涧水)东南行,经唐宋时期永宁县治所至三乡镇,再沿洛河河谷经宜阳,抵达洛阳,全程约130公里。

据严耕望、胡德经、王文楚、辛德勇等先生的考证,以及李健超先生的实地考察与考证,隋唐之际永宁县城治所多次变更,崤山南道也与之对应发生变化。隋义宁二年(618),在熊耳县地置永宁县,治所在永固城;唐武德三年(620),永宁治所由永固城移至同轨城;贞观十四年(640),治所又移至莎栅;贞观十七年(643),移至鹿桥驿。永固、同轨、莎栅、鹿桥等地均位于雁翎关以东,连昌河流域及其附近地区属于崤山南麓。隋大业元年(605),炀帝废三崤道,"开菱册道"。菱册道,"唐代史籍均称

---

① 施其仁:《伊洛河流域暴雨主要特征及其成因分析》,《河南师大学报(自然科学版)》1983年第1期,第43页。
② 辛德勇:《崤山古道琐证》,《中国历史地理论丛》1989年第4期,第46页。
③ 〔清〕彭定求等编,中华书局编辑部点校:《全唐诗(增订本)》卷1《太宗皇帝》,中华书局1999年版,第5页。

莎栅道"。崤山南道在先秦时期就已经是秦国与韩、魏等山东各国交通往来的重要通道。隋大业之前,崤山南道主要是沿连昌河(永昌河)河谷至洛河河谷,再通往洛阳,"大体上是西北东南向弯曲的'弓背形'",莎栅和同轨如弓之两弰。隋炀帝所开之菱册道,截弯取直,自莎栅城东南偏南行,沿渡洋河(杜阳水)河谷经鹿桥、永固至三乡驿,相当于走了弓弦。且"莎栅道从起点到鹿桥驿,大体沿黄土丘陵原面或小分水岭,道路比较平直",因此,自贞观十七年(643)之后,永宁县治所就改在鹿桥,崤山南道也改行莎栅道。①

崤山南道具有重要的军事、交通战略地位。为便于巡幸、驿传,崤山南道修建有兰峰宫、崎岫宫、连昌宫、福昌宫、兴泰宫、嘉祥驿、鹿桥驿、三乡驿、福昌驿、柳泉驿、甘棠驿、寿安山馆、三泉驿、甘水驿等。唐乾元二年(759)十二月,史思明派其将李归仁率领铁骑五千,自崤山南道袭击陕州。神策兵马使卫伯玉在永宁县西的礓子阪击败李归仁。后李忠臣又与李归仁战于永宁(鹿桥)、莎栅一带。但当出现连年征战或经久失修的问题,这条道路就变得"驰道隘狭,车骑停拥"。贞元三年(787),大理评事、摄监察御史充江西观察使判官权德舆以其岳父崔造病逝,携妻自洪州奔丧。其后,返回洪州,途经硖石,作《发硖石路上却寄内》一诗,"莎栅东行五谷深,千峰万壑雨沉沉"②。中唐以后,洛阳不再作为都城,崤山南道及沿途的驿站、行宫年久失修,权德舆行走在莎栅以东的道路上,情景相触,愈发觉得谷深山高,道阻且长。

第三节 北邙修亘

邙山是洛阳北面重要的山脉,横亘于汉魏洛阳城、隋唐洛阳城两大城址北面,既是黄河南岸洛阳城重要的屏障,也是具有政治、宗教、社会、文化等多重功能的重要载体。一座山,既有其独特的自然特征,又被赋予了丰富的社会文化内涵。

---

① 李健超:《崤山南道考察记》,《三门峡职业技术学院学报》2008 年第 4 期,第 46－47 页。
② 〔唐〕权德舆撰,郭广伟校点:《权德舆诗文集》卷 10《杂诗》,上海古籍出版社 2008 年版,第 175 页。

《太平寰宇记》"河南县"条:"芒山,一作邙山,在县北十里;一名平逢山,亦郏山之别名也。都城所枕。""洛阳县""偃师县"条亦均有记载。引述东晋杨佺期《洛城记》记载,洛城之北的邙山"连岭修亘四百余里,实古今东洛九原之地也"①。《元和郡县图志》偃师县条,"北邙山,在县北二里,西自洛阳县界东入巩县界。旧说云北邙山是陇山之尾,乃众山总名,连岭修亘四百余里"②。《水经注》谷水经北魏洛阳城广莫门北,广莫门"北对芒阜,连岭修亘,苞总众山,始自洛口,西逾平阴。悉芒垅也"③。清乾隆《河南府志》卷七《山川一》载,"自邙山之首马头山至神尾山,凡三十三山,经府属渑池、新安、洛阳、孟津、偃师、巩六县,凡三百八十余里"④。马头山,即《水经注》和两唐书《地理志》、《元和郡县图志》、《太平寰宇记》、《舆地广记》等唐宋地理志书所载的涧河(谷水)发源地。神尾山,位于洛河入黄河口处的西侧,即郦道元所言洛口的西侧。宋元丰元年(1078),知都水监丞范子渊建议引洛入汴,自巩县神尾山至士家隄,筑大堤以捍黄河。自古以来,人们认为邙山以丘阜为主,为众山之总名,自西向东绵延四百里左右。从现代地理学的角度讲,邙山是崤山山脉的末端与延伸部分,山体覆盖深浅不一的黄土,地貌以黄土丘陵、黄土台地为主;西起新安县、渑池县的崤山山麓,东至郑州广武山,绵延100多公里。以神尾山、洛汭为分界点,邙山以西部分山势较高,海拔多在400米左右,相对高度为100~300米,山顶顶面多平缓广阔,呈黄土坮塬形态;以东部山势较低,海拔在180~230米之间,山顶顶面多平缓窄长,呈黄土平梁形态,且因临近黄河,山体坡面北陡南缓。⑤

众山总名、连岭修亘,邙山山岭相连,横卧黄河与洛阳城及新安、洛阳、孟津、偃师、巩义、荥阳诸县间。很长一段时间,人们对邙山的认识,既有对整体山系的认识,也包括对邙山诸山岭的认识。乾隆《河南

---

① 〔北宋〕乐史撰,王文楚等点校:《太平寰宇记》卷3《河南道三》,中华书局2007年版,第47页。
② 〔唐〕李吉甫撰,贺次君点校:《元和郡县图志》卷5《河南道一》,中华书局1983年版,第132页。
③ 〔北魏〕郦道元著,陈桥驿校证:《水经注校证》卷16《谷水等》,中华书局2007年版,第395页。
④ 〔清〕施诚:《(乾隆)河南府志》卷7《山川志一》,同治六年补刊本。
⑤ 王文楷主编:《河南地理志》,河南人民出版社1990年版,第129页。

第一章 "骨骼"与"肌肉"——唐宋洛阳城的山脉与土壤

府志》卷七"邙山"条下，自西而东，仿《禹贡》导山之例，列马头山、羊耳山、韶山、云门山、天坛山、鳌山、桓王山、广阳山、方山、田山、白鹿山、缺门山、敖岸山、青要山、慕容山、䧹山、离山、谷城山、缟羝山、平逢山、宜苏山、柏崖山、和山、无涧山、北邙山、白马山（白司马坂）、首阳山、郦山、尸乡北山、东首阳山、凤台山、崟塬邱，最后至洛汭、神尾山。这些山岭的记载，有的是征引前文，有的则是编修者们"穷岩绝壑"，"躬为考订"。其所罗列的三十三座山岭，既有古今名实相同的，也有名实相异的；既有古详今略的，也有古略今详，甚至是唐宋时期史料所未详载的。本书先以乾隆府志所列邙山山岭为线索，参考现代研究成果，梳理唐宋时期相关记载，以唐宋洛阳城北的北邙山为重点，考察作为整体的邙山和作为个体的邙山诸山岭与洛阳城社会经济之间的互动关系。

马头山。郦道元认为，谷水发源于千崤山东的马头山谷阳谷。如前所述，千崤山是三崤中的东殽，距离西崤三十五里。《汉书·地理志》弘农郡"黾池"条，有"谷水出谷阳谷，东北至谷城入雒"①。《元和郡县图志》记谷水发源地为永宁县的谷阳山，"在县西北五十五里"。② 山因谷称，"谷阳谷"与"谷阳山"应指的是同一地区。从地望来看，今渑池县马头山位于唐代永宁县治（洛宁县东宋镇旧县村）北偏西方向，直线距离约二十二公里，与《元和郡县图志》的记载相符。

韶山。乾隆府志引《太平寰宇记》所载，韶山在渑池县北三十里，其主峰左右相对，状如日月。明嘉靖《河南通志》称韶山有"金乌""玉兔"二峰。云门山、天坛山、鳌山均为韶山各主要山峰之名。天坛山，在宋渑池县"东北十八里。高五百丈，四绝如坛"。鳌山在清渑池县县治北二十里，形如鳌。传说后唐末帝李从珂曾在此求雨。桓王山，在韶山之北，因有周桓王陵而得名，北临黄河，重巘叠嶂。《太平寰宇记》记有"桓王山"和"周桓王陵"，均在渑池县"东北一百二十里"。③

广阳山。周公卜宅洛邑，左瀍右涧。然而，自新安至洛阳，东南流汇

---

① 〔东汉〕班固：《汉书》卷28上《地理志上》，中华书局1962年版，第1549页。
② 〔唐〕李吉甫撰，贺次君点校：《元和郡县图志》卷5《河南道一》，中华书局1983年版，第142页。
③ 〔北宋〕乐史撰，王文楚等点校：《太平寰宇记》卷5《河南道五》，中华书局2007年版，第71–72页。

入洛河的又有谷水。涧水、谷水同水异名,《水经注》卷十五、卷十六分列涧水、谷水。如前所述,谷水出马头山谷阳谷;涧水出新安县南白石山,东南流入于洛。郦道元在注释中引述、分析《山海经》及孔安国所传《尚书》(简称"孔传")的观点:《山海经》载,涧水源于白石山北麓,北流注于谷水,世人又称白石山为广阳山。"孔传"言,"涧水出渑池山"。"孔传"所称的涧水,郦道元认为是发源于渑池山的北溪,东南流经新安县,再东南流入谷水,而并非发源于白石山的涧水。因涧水、谷水在下游汇合,同入洛水,故有两称。因此,后世记载中,广阳山、白石山、渑池山往往混称,至唐宋时期依然如此。《元和郡县图志》,"广阳山,亦名渑池山,在县东北五十五里"①,即郦道元所谓"孔传"涧水——北溪的发源地,而非白石山。《太平寰宇记》所记与《元和郡县图志》相似,唯距离县治为二十里。敖岸山为广阳山向东北延伸部分,《山海经》有录,又名荆紫山、金子山。

缺门山。唐开元八年(720),契丹牙官可突干反叛,杀李大酺、李娑固,营州都督许钦澹被迫移军入渝关。玄宗发关中劲卒 2 万余人驰援,军行至渑池县阙门,夜半谷水暴涨,皆溺死。② 阙门,即缺门山。《隋书·地理志》新安县条下有"缺门山"。《舆地广记》新安县条下亦有"缺门山"。《水经注》对缺门山有详细描述,"山阜不接者里余,故得是名矣。二壁争高,斗耸相乱,西瞻双阜,右望如砥。"③ 缺门山地当唐东西两京大通道,地势险要,可以说是洛阳的西大门。乾元二年(759),郭子仪兵败邺城,自河阳渡河,打算戍守河阳、东京,无奈兵士又惊骇奔溃。直至缺门,诸将才率众相继汇合。清代乃至今日,缺门山仍然是新安县东西交通要道的重要节点。乾隆《河南府志》载,缺门山又叫铁门山,其下有铁门镇,两山相对,东称青龙,西为凤凰。

青要山。《水经注》引《山海经》称,畛水源出于青要山。青要山,北魏时称为疆山。騩山属于疆山的一部分,为其东阜。《隋书·地理志》"新安县"条下,有"强山""魏山",从字形字音上与疆山、騩山相似。

---

① 〔唐〕李吉甫撰,贺次君点校:《元和郡县图志》卷 5《河南道一》,中华书局 1983 年版,第 141 页。

② 〔后晋〕刘昫等:《旧唐书》卷 37《五行志》,中华书局 1975 年版,第 1357 页。

③ 〔北魏〕郦道元著,陈桥驿校证:《水经注校证》卷 16《谷水等》,中华书局 2007 年版,第 389 页。

《舆地广记》河清县条也有"青要山"。

谷城山。谷城山与瀍水之源、汉谷城县联系密切。周公卜居瀍、涧之间，瀍水与涧水一样，在传统文化中具有丰富的内涵与重要的意义。溯流从源，瀍水源流问题深受历代学者的重视。关于瀍水的源头问题，本书在后文详述。《水经》载瀍水出于河南谷城县北山，郦道元注汉谷城县"县北有䞴亭，瀍水出其北梓泽中。"① 《续汉书·郡国志》有"谷城瀍水出"，刘昭注称，"《博物记》曰，出潜亭山。"② 谷城周所置，西汉设县，魏晋时并入河南县。后世引述瀍水源头时，唐人注释《尚书》《史记》《汉书》等时，或称瀍水出谷城山，或称出潜亭山。《括地志》河南县条记载，"故谷城在洛州河南县西北十八里苑中"③。大业二年（606），隋炀帝在故谷城置青城宫。《太平寰宇记》河南县条下，一方面引述《元和郡县图志》瀍水"今验水西从新安县东入县界"；另一方面又载"谷城山，瀍水所出"。④ 瀍水及其源头的社会文化意义要远高于其自然意义。

谷城山以东，邙山延伸于隋唐洛阳城与汉魏洛阳城北。自先秦以至唐宋，洛阳城城址虽有变迁，但均有"北邙山"之称。而从政治、军事、社会、文化等不同角度出发，聚焦于洛阳城北邙山山脉的某一山峰或某山岭，不同的记载又有不同的称呼，或为总称，或为分称；同时也存在因古今疆域分合、城邑兴衰、河道变迁等造成同山异名或同名异山的情况。乾隆《河南府志》中的平逢山、北邙山、郏山、缟羝山、宜苏山、柏崖山、和山、无涧山、白马山等便是如此。

《山海经·中次六经》云："缟羝山之首曰平逢之山，南望伊、洛，东望谷城之山。"⑤ 平逢山在伊洛河北，谷城山西，地近隋唐洛阳城。但除了《山海经》外，其他文献特别是《水经注》及历代地理志书中并无太多记载。鲁宣公三年（前606），楚庄王伐陆浑戎，"观兵于周疆"，并问鼎于王孙满。王孙满在回答时提到，"成王定鼎于郏鄏"。郏鄏，杜预

---

① 〔北魏〕郦道元著，陈桥驿校证：《水经注校证》卷15《洛水等》，中华书局2007年版，第379页。

② 〔南朝·宋〕范晔撰，〔唐〕李贤等注：《后汉书》志19《郡国一》，中华书局1965年版，第3390、3393页。

③ 〔唐〕李泰等著，贺次君辑校：《括地志辑校》卷3，中华书局1980年版，第167页。

④ 〔北宋〕乐史撰，王文楚等点校：《太平寰宇记》卷5《河南道五》，中华书局2007年版，第71–72页。

⑤ 郭郛注：《山海经注证》，中国社会科学出版社2004年版，第442页。

认为是指洛阳城西的郏鄏陌，代指洛邑之地。京相璠认为郏指郏山，鄏指鄏邑。唐代厘定五经，注释趋于同一。《元和郡县图志》平逢山、郏山均为北邙山之别称，宋沿唐说，《太平寰宇记》记载相同。缟羝山、宜苏山、和山同为《山海经·中次三经》之山，后世记载较少。柏崖山当在黄河北岸孟县西南。武德二年（619），王世充攻占怀州河内郡，唐在柏崖城侨置河内郡。柏崖城为东魏侯景所筑。唐高宗咸亨四年（673），跨黄河置柏崖县，旋废并入大基县，即《旧唐书·地理志》所记"分河南、洛阳、新安、王屋、济源、河阳"六县复置大基县。先天元年（712），避玄宗讳，改称河清县。开元二十二年（734），置柏崖仓，因循高宗咸亨二年（671）在河阳县柏崖所置旧仓仓址。中唐以后，河清县屡有废立。后唐大顺元年（890），河清县县城毁于战火，权置于柏崖。宋开宝元年（968）移治白波镇。宋仁宗庆历新政前后，又有废立。柏崖城、柏崖县、柏崖仓均应是以柏崖山得名，随时代变迁以及河清县县治在黄河南北的变化，使柏崖山也变得扑朔迷离。《三国志·魏书》，曹洪乳母当与临汾公主的侍者祭拜无涧神，被关内侯司马芝下狱。裴松之注称"无涧"为山名，在洛阳东北。

白马山，又载为白马坂、白司马坂、白马坡，是邙山上的重要隘口、军事要地，也是黄河两岸河南地区与河内地区之间的交通要道。贞观十一年（637）九月，黄河泛滥，冲毁河阳中潬，太宗登临白司马坂以观灾情。自魏晋以至唐宋，地处黄河及南北两岸的河阳三城是洛阳城北的重要门户。自洛阳至黄河北岸，基本上都要渡河至河阳。据严耕望先生考证，出洛阳上东门，去往河阳有两道，其一便是东北行三十里至白司马坂，自孟津渡河至河阳。孟津，或称"盟津"，相传即周武王灭商，会诸侯渡河之津。盟津，亦称富平津。西晋泰始十年（274），杜预奏请在富平津跨河建浮桥。九月，河桥建成。自此之后，河桥两岸交通便利，白司马坂的战略意义也日益凸显。隋末杨玄感兵变，以其弟杨玄挺率兵自白司马坂南下，玄感以三千余人随其后，逼近洛阳。东都留守樊子盖遣将作监、河南赞治裴弘策迎击，双方战于白司马坂，弘策败走。后唐清泰三年（936）闰十一月，石敬瑭联合契丹南下河阳，进逼洛阳。唐主李从珂命马军都指挥使宋审虔、步军都指挥使符彦饶、河阳节度使张彦琪、宣徽南院使刘延朗等率千余骑，至白司马坂与之战。然而，众将士多不愿战，飞状迎晋主。①后梁乾化元年（911），李存勖率唐兵南下，以周德威攻夺贝州、博州、黎阳、卫州等地，逼近河阳。梁太祖朱温亲自率军屯于白司马坂。《旧五代史》卷二十六《唐庄宗纪》中将朱温屯军之地记为"白马坡"。严耕望先生参考《大清一统志》河南府卷山川目、《读史方舆纪要》卷四十八、《册府元龟》卷一百一十四关于后唐明宗屡幸白坡的记载，认为洛阳北之白坡（白鹤镇附近），"正当孟津道，即唐之白司马阪、白马坡无疑"②。白司马坂紧邻黄河之津、洛阳襟喉，地处南北交通要道。北魏孝昌三年（527），萧宝夤谋反，其侄高平郡公、丹杨王萧赞闻而惧，选择走白马山，再渡河至河阳，奔白鹿山。但他至河阳，即为北中所执。武周久视元年（700）、长安四年（704），武则天先后两次打算在地处交通要道的白司马坂，"税天下僧尼出钱"营建大像，③ 朝臣狄仁杰、张廷珪、李峤等多次谏止。但武则天仍坚持令春官尚书武攸宁检校营建，后因退位、驾崩，遂中止。五代以后，随着全国政治、经济重心的东移、南移，洛阳政治、军事地位的下降，河阳逐渐衰落。宋仁宗嘉祐八年（1063）秋，黄河泛滥，冲毁中潬，河阳三城遂湮没无踪。白司马坂的军事、交通战略地位也逐渐丧失。但白司马坂仍然是黄河上的重要津渡与节点，北宋延续五代之制，于太平兴国五年（980）在此设置三门、白波发运使，治所在三门或在白波，以运送陕西物资至京师。白波即白波镇，开宝元年（968）后为河南府河清县治所，即今洛阳北白坡村附近。

　　唐宋时期，以洛阳北邙山为战场的战争不胜枚举。各方势力围绕河阳、河桥及白司马坂、邙山进行争夺。唐高祖武德三年（620），秦王李世民率军东征王世充之洛阳城，分兵据守洛阳城南之龙门和黄河北岸的河内，并断绝了自洛口仓、回洛仓至洛阳的两道。李世民亲率大军屯于北邙。双方征战于北邙众山岭之间。安史之乱起，月余即攻陷东京洛阳。唐军收复洛阳后，谋划打通洛阳、河阳至太原的交通线，直抵叛军后方。唐肃宗上元二年（761）二月，李光弼率唐军与史思明战于邙山。唐军败绩，河阳三城、怀州再次被叛军占领。

---

① 〔北宋〕司马光：《资治通鉴》卷280，中华书局1956年版，第9157页。
② 严耕望：《唐代交通图考》第1卷，上海古籍出版社2007年版，第131页。
③ 〔后晋〕刘昫等：《旧唐书》卷101《张廷珪传》，中华书局1975年版，第3150页。

如前所述，邙山因发育巨厚的马兰黄土而闻名中外，在马兰黄土之下则多为古土壤层。马兰黄土层自邙山山脉西部至东部逐渐递减，西部最厚，东部逐渐变薄。其中洛阳北、孟津一带深度可达 100 米左右。① 因此，这一地区邙山下的地下水水量较少，埋藏较深，渗透率低。且这一地区的邙山夹于黄河、洛河、瀍水之间，多有靠山向水之处，风水形胜之地。自先秦以来，帝王将相、王公贵族多营建陵墓坟茔于邙山之上。唐宋之时，邙山已成为洛阳人置葬首选，"洛阳北门北邙道，丧车辚辚入秋草。车前齐唱薤露歌，高坟新起日峨峨。朝朝暮暮人送葬，洛阳城中人更多。千金立碑高百尺，终作谁家柱下石。山头松柏半无主，地下白骨多于土。寒食家家送纸钱，乌鸢作窠衔上树。人居朝市未解愁，请君暂向北邙游。"② 唐张籍的《北邙行》描绘了唐代洛阳人的丧葬风俗，核心是北邙山。诗文中既有豪族权贵的"千金立碑高百尺"，也有日日新起的"高坟"，还有寒食节家家送纸钱的习俗。即便是王朝更迭、洛阳盛衰变迁，北邙丧葬文化仍然不断积淀，成为一种文化符号与社会风俗，延续至后世。

首阳山沉积着厚重的历史文化，以伯夷、叔齐"义不食周粟，隐于首阳山，采薇而食之"③ 而闻名。《隋书·地理志》《通典》《太平寰宇记》等"偃师县"条下有"首阳山"的记载，"在县西北三十五里"，临近汉魏洛阳故城。阮籍《咏怀·步出上东门》云，"步出上东门，北望首阳岑；下有采薇士，上有嘉树林。"④ 伯夷、叔齐传说不一，首阳山地望也有多处。唐张守节《史记正义》注释"首阳山"，引用历代记载，认为存在五处：陇西首、北海之滨、辽西、唐清源县以及唐偃师县西北之首阳山。首阳山地处河洛之间，临近故城，又有夷叔文化意象，是卜居置茔佳选之地。西晋杜预"自表营洛阳城东首阳之南"为家族兆域，即因其"东奉二陵，西瞻宫阙，南观伊洛，北望叔齐"⑤。杜预后代多葬于首阳之

---

① 杨州、王书兵、蒋复初等：《中原邙山黄土地层划分的讨论》，《地质力学学报》2018 年第 2 期，第 274 页。

② 〔唐〕张籍著，陈延杰注：《张籍诗注》卷 1《五言古诗》，商务印书馆 1938 年版，第 12 页。

③ 〔西汉〕司马迁：《史记》卷 61《伯夷列传》，中华书局 1975 年版，第 2123 页。

④ 〔北宋〕乐史撰，王文楚等点校：《太平寰宇记》卷 5《河南道五》，中华书局 2007 年版，第 81 页。

⑤ 〔唐〕房玄龄等：《晋书》卷 34《羊祜传》，中华书局 1974 年版，第 1032－1033 页。

南。至唐杜甫筑土室于首阳山下，以示"不敢忘本，不敢违仁"①。洛阳出土的唐宋墓志中，也多有"窆于首阳"的记载。《隋书·地理志》《太平寰宇记》等"偃师县"条下又有"郦山""干脯山"记载。《水经注》载，郦山以其上有郦食其庙。其余诸山为唐宋偃师、巩县之山，距洛阳城相对较远，影响较小，后文提及再作详述。

第四节　导洛自熊耳

《禹贡》载"导洛自熊耳"。历代对于熊耳山的解释，主要有两个：一是在唐宋卢氏县南五十里；一是在唐永宁县东北四十五里或"在宜阳之西"。《元和郡县图志》中熊耳山凡两记，"永宁县"条与"卢氏县"条，卢氏县熊耳山为导洛所自。《太平寰宇记》卷四缺，现存版本无永宁县或宜阳县之熊耳山记载。"卢氏县"条有熊耳山，引述《汉书·地理志》《遁甲开山图》《尚书·禹贡》等记载，辨析两熊耳山之地望及其所赋有的历史文化，认为"导洛自熊耳"之熊耳山在卢氏县，同时也是《汉书·地理志》中伊水所出之山；孔安国所称"宜阳之西"的熊耳山非导洛之所出，而是汉光武帝击败赤眉军，受樊崇之降，积甲与山齐之处。唐宋之人多以"积甲熊耳"入诗文，如李白《送外甥郑灌从军之二》有"破胡必用《龙韬》策，积甲应将熊耳齐"② 之句。熊耳之名，得自山岭两峰相对似熊耳。清胡渭《禹贡锥指》认为，"导洛之熊耳山"在清卢氏县西南五十里，与宜阳西之熊耳山不同；征引《括地志》等记载，熊耳山在"商州上洛县西十里"，认为熊耳山是"自上洛以至卢氏，绵亘二百余里"。传统时期，人们对山的认识有一个由浅至深、由点到面的过程，先由熟知再到陌生。在山脉认知形成的过程中，往往会选取某个或某些山峰的特征来命名。熊耳山之得名，正是由其东西两峰"相竞如熊耳然"③。唐宋时期，永宁、卢氏皆有两峰相对如熊耳的山岭，故熊耳山两存。清胡渭认为，熊耳山绵亘二百余里，虽然较好地处理了不同史籍间关于"导

---

① 〔唐〕杜甫著，〔清〕仇兆鳌注：《杜诗详注》卷25，中华书局1979年版，第2217页。
② 〔唐〕李白著，〔清〕王琦注：《李太白全集》卷17，中华书局1977年版，第811页。
③ 〔清〕胡渭著，邹逸麟整理：《禹贡锥指》卷11上，上海古籍出版社2006年版，第365页。

洛自熊耳"的解释，但并不符合"两峰相对似熊耳"的认识。

现代地理学认为，熊耳山脉是秦岭山脉的支脉，自河南省三门峡市卢氏县起，延伸至洛阳市伊川县东南。北以洛河为界，与崤山山脉基本平行；南、东南以伊河为界，与伏牛山脉、外方山脉等相隔。唐宋时期，卢氏县、永宁县之熊耳山均属于熊耳山脉的一部分。熊耳山脉山体多由变质岩、硅质岩、花岗岩等组成，山势高峻，发育了众多洛河、伊河支流、溪流。在水流、风力等的侵蚀下，山峰多呈锯齿状耸立，山间多深谷、盆地。特别是在熊耳山脉与崤山山脉之间的洛河谷地，发育了众多的山间盆地，卢氏、长水、洛宁、福昌、寿安、宜阳等唐宋诸县均位于这些盆地之中。如前所述，这一线也是唐宋时期自长安至洛阳的崤山南道。

唐宋时期，伊洛河之间今熊耳山山脉的主要山峰、山岭，除卢氏、永宁两熊耳山外，还有福昌县之女几山、寿安县之石墨山，以及伊阙县之伊阙山等。女几山，在唐宋之福昌县"西南三十四里"①。严耕望先生考证、辨析《元和郡县图志》、《元丰九域志》、嘉庆《大清一统志》河南府之关隘目、山川目中所记载三乡驿、三乡铺、福昌县、福昌镇以及女几山的方位、道里、地望等，认为唐宋永宁县东之三乡驿，"在洛水北岸，西南隔水，望女几山"。②如前所述，三乡驿是唐宋时期崤山南道上的重要驿站。北魏至隋，曾以三乡附近之同轨为同轨郡、永宁县治。女几之得名，主要有三个记载：一是刘义庆《幽明录》所载"西晋彭娥遗几"，二是《太平广记》所载"神女杜兰香遗几"，三是《太平广记》所载"富禄县女几升仙"。蔡运章等考察宜阳女几山（花果山），结合《山海经》《水经注》以及女几山附近之王母祠、王母涧等文化遗存，认为女几之"几"与"娇"古音同属、音近义通，"女几"即"女娇"，女几山因大禹之妻女娇曾居住而得名，③此种观点可备一说。唐宋时期人们的观念中，女几山富含神话色彩，是一座具有文化积淀的名山。刘禹锡《三乡驿楼伏睹玄宗望女几山诗，小臣裴然有感》："开元天子万事足，唯惜当时光景促。三乡陌上望仙山，归作霓裳羽衣曲。仙心从此在瑶池，三清八景相追随。

---

① 〔唐〕李吉甫撰，贺次君点校：《元和郡县图志》卷5《河南道一》，中华书局1983年版，第140页。

② 严耕望：《唐代交通图考》第1卷，上海古籍出版社2007年版，第72页。

③ 蔡运章、史家珍、周加申：《三塗山、涂山氏及其历史文化考察》，《洛阳考古》2016年第2期，第46页。

第一章 "骨骼"与"肌肉"——唐宋洛阳城的山脉与土壤

天上忽乘白云去，世间空有秋风词。"① 唐代女几山意象中又有玄宗望仙山而作《霓裳羽衣曲》的传说。中唐以后，以女几山入诗文，多有提及玄宗及《霓裳羽衣曲》者。如，邵雍《女几祠》有"西南有高山，山在杳冥间。神仙不可见，满目空云烟。千年女几祠，门临洛水边。但闻《霓裳曲》，世人犹或传。"② 女几山临近崤山南道，北对三乡驿，来往于长安、洛阳的文人墨客多登临其上，或送别、或迎迓。如韩愈所作《奉和裴相公东征途经女几山下作》，为送别裴晋公平叛淮西，奉和晋公之诗。

石墨山因"山石如墨，可以书字"③ 故名。戴延之《西征记》载，"石墨山北五十里，山多墨，可以书。"④ 郦道元《水经注》卷十五载，"洛水之侧有石墨山，山石尽黑，可以书疏，故以石墨名山矣。"⑤ 黑如墨，可以书字之"石墨"为何？学者们或认为是天然石墨矿，或认为是煤炭，以后者居多。《水经注》"浊漳水"条载，曹操筑铜雀、金虎、冰井三台，其中冰井台有井数口，内藏冰及石墨，"石墨可书，又燃之难尽，亦谓之石炭"⑥。这里所称的"石墨"显然是指煤炭。《本草纲目》"石炭"释名为煤炭、石墨、铁炭、乌金石、焦石，引洪迈《夷坚志》，列举产石墨之处，其中就有宜阳县石墨山，其所认为的石墨同于石炭，"可以炊爨"⑦。在魏晋以至唐宋人的观念中，宜阳洛水之畔的石墨山之石墨指的是煤炭。且至宋代，已成为煤炭的重要产地之一。本书也倾向于认为此处的石墨山之石墨指的是煤炭，而不同于天然石墨。

伊阙山，在唐伊阙县"北四十五里。两山相对，望之若阙，伊水流

---

① 〔唐〕刘禹锡撰，《刘禹锡集》整理组点校，卞孝萱校订：《刘禹锡集》卷24，中华书局1990年版，第316页。
② 〔北宋〕邵雍撰，郭彧整理：《邵雍集》之《伊川击壤集》卷3，中华书局2010年版，第214页。
③ 〔唐〕李吉甫撰，贺次君点校：《元和郡县图志》卷5《河南道一》，中华书局1983年版，第140页。
④ 〔唐〕徐坚等：《初学记》卷21《文部》，中华书局1962年版，第520页。
⑤ 〔北魏〕郦道元著，陈桥驿校证：《水经注校证》卷15《洛水等》，中华书局2007年版，第368页。
⑥ 〔北魏〕郦道元著，陈桥驿校证：《水经注校证》卷10《浊漳水等》，中华书局2007年版，第259页。
⑦ 〔明〕李时珍：《本草纲目〔校点本〕》卷9《金石部二》，人民卫生出版社1982年版，第571页。今本《夷坚志》中并无此记载。

其间，故名"①。伊阙山又称"阙塞山"、钟山，俗名龙门。自北魏至宋，伊河两岸伊阙山上修建了众多佛寺，开凿了大量石窟、佛像，被赋予了丰富的宗教内涵。《括地志》记伊阙山于洛州河南县，其距洛州"南十九里"；《太平寰宇记》同样记伊阙山于"河南县"条下。伊阙山距离洛阳城较近，隋炀帝营建洛阳，"北据邙山，南对伊阙"。《汉书·地理志》载，贾让治河三策，行上策其有言曰，"昔大禹治水，山陵当路者毁之，故凿龙门，辟伊阙，析底柱，破碣石，堕断天地之性"②。唐宋时期，伊阙山为大禹治水的遗迹。张守节《史记正义》认为，伊阙山"今谓之龙门，禹凿以通水也"③。因此，唐宋洛阳人游历伊阙，留下众多文化遗迹。

伊阙山两峰相对，中间夹伊水，地势险要，为战略要地。先秦时期，晋、楚、魏等国东征、北伐或南下，多次经由伊阙。东汉灵帝中平元年（184），汉置八关都尉，伊阙为其中之一。唐宋之际，伊阙依然为关防重地。武周革命之初，洛州司马张知泰建议武则天设置"东都诸关十七所"，其中就包括汉代所置八关。德宗建中四年（783），李希烈反叛，夺取汝州，兵众摽掠至伊阙，东都大惊，士人避乱河阳、殽渑等地。宪宗元和十年（815），以淮西兵屡犯东畿，置防御兵，戍屯伊阙。《读史方舆纪要》引宋祁对此的评价，"伊阙，洛阳南面之险也，自汝、颍北出必道伊阙。其间山谷相连，阻陀可恃"④。

唐宋时期，东山香山寺为"龙门十寺，观游之胜"。香山寺始建于北魏熙平元年（516），唐代屡有修缮。文宗大和六年，河南尹白居易斥资六七十万，重新修葺香山寺。白居易的晚年生活与香山寺联系密切，结交胡杲、张浑、如满禅师、李元爽等高年不仕者，为"香山九老"；并撰写了大量关于香山寺的诗文。⑤ 入宋以后，香山寺依然是西京洛阳名胜，文人墨客著文作诗于此。欧阳修《集古录》卷五《唐岑文本三龛记》跋尾有："在河南龙门山，山夹伊水，东西可爱，俗谓其

---

① 〔唐〕李吉甫撰，贺次君点校：《元和郡县图志》卷5《河南道一》，中华书局1983年版，第134页。

② 〔东汉〕班固：《汉书》卷29《沟洫志》，中华书局1962年版，第1694页。

③ 〔西汉〕司马迁：《史记》卷4《周本纪》，中华书局1975年版，第165页。

④ 〔清〕顾祖禹撰，施和金、贺次君校：《读史方舆纪要》卷48《河南三》，中华书局2005年版，第2227页。

⑤ 〔唐〕白居易撰，顾学颉校点：《白居易集》卷68，中华书局1979年版，第1441页。

第一章 "骨骼"与"肌肉"——唐宋洛阳城的山脉与土壤 27

东曰香山,其西曰龙门。"① 最迟至宋代,伊阙东西两山已被洛阳人称为香山、龙门山。现代地理学上,西山(龙门山)属于熊耳山脉,东山(香山)属于嵩山山脉。

第五节 嵩高外方

中岳嵩山,又称嵩高,历史文化极为厚重。《史记·封禅书》载"昔三代之居皆在河洛之间,故嵩高为中岳",秦统一六国后,"令祠官所常奉天地名山大川鬼神可得而序也",殽以东名山五,以嵩高太室为首。②《元和郡县图志》载,嵩高山在登封县北八里,在告成县西北三十三里,"东曰太室,西曰少室,嵩高总名","山高二十里,周回一百三十里"。③唐宋时期,多在嵩高山举行祭祀之礼,修建离宫别院、佛堂道观等。特别是武周时期,自万岁登封元年(696),武则天举行封禅之礼,此后多次"有事于嵩高",并封嵩山为神岳。登封、告成二县,也是万岁登封元年(696)封禅嵩山改名而来。宋景祐三年(1036)九月,仁宗赐新修太室书院名为嵩阳书院。有宋一代,嵩阳书院在学术、文化方面发挥了巨大作用,并对后世产生深远影响。太室山主峰海拔1491.7米,少室山主峰海拔1512.4米,为洛阳城附近最为高峻的山峰,"萃两间之秀,居四方之中,窿然特起,形方气厚"④。唐宋时期,关于嵩山、太室、少室的诗词歌赋众多。

《禹贡》有"熊耳外方桐柏至于陪尾",历代注释认为外方即嵩高之别称。现代地理学上,嵩山属于外方山脉的一部分,自伊阙东山向东延伸至伊川北、偃师南、登封、巩义南,再转而东北向新密北、荥阳南,山势陡峭,道路险仄。东汉末年所置洛阳八关中,伊阙、轘辕、太(大)谷三关均在现代嵩山范围内。隋末、唐末战争中,各方势力多有从轘辕、太

---

① 〔北宋〕欧阳修撰,李逸安点校:《欧阳修全集》卷138,中华书局2001年版,第2193 – 2194页。
② 〔西汉〕司马迁:《史记》卷28《封禅书》,中华书局1975年版,第1371页。
③ 〔唐〕李吉甫撰,贺次君点校:《元和郡县图志》卷5《河南道一》,中华书局1983年版,第139页。
④ 〔清〕顾祖禹撰,施和金、贺次君校:《读史方舆纪要》卷46《河南一》,中华书局2005年版,第2092页。

谷出入、征战。宋代仍在"镮辕道十二曲"设置关隘。嵩山及三关是洛阳的重要屏障,同时也是洛阳南下汝、颍的重要通道。太谷关位于镮辕关西的万安山上。《太平寰宇记》"洛阳县"条下,记有委粟山、大石山、大(太)谷,委粟山在洛阳县东南三十五里;大石山一名万安山,在县西南四十五里;大谷在县东南五十里。曹魏明帝景初元年(237)十月,用高堂隆之议,因委粟山之山势,营建圜丘。宿白、段鹏琦等先生考察今万安山北偃师市李村乡南宋沟村的"禹宿谷堆",认为此即委粟山圜丘。①由此可知,大石山或万安山的方位记载有误,应是"县东南四十五里"。另,《寰宇记》所引《九州要记》中"晋惠帝请雨""魏孝文帝(文帝)测高""魏武《南山篇》"等均发生在曹魏洛阳城南,即唐宋洛阳城东南。《元和郡县图志》载"大石山,一名万安山",在唐颍阳县西北四十五里。另,《新唐书·地理志》"寿安"条有,县"西南四十里万安山有兴泰宫,长安四年置,并析置兴泰县,神龙元年省。"② 唐寿安县亦有万安山,属于熊耳山脉。嵩山山脉的万安山或大石山,曾是魏晋时期圜丘及部分帝陵所在,至唐宋时期,仍然是洛阳人坟茔的重要选择(见图二)。张剑在《洛阳出土墓志与洛阳古代行政区划之关系》一文中,对有出土地点的700余方唐代墓志进行梳理,"其中有500多方出在洛阳城北的邙山之上,另有100多方多半处在洛阳城南郊关林至龙门一带"③。唐代姚崇、张说、郑询、卢峤,宋代范仲淹等家族墓葬均位于万安山及其附近地区。唐代有太谷口、太谷故关等,均位于颍阳县西北,距县三十五里和四十五里。太谷口位于万安山南,太谷故关位于万安山东。太谷口、太谷故关北对汉魏洛阳城。唐宋时期,洛阳城西移,再加之中唐以后洛阳政治地位下降,大谷关的地位也一同下降,其东的镮辕、其西的伊阙更为重要。

　　嵩山是外方山脉东北向的一个支脉。外方山脉是伊河与汝、颍等河的分水岭,自今嵩县、伊川县的伊河东岸开始,向东北方向延伸。东北端主要是嵩山以及嵩山以南的箕山;西南端自伊川、嵩县向汝阳、汝州延伸,汝河上游及其支流发育其中;西南端与伏牛山脉相连。伏牛山脉是秦岭东段最大的一条支脉,呈西北—东南走势,起于今河南省与陕西省交界处,

---

① 段鹏琦:《汉魏洛阳故城》,文物出版社2009年版,第63页。
② 〔北宋〕欧阳修、宋祁:《新唐书》卷38《地理志一》,中华书局1975年版,第983页。
③ 张剑:《洛阳出土墓志与洛阳古代行政区划之关系》,洛阳古代艺术馆编,赵振华主编:《洛阳出土墓志研究文集》,朝华出版社2002年版,第154、158页。

第一章 "骨骼"与"肌肉"——唐宋洛阳城的山脉与土壤 29

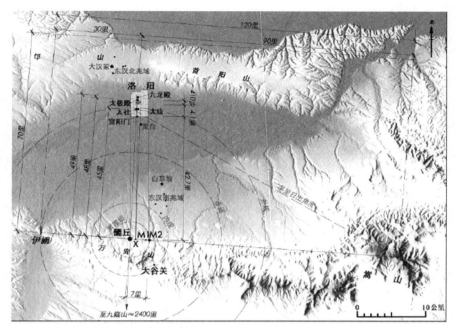

图二：嵩山、万安山、圜丘（委粟山）方位图①

东南至南阳市方城县东北部的方城垭口。在洛阳附近，其北侧主要是熊耳山脉和外方山脉，以伊河为分界线。自洛阳，走伊阙道，沿伊水河谷，经唐宋之伊阙县、伊阳县，至汝州。汝州地处今伏牛山脉与外方山脉之间，为洛阳南之重要枢纽。自汝州，再沿汝水，可至许、蔡等地，南通江淮；沿伏牛山脉中的深山溪谷或垭口，如鲁阳、三鸦关等，可至邓、襄等地，取"宛叶之饶"，进而南达江汉。

以上分别考察了洛阳城周围的嵩山山脉、熊耳山脉、外方山脉以及伏牛山脉，着重分析了唐宋时期这些山脉中的一些重要山峰、山岭的历史沿革以及洛阳人对这些山脉的认知。总的来说，洛阳城四面环山，在人们的观念中，这些山脉的主要作用是安全防卫，无论是东汉末期在山地河谷中设置的八关，还是唐宋时期发生在这些群山峡谷中的主要战役，迂回穿梭于山间的军事行动等，都是与城市安全问题密切相关的。"洛阳处天下之

---

① 于志飞、王紫微：《南郊之丘——从西朱村曹魏墓看曹魏洛阳"王畿"空间设计》，《洛阳考古》2017 年第 1 期，第 53 页。

中……盖四方必争之地也。天下常无事则已，有事则洛阳先受兵"①，讲的就是洛阳军事战略意义。"形胜甲于天下"，则讲的是洛阳附近诸山脉在安全防卫方面的重要作用，洛阳城的军事安全方面的优势。此外，各山脉诸山岭的山间谷地、隘口等又是洛阳连通四方的重要孔道。自洛阳西至陕州、长安，经行于崤山山脉及崤山山脉与熊耳山脉之间；自洛阳北至怀州、太原，穿过崤山山脉支脉邙山，并北渡黄河，有河阳三城；自洛阳南下汝、颍、邓、襄，经行于外方山脉及伏牛山脉的诸垭口、关隘；自洛阳东向汴州（开封），则沿洛水、河水，顺邙山走势而行。

无论是崤山山脉、熊耳山脉还是伏牛山脉、外方山脉，均为西部、西南部海拔相对较高的山脉，1000～2000 米的中山相对较多；而东部及靠近河流谷地处相对较为平缓，多为 1000 米以下的低山、丘陵。这些高大险峻的中山，为洛阳提供了固若金汤的安全保障，但同时也限制了洛阳人的活动空间。如前所述，春秋时期，伊阙以南的一些地区仍然有"被发而祭于野者"，人口相对较少。至唐宋时期，人们也主要是生活于群山谷地，少有涉及深山区。相对狭小的生存空间，使洛阳城及洛阳地区人口问题更为凸显，对环境承载力提出相对更高的要求。《隋书·地理志》、两唐书《地理志》以及《元和郡县图志》《太平寰宇记》《舆地广记》等唐宋地理志书所记载的洛阳山岭，多处于交通要道附近。固然是因这些地理总志着眼于全国，不可能面面俱到，但也在一定程度上反映了人们的活动范围，反映了人们对"山"的个体性、特异性的认识。唐宋洛阳山川诗文也同样具有这样的特点。

第六节　厥土惟壤

如果说山构成了洛阳城周围环境的基本"骨架"，那么，土壤便是生长于骨骼之上的"肌肉"。《管子·禁藏》有，"夫民之所生，衣与食也。食之所生，水与土也。"② 传统农业社会中，土壤关乎人类生存发展的根本，是社会发展的最重要基础。土壤形成的前提物质是岩石，土壤是地壳

---

① 〔北宋〕李格非撰，〔明〕毛晋订：《洛阳名园记》，松本幸彦重校刊本 1829 年，第 12 页。
② 黎翔凤：《管子校注》卷 17《禁藏》，中华书局 2004 年版，第 1025 页。

第一章 "骨骼"与"肌肉"——唐宋洛阳城的山脉与土壤

表层的岩石在漫长的地质、历史演进过程中，经过复杂的风化作用和成土过程，逐渐形成的。土壤是"生物、气候、母质、地形、时间等因素综合作用下所形成的能够生长植物、具有生态环境调控功能、处于永恒变化中的矿物质与有机质的疏松混合物"。或者说，土壤是地球表面适宜动植物生长、生活的疏松表层。① 土壤与其他自然因素联系紧密，或者如英国生物学家詹姆斯·拉伍洛克所说的，"大气、海洋、气候和地球外层由生物群调节成适合于生命和生物群的状态"；这种调节并非生物群单方面的作用，而是"物质地球和生活于其中的生物有机体所组成的系统"不断演化，自我调节。② 土壤也是这样的一种类生命体，积极参与到其他生命体的生存、生活中，积极参与到人类社会的发展中，是包括人类在内的各种生物的物质、能量来源。

虽然土壤与其他环境因素，特别是与人类活动联系密切，土壤的理化性质会因人类活动以及气候、生物等的变迁而发生变化。但一个地区的土壤，其成土母质、所处的气候带、水文条件、附着的植物、依存的动物以及微生物等，又是相对固定。特别是在传统农业时代，没有化肥、农药等，农业生产技术相对稳定，土壤的理化特征也相对稳定。《尚书·禹贡》《管子·地员》《周礼·地官司徒》以及《氾胜之书》《四民月令》《齐民要术》《四时纂要》等农书记录了先秦至唐宋时期，人们对土壤种类、分布、性质、"土宜"等方面的认识。《尚书》《周礼》是儒家经典，历代对土壤的认识多有因袭经典及名家注释的。与山脉的分析与考察相似，本书以《尚书·禹贡》为线索，参考现代土壤学的相关研究成果，梳理洛阳城周围土壤的基本状况。

现代土壤学将今洛阳市范围内的土壤，按照纲、类、亚类、属、种的分类体系，分属淋溶土纲、半淋溶土纲、半水成土纲、初育土纲、人为土纲5个纲下的棕壤、褐土、潮土、红黏土、黄棕壤、水稻土、紫色土、石质土、粗骨土、火山灰土、砂姜黑土、山地草甸土12个大类，其中前4个土类分布较为广泛，后8个土类仅有零星分布。③

---

① 吕贻忠、李保国主编：《土壤学》，中国农业出版社2006年版，第2页。
② [英]詹姆斯·拉伍洛克著，肖显静、范祥东译：《盖娅时代——地球传记》，商务印书馆2017年版，第37－38页。
③ 洛阳市地方史志编纂委员会编：《洛阳市志》第一卷，中州古籍出版社2000年版，第288页。

《尚书·禹贡》划天下为九州，洛阳属豫州。豫州"厥土惟壤，下土坟垆。厥田惟中上，厥赋错上中。"①《管子·地员》篇将九州之土分为九十类，其中"壤土"属于上土六种之一，分为"五壤"。"五壤之状，粉然若屯以泽。其种大水肠、细水肠、蝕茎黄秀以兹。忍水旱，无不宜也。蓄殖果木，不若三土以十分之二特征。"壤土虽然属于上土，但次于息土、沃土、位土和隐土，从事农业生产，与前三种土相比差十分之二。"五壤"的性状，"粉然若屯以泽"，夏纬瑛先生认为"'壤土'柔细，粉然若淀，而又含有水分"，肥濡和美。而且，壤土还耐水旱，适宜种植各种谷种。《禹贡》中记载的禹州下土为"坟垆"，《管子·地员》载九州中土有"五垆"，垆土的性状，"强力刚坚"，适宜种植"大邯郸、细邯郸"等谷物品种，从事农林生产的话，与上土前三种相比，差十分之三。②李约瑟则认为，《禹贡》关于豫州土壤记录的关键词是"上"和"下"。"上下"可以指表层土与下层土，也可以理解为西部山地与东部平原。因此，"壤"相当于"现在该地尚存的、淋洗的碳酸盐褐色土；而"坟垆"则可认为是浅色草甸土、砂姜结核土或棕壤。③《中国农学史》认为，《禹贡》是对农业资源分布、农业生产区划的"调查研究"。《禹贡》中关于土壤记录，是中国土壤地理的创始。其考证豫州的"壤"和"下土坟垆"，分别为平原地区的石灰性冲积土、丘陵土和次生黄土，以及其下的深灰黏土、石灰结核。④

可以看出，根据《禹贡》《管子·地员》等文献记载的豫州土壤性状、特征、土宜等，学者们倾向于认为"壤"和"坟垆"符合现代河南地区普遍分布的褐土、潮土以及棕壤的特征。这也是洛阳地区分布最广的土壤类型。

褐土，又称褐色森林土、褐色土，是洛阳地区土壤分布最广，占地面积最大的土壤亚类，遍布洛阳地区的各个县、市，伊、洛河及其支流的河流阶地以及部分山脉的低缓丘陵上多为褐土。例如，洛阳附近的邙山诸多

---

① 〔西汉〕孔安国传，〔唐〕孔颖达疏：《尚书正义》卷6，中华书局1980年影印版，第150页。
② 夏纬瑛校释：《管子地员篇校释》，中华书局1958年版，第68－75页。
③ 〔英〕李约瑟著，袁以苇等译：《中国科学技术史》第六卷·第一分册，科学出版社2006年版，第85页。
④ 中国农业科学院南京农学院中国农业遗产研究室编：《中国农学史》（上册），科学出版社1959年版，第197页。

第一章 "骨骼"与"肌肉"——唐宋洛阳城的山脉与土壤

丘陵上大量分布着褐土。褐土是含有碳酸盐的成土母质，经过淋溶、淀积，并粘化而成，质地较重，但又不过分黏，适宜农作物生长，只是腐殖质累积相对较弱，土壤有机质含量不高。褐土经过长期的耕作、传统肥料堆积覆盖，逐渐被熟化，形成娄土。洛阳地区的娄土主要由熟化层、黄土层或垆土层、料姜层、母质层等组成。娄土的性质与褐土相似，有机质含量不高，但质地适宜，有一定空隙，透水通气，适宜作物生长。① 洛阳城北的邙山，是典型的褐土分布区，其成土母质多为马兰黄土，且土层较深。如前所述，这一土壤适合营造墓穴。

李约瑟等学者提出，"坟垆"从地理位置上讲，指的是"浅色草甸土、砂姜结核土或棕壤"。现在一般称草甸土为潮土。潮土的成土母质一般为河流的沉积物，因此，土壤性状与河流水文特性、河床沉积物等关系密切。洛阳地区的潮土主要分布在伊洛河及其支流的河谷盆地、冲积平原上，以及黄河两岸的河滩地，以汉魏洛阳城与隋唐洛阳城所在的伊洛河盆地面积最大。砂姜土也是以河流或湖泊的沉积物为成土母质，往往与潮土形成上下层的关系，或与潮土间隔分布。② 潮土、砂姜土与褐土相比，"强力刚坚"，虽然河流泛滥、湖泊涨退会带来一定的沉积物，但养分含量总体上不如褐土，所以《禹贡》《管子·地员》等将其列为低于"壤"的一类土。

洛阳地区多山地丘陵，土壤以棕壤为主。从地理上来说，棕壤主要分布在暖温带落叶阔叶或针阔混交林带，是重要的森林土壤。就洛阳地区来说，棕壤主要分布在西部、西南部的崤山山脉、熊耳山脉、伏牛山脉以及东部外方山山脉的部分山地丘陵，多发育在马兰黄土及各种岩石的风化物的残积或坡积物上。因此，虽然棕壤的腐殖质含量比褐土、潮土高出许多，但土层相对较薄，表面土壤易受到侵蚀，适合种植林木，蓄植果木。棕壤分布地区往往地势较高、坡度较大，不当耕作极易破坏土层，造成水土流失问题，甚至是山体破坏、泥石流等灾害。而在西南部的部分低山区，土壤为褐土或棕壤与粗骨土相结合。粗骨土土层稀薄，砂砾较多，原生植被被破坏后，不易恢复。唐宋时期，永宁、长水、福昌、渑池等西

---

① 中国科学院《中国自然地理》编辑委员会：《中国自然地理·土壤地理》，科学出版社1981年版，第57—60页。

② 熊毅、李庆逵主编：《中国土壤》，科学出版社1987年版，第164—165页。

部、西南部山区诸县人口日益增多，对山地土壤环境造成了一定的压力。

位于今洛阳市关林镇南皂角树村的皂角树遗址，主要为二里头文化聚落遗址。遗址文化地层主要包括耕土层（含少量明清以来的遗物）、唐宋层、东周层、二里头文化层。20世纪50年代初开始，皂角树遗址开始得到调查、发掘。1992年10月至1993年10月，洛阳市文物工作队等单位对皂角树遗址进行了大面积发掘，发表多篇考古发掘报告及相关研究论文。2002年，洛阳市文物工作队联合众多专家学者，编写了《洛阳皂角树：1992～1993年洛阳皂角树二里头文化聚落遗址发掘报告》（简称《洛阳皂角树》）一书。该书是"把皂角树遗址置于整个洛阳盆地先秦考古文化与古环境中来报告发掘成果的"，通过自然环境与人类文化相结合的研究方法，对地质地层与考古文化层进行对比研究，为了解、分析历史时期洛阳土壤层的特点及其变迁提供了重要依据。①

土壤的变化与气候、水文、动植物以及人类活动有着密切的关系。同时，地质地层考古也能够从某些方面反映环境的变迁及其与人类活动的关系。皂角树遗址唐宋文化层位于土壤层的第二层，即新近黄土层（冲淤积黏砂层），与其下地质地层的褐色顶层埋藏土层、深褐红色顶层埋藏土层所指示的环境相比，唐宋时期气候更加旱化，遗址附近的湖泊逐渐消失，河道也逐渐被黏砂土所淤积填满，河流最终消亡。张本昀等依据《洛阳皂角树》古土壤层的分析，认为进入全新世以后，洛阳地区的气候逐渐变得温暖湿润，植被丰茂，河流、湖泊水量充沛；公元前三千年左右，即商周时期以后，气候开始转向寒冷干旱，区域河流、湖泊水量减少，水位下降。而此后，人类活动增强，包括皂角树遗址在内的伊洛河盆地大部分地区植被发生变化，森林草原景观逐渐为农业、种植业为主的人为景观所取代。伊洛河流域地区的水土流失、侵蚀等问题逐渐突出。植被相对较差的一些丘陵地带，受流水侵蚀的影响，形成冲沟。河流水量逐渐减少，流域内湖泊也逐渐干涸、消失。②

与黄河相比，历史时期伊洛河诸河流流经区域水土流失问题并不是特别突出，河流含沙量也相对较少，特别是伊河及其支流。根据新中国成立

---

① 洛阳市文物工作队编：《洛阳皂角树：1992～1993年洛阳皂角树二里头文化聚落遗址发掘报告》，科学出版社2002年版，第 xix 页。

② 张本昀、陈常优、王家耀：《洛阳盆地平原区全新世地貌环境演变》，《信阳师范学院学报（自然科学版）》2007年第3期，第381-384页。

后至2000年实测泥沙资料统计来看，伊洛河年平均输沙量仅占黄河花园口泥沙量的1.5%，黄河泥沙量的1.3%。伊河主要流经熊耳山脉、伏牛山脉、外方山脉之间，山体以石质为主，河流含沙量较小。洛河上游、中游流经于崤山山脉、熊耳山脉间的中山区，也是以石质山体为主；但中游至下游，黄土丘陵逐渐增多，植被相对较少，再加上瀍河、涧河等洛河支流流域两侧以黄土丘陵为主，洛河占伊洛河年输沙量的73.7%。[①]与历史时期的相关记载相比，今日伊洛河及其支流河流的径流量相对较小，河流两岸土壤侵蚀、水土流失、冲沟、淤积等问题是造成这一现象的重要原因。梁亮、夏正楷等考察了瀍河流域分布的对新石器时代以来的考古遗址，并由此推断瀍河全流域各级阶地形成的大致时间及其环境状况，并将阶地遗存作为考察全新世以来瀍河流域地区水土流失状况的依据。据此，他们认为，距今一万年至四千年，瀍河流域的土壤侵蚀量较小；而近四千年以来，土壤侵蚀严重，河流下切作用明显，河道变窄，水量减少。特别是东周、隋唐时期，瀍水环绕王城、宫城，并且是漕渠及城市用水的重要来源。瀍河流域土壤侵蚀强度与人类活动强度趋势是相一致的，而瀍河流域水土状况的历史变迁是整个伊洛河流域的一个缩影。[②]

综上所述，历史时期人们对土壤的认识与对山的认识相似，多来自经典论述。《尚书·禹贡》《周礼·地官司徒》等对洛阳所在的豫州地区土壤的论述来自某种"实地调查"，对土壤性状的描述偏向于外观、质地以及在全国经济区划中的地位与作用等。《管子·地员》篇对土壤的论述与经典论述存在一定的关联，反映了先秦、秦汉时期人们的土壤知识。土壤与其他环境因素联系密切，来源于山，形成于水，决定于气候，发展于生物，地质、地形、水文、气候、生物以及人类活动对土壤的产生、形成、发展具有较大的影响。而洛阳地区土壤的历史变迁，无论是熟化、侵蚀、堆积还是肥力的改变等，都与人类的生存生活和经济、社会制度等有着复杂的互动关系。

---

① 洛阳市地方史志编纂委员会编：《洛阳市志》第一卷，中州古籍出版社2000年版，第274页。

② 梁亮、夏正楷：《瀍河流域的河谷地貌结构及近万年以来土壤侵蚀量的估算》，《水土保持研究》2003年第3期，第79页。

第二章 "气息"与"血脉"
——唐宋洛阳城的气候与水系

山与土壤相当于洛阳的骨骼与肌肉，那么，自然环境中的气候因素就相当于洛阳的气息。气候最开始是一个自然地理学的概念，指的是气象各要素的长时段的综合，特别是"温""湿"和"压"这三个要素。对于历史时期气候变迁的研究，主要关注的是"温"与"湿"，即寒暖与干湿的问题。20世纪50年代后，随着气象观测技术的进步，气象资料的积累以及生态学的发展，气候学研究开始关注与气候及气候变化相关的其他因素。20世纪60年代以后，气候异常、大气污染成为环境破坏、生态恶化的最突出表现，对人类的威胁也是最为严峻。气候系统的理念进一步得到发展，成为气候研究的主流。

第一节 唐宋洛阳的气候变迁

气候系统的首要因素是大气。一方面，大气与地球的能量来源——太阳辐射之间有着直接的互动关系。大气层能够有效地削弱过量的太阳辐射影响，并且能够吸收地面辐射热量，减少温差，保持地球的适宜温度。而太阳辐射在地球上的分布并不是均匀恒定的，而是随着空间与时间的变化而有所差异的。因此，太阳辐射赋予了大气运动的动力，形成了大气环流。大气环流是影响区域气候的最重要因素之一。一个地区一定时间的气温、气压、降水等的形成与变化，都是大气环流运动的结果。另一方面，大气与其他环境因素有着直接或间接的互动联系。无论是大气吸收地面辐射能力，还是大气环流状况，都与地表的地形、地貌、土壤、植被等因素

第二章 "气息"与"血脉"——唐宋洛阳城的气候与水系

有着密切的关系。同时,太阳辐射能量是经过了大气层才到达地壳,作用于生物圈的。大气环流也深刻影响,甚至是塑造着区域的自然环境。动植物生存所需的空气、水、温度等环境因素都来自大气圈。这些因素再加上光照,共同构成了动植物生存、生长的基本生境。因此,气候对动植物特别是植物至关重要。反过来,动植物状况也可以作为气候环境的重要标识。岩石圈、水圈的自然因素同样与大气环流、与气候有着密切的联系。人类作为动物的一分子,从自然角度讲,也与其生存区域的大气、大气环流相互影响、相互作用。大气环流超出了人类社会所能承受的限度,便会出现洪灾、旱灾、风灾、雪灾、冻灾等等;人类活动直接,或通过其他环境因素间接地作用于大气,又会引起大气状况的波动。除了大气之外,深刻影响气候的因素还有海洋、冰雪层、岩石圈和生物圈。① 岩石圈和生物圈与大气、气候的关系前面已有论及。洛阳城并不临海,区域内也没有终年积雪层、冰盖、冰川、永冻土等,但冰川、雪线、海侵、海退等是研究历史时期气候变迁的重要指征与材料。研究唐宋时期洛阳所处的气候问题,需要参考这些资料。

地质时期以来,气候系统各因素都是处在不断变化中,有的变化周期长一些,有的变化周期短一些,或以分秒为单位,或以千年、万年为单位。各因素间相互作用、相互影响下,气候也不断地发生着变化,即气候变迁。与气候研究相同,现代气候变迁研究也是由地理学家们首先展开的。历史地理学对历史时期气候变迁问题的研究已取得了丰硕的成果。同时,气候变迁是环境变迁的一个重要内容,环境变迁学(environmental changes)首要的研究内容便是气候的变迁问题。② 环境变迁特别是历史时期的环境变迁研究,是历史地理学与环境史学共同关注的问题。两者的具体关注点虽然有所差别,但在研究对象、研究内容,甚至是一些研究的方法上存在相似或相同的地方。从这个意义上讲,"环境史是从属历史学的环境变迁研究"③。

无论是长时段的气候变迁,还是较短时段内的气候变化,都会对人类社会产生影响;而在不同时空条件下,人们对气候的感知、认识、理解、

---

① 王绍武等编著:《现代气候学概论》,气象出版社2005年版,第1-2页。
② 黄春长:《环境变迁》,科学出版社1998年版,第4页。
③ 满志敏:《全球环境变化视角下环境史研究的几个问题》,《思想战线》2012年第2期,第61页。

应对等又会有不同的方式、方法。这些方式、方法或是临时的制度安排，或逐渐成为一种文化。在文化延续性的作用下，即便是气候再次发生变化，人们应对的方式、方法可能没有发生太大的变化。因此，面对气候变迁，人类社会具有较强的适应性与较高的阈值。动植物同样对气候的变迁有一定的适应性，动物所具有的适应性更强一些。传统农业社会，对各种动植物资源的依赖性较大，气候对生物种群的影响，也会传导至人类社会，最基础的便是影响到人们吃什么、怎么吃、吃多少的问题。

　　唐至北宋五百余年，对于整个地球环境变迁史来说，是极为短暂的一瞬；但对于气候变迁史来说，唐宋五百年是极为重要的一部分。气候尺度与王朝尺度不一定是完全吻合的。如前所述，唐宋时期仍然属于传统的物候时代，人们对气候的认识偏于"主观"，一些气候相关的记录存在承袭前代记述的问题。而气候本身的变化是联系性的，因此，本书在阐述唐宋时期洛阳的气候问题时，会述及全新世以来区域的气候变迁。洛阳地区的气候也是全球气候的一个小的子系统，考察洛阳气候变迁也需要将其置于全球、全国气候变化的大视野下。此外，物候时代的气候观测、记录与现代气候研究相比，不可避免地存在一些"误差"。这些认识属于传统认知体系中的一部分，与现代气候研究以及现代人对气候的认识与理解存在差异，剥离出传统的认知体系作为现代气候变迁研究的材料，本身就存在一定的"误读"风险。为尽量避免这些问题的出现，本书在吸纳前人研究成果的基础上，更偏重于唐宋洛阳人、唐宋人对气候各因素的感知及对气候变化的应对。

　　生态学从生态系统的角度出发，以某一特定生物体或生物群体为中心，将其所处环境中的气候分为大气候（Macroclimate）与小气候（microclimate）。小气候是与生物或生物群体密切相关的气候，主要指近地面的气候。小气候反映的是微观的生境，主要包括范围内的温度、湿度、气流变化以及气候影响下的土壤状况等。小气候往往是人们在生产、生活中直接触及的，也是人们对气候直观认识的主要来源。我们所要考察的唐宋洛阳人对气候各因素的感知，主要指的是对小气候的感知。大气候是指较大范围的气候，主要由大范围因素所决定，如大范围的大气环流、地理纬度、海洋、冰川等等。这是我们所要考察的大空间、长时段、总体的气候变迁的主要内容。从包括人类在内的各种生物与环境的作用与反作用关系角度来讲，环境可以分为能量环境与物质环境。气候系统中的光照因素、温度因素属于能量环境；大气、降水、岩石圈以及生物圈因素属于物质环境。① 可以说，气候是环境中最根本的因素。如同空气是人类及各种动植物生存所必需的一样，气候对于洛阳城来说，同样是须臾不可或缺的因素。

竺可桢先生是中国气候变迁研究的奠基人。他在 20 世纪初就开始运用现代地理学的理论与方法研究中国气候及气候变迁的问题。在 20 世纪 20 年代前后，他就发表了《历史时代世界气候的波动》《南宋时代我国气候之揣测》《中国历史上气候的变迁》等文章，初步阐述了历史时期中国气候变迁的基本问题。与此同时，蒙文通先生也发表了《中国古代北方气候考略》，从历史学的角度研究中国北方地区的气候问题。徐中舒、胡厚宣、董作宾等先生在研究殷墟时，利用考古发掘材料，探讨了殷商时期中国气候的基本状况。这一时期，对气候变迁的历史研究仍然处于起步阶段，以整理文献资料、考古发掘为主，尚没有关于唐宋时期洛阳地区气候变迁问题的专门论述。

1962 年、1972 年，竺可桢先生相继发表了《历史时代世界气候的波动》《中国近五千年来气候变迁的初步研究》等文章，对此前的历史时期气候变迁问题进行了梳理与总结，提出了对中国近五千年来气候变迁的基本认识与基本理论，开创了系统研究中国历史时期气候变迁的先河，此后学者们的气候变迁研究多以此为基础。《中国近五千年来气候变迁的初步研究》一文，从气候研究手段、方法及材料性质，将历史时期划分为考古时期、物候时期、方志时期和仪器观测时期，并依据各个时期的气候材料，结合现代气候变迁研究理论与方法，论述了近五千年来中国气候变迁的规律。他认为，唐宋时期是中国气候变迁过程中的一个重要转折期，唐代的温度高于现代，唐代以后温度低于现代。具体来说，7 世纪中期以后，中国气候开始变得和暖；但到了 11 世纪初期，气温已不如 7 至 9 世纪中期，与现代气候相似；12 世纪初期以后，气候加剧转寒。②

竺可桢先生的研究是基础性、框架性的，只是"一个简单扼要的轮廓"。40 多年来，学者们不断地深化中国气候变迁问题的研究，运用历史

---

① 孙儒泳等：《基础生态学》，高等教育出版社 2002 年版，第 6—7 页。
② 竺可桢：《中国近五千年来气候变迁的初步研究》，《中国科学》1973 年第 2 期，第 168—189 页。

学、地理学、环境学、考古学以及综合多种学科的理论方法、技术手段,取得了一系列突破性的重大成果,完善了竺可桢先生的研究成果。总的来说,学者们基本认同竺可桢先生关于中国气候阶段性、规律性冷暖干湿交替的论断,但在材料解读、具体分期的时间点、每个阶段冷暖干湿程度、气候变化与人类社会之间的关系等问题上存在一些不同的观点与认识。一些学者借助于文献资料、环境考古发掘、墓志碑刻材料以及碳–14测定、氧同位素测定、树木年轮测定等技术手段,细化了具体时段、小范围区域的气候研究。

就唐宋时期来讲,学界基本上认为唐代总体上是相对温暖、湿润的,而对北宋时期的冷暖干湿则有不同的认识。气候的冷暖干湿是一个相对的概念,相对于某一时期前后或相对于现代气候而言。文焕然先生以历史时期动植物的历史地理分布入手,考察了具有指示意义的扬子鳄、长臂猿、大熊猫、麋鹿、野象、野犀等动物群以及竹林、柑橘、荔枝等植物群的分布并结合土壤、水涝等自然现象,论述了历史时期中国气候变迁的过程和主要特点。他认为,唐代至北宋初期(510年至1050年),属于历史时期中国气候变迁的相对温暖时代。这一时期较前一时期温暖时代的气温低,但比其后至今的气温都要高些。自北宋初期至明代初中期(1050年至1450年)属于相对寒冷时代,这一时期,气温相较于相对温暖时代的气温低,但比其后至今的寒冷时代要暖一些。当然,文焕然先生也认为,气候的冷暖变化并非"直线式"而是有所起伏的,"这种波动的幅度与持续时间的长短并不一致,在各个时代中冷暖是相对的"①。

满志敏在邹逸麟先生主编的《黄淮海平原历史地理》"黄淮海平原历史气候"一章,系统地提出了对中国气候变迁问题的见解。与竺可桢、文焕然等观点不同,该书认为总体上魏晋至五代时期气候的基本特征为寒冷,而五代至北宋气候又转向温暖,冬季温暖现象较多。具体来说,隋至盛唐时期(唐天宝以前)略为偏暖;天宝以后,转入新的寒冷阶段,持续至五代时期;北宋开始至元代中叶,黄淮海平原的气候以温暖为基本特征。②多数学者更倾向竺可桢先生的观点,即隋唐时期的中国气候偏向温暖湿润。吴宏岐、党安荣认为满志敏等人的观点缺乏足够的证据,难以解

---

① 文焕然、文榕生:《中国历史时期冬半年气候冷暖变迁》,科学出版社1996年版,第119页。
② 邹逸麟主编:《黄淮海平原历史地理》,安徽教育出版社1997年版,第25、31页。

释隋唐时期的一些物候资料，也与同时期全球气候变化趋势不相吻合。该书还认为，总体上唐代是一个温暖期，只是在贞元时期（8 世纪末至 9 世纪初）以后气候趋于寒冷，但也只是气候的短时期波动，并且唐代的温暖期与"北宋至元中叶温暖期"是联系的。① 此后，吴宏岐、党安荣又在《隋唐时期气候冷暖特征与气候波动》一文中进一步阐述了关于"隋唐温暖期"的观点。他认为，竺可桢先生的中国气候变迁结论基本是准确的，但具体分期时间需要再修正。依据唐宋时期物候记载、动植物分布以及雪线、海平面等相关材料，吴宏岐、党安荣认为"隋唐温暖期"的起止时间应修正为约 550 年至 1050 年，即南北朝晚期至北宋中前期。在这一时期内，又存在着温暖－寒冷－温暖的气候波动。唐代中晚期（约 800 年至 950 年）是"隋唐温暖期"内的一次气候波动。②

施雅风、葛全胜、张丕远、王铮等关于中国气候变迁的系列研究成果③，提出了中国气候变迁的混沌理论。他们认为，过去 2000 年，中国气候总体上分为两个阶段。以金元之际（1230 年至 1260 年）为界，此前气候以温暖偏湿为主要特征，涵盖了唐宋时期；此后以寒冷偏干为主要特征。具体到气候变化的每个时期，则是由一系列的突变构成，气候变化始终处在一种混沌的状态。唐宋时期总体上相对温暖偏湿，但在南北朝晚期至隋代、唐代后期发生了两次气候的较大波动。南北朝晚期（560 年至 580 年），气候由前一阶段的相对寒冷开始逐渐回升。至隋代（7 世纪初）进入温暖阶段。唐代后期（9 世纪 80 年代）发生了一次气候突变，此后五代、北宋直至金末（13 世纪 30 年代）气候处于波动的状态，多次发生

---

① 吴宏岐、党安荣：《唐都长安的驯象及其反映的气候状况》，《中国历史地理论丛》1996 年第 4 期，第 171－177 页。

② 吴宏岐、党安荣：《隋唐时期气候冷暖特征与气候波动》，《第四纪研究》1998 年第 1 期，第 31 页。

③ 包括施雅风、孔昭宸、王苏民等：《中国全新世大暖期鼎盛阶段的气候和环境》，《中国科学（B 辑 化学 生命科学 地学）》1993 年第 8 期，第 865－873 页；张丕远、王铮、刘啸雷等：《中国近 2000 年来气候演变的阶段性》，《中国科学（B 辑 化学 生命科学 地学）》1994 年第 9 期，第 998－1008 页；张丕远、葛全胜、张时煌等：《2000 年来我国旱涝气候演化的阶段性和突变》，《第四纪研究》1997 年第 1 期，第 12－20 页；葛全胜、郑景云、方修琦等：《过去 2000 年中国东部冬半年温度变化》，《第四纪研究》2002 年第 2 期，第 166－173 页；葛全胜、郑景云、满志敏等：《过去 2000 年中国温度变化研究的几个问题》，《自然科学进展》2004 年第 4 期，第 91－97 页；葛全胜、郑景云、满志敏等：《过去 2000a 中国东部冬半年温度变化序列重建及初步分析》，《地学前缘》2002 年第 1 期，第 169－181 页。

奇寒暴暖事件，具有较为明显的混沌特征。施雅风、张丕远、王铮等学者具有自然地理学、环境学、环境变迁等自然科学的学术背景，对历史时期中国气候变迁问题的研究更倾向于采用现代气候变迁的相关理论以及数据分析的方法进行研究。对于以物候资料为主的唐宋时期来说，这样的研究存在数据不充分的风险；但能够将研究的聚焦点放在较短时段上，所得出的结论也更符合气候变化的规律。因此，越来越多的学者研究总体温暖期下，不同时期气候的波动问题及其与人类社会之间的关系。

蓝勇的《唐代气候变化与唐代历史兴衰》一文认为，首先唐代是中国历史上一个温暖时期，而王铮等人提出的混沌时期（880年至1230年）也是中国气候变化的重要时期。只是这个混沌时期与现代气候相比，仍然是相对温暖的，即存在一个所谓的"中世纪温暖期"。王朝国力强弱、历史兴衰与气候的温暖寒冷以及波动、突变有着一定的关联。① 满志敏、费杰、侯甬坚、朱士光等也对唐代中后期及北宋时期气候波动问题进行了相关研究，基本上认为9世纪初至9世纪中叶存在气候的波动，此后波动更加明显。②

盛福尧的《初探河南省历史气候之特点及极值》《初探河南省历史时期的寒暖》等文章，讨论了现代河南省范围内各地区在历史时期的气候变迁问题。盛福尧以极端气候变化的史志记载为突破口，以"陨霜降雪、冰冻及人物反映"为主要依据，将河南省寒冷程度分为三个等级。再将寒级与全省的五个区域（豫北区、豫南区、豫西南区、豫西区和豫东区）相结合，发生于两个以下区域的为省寒，发生于三个以上区域的为省大寒，发生于全省的为省特大寒，以"三寒五区"作为判断不同时期寒暖情况的指标。据此，盛福尧认为隋唐时期河南省以暖为主，9世纪以后转为寒冷；五代至北宋初期，温度有所回升；进入11世纪以后，又转为寒，有宋一代以寒为主。盛福尧将研究对象设定为一省范围，并尝试分区域讨论气候冷暖变迁问题。所划分的五区以自然条件、历史归属为依据，基本

---

① 蓝勇：《唐代气候变化与唐代历史兴衰》，《中国历史地理论丛》2001年第1期，第4、11页。
② 参见满志敏：《关于唐代气候冷暖问题的讨论》，《第四纪研究》1998年第1期，第20－30页；费杰、侯甬坚、刘晓东等：《基于黄土高原南部地区历史文献记录的唐代气候冷暖波动特征研究》，《中国历史地理论丛》2001年第4期，第75－82、129页；朱士光、王元林、呼林贵：《历史时期关中地区气候变化的初步研究》，《第四纪研究》1998年第1期，第1－11页。

第二章 "气息"与"血脉"——唐宋洛阳城的气候与水系

符合现代地理分区。从现代地理学的角度讲,河南省五区各自有其独特的气候特征。历史时期五区的自然环境也是有一定差异的,因此具有各自的气候特征。但正如盛文所讲,历史时期气候研究受材料限制较大,各个时期每个区域的记录并非均匀分布的,甚至部分区域的记录存在缺失。洛阳地区属于其所划分的豫西区。唐代以前,中国的政治、经济、文化重心在关中、中原地区,洛阳是全国重要的中心城市,相关的气候记载较为丰富。盛文以豫西区、豫北区多次的"冬无雪"记录,判断唐贞元十七年(801)以前的全省气候以暖为主,以后偏寒。唐中后期以后,中国的经济重心基本完成南移;五代北宋之后,政治重心东移,洛阳的地位相对下降,气候记载相对减少,而豫东开封的气候记录较多。盛文主要以豫东区、豫北区、豫西区、豫南区的寒冷记录,判断五代至北宋时期先回暖后偏寒的气候变化。①

气候系统中,温度与湿度的关系密切。相比较而言,旱涝问题比寒暖变化对短期农业生产的影响更大。影响气候干湿的自然因素十分复杂,区域的特异性更为突出,受人类活动的影响更为明显。竺可桢先生认为,与温度变迁相比,东亚季风区内的降水量变化更为极端。这种变化可能是"非旱即涝"的,且即便是"邻近两地雨量可以大不相同"。② 因此,与历史时期气候寒暖变化研究相比,干湿变化的研究观点差异性更大,研究对象相对更为具体。

20世纪70年代后,郑斯中、龚高法等发表系列研究成果,论述历史时期中国气候干湿变化的问题,以及气候的干湿与冷暖之间的关系。如郑斯中在《我国历史时期冷暖年代的干旱型》一文中,以1471年至1970年约五百年为研究时段,主要以长江下游区域与长江中游区域的气候为研究对象,分析了中国东部地区与西部地区气候的冷暖与干湿之间的关系,认为"冷的年代,我国的气候是西干东湿,而暖的年代则是西湿东干"③。这是对历史时期气候干湿研究的初步探索。

郑景云、满志敏等学者进一步丰富、完善了郑斯中等的研究。《过去2000a中国东部干湿分异的百年际变化》一文,利用汉代以来的资料,分

---

① 盛福尧:《初探河南省历史时期的寒暖》,《历史地理》1990年第七辑,第160-161、164-166页。
② 竺可桢:《中国近五千年来气候变迁的初步研究》,《中国科学》1973年第2期,第169页。
③ 郑斯中:《我国历史时期冷暖年代的干旱型》,《地理研究》1983年第4期,第32页。

析了气候干湿分异变化及其与气候冷暖之间的关系。该文认为，2—11世纪中国东部干湿分异以东西为主，西（西北）干东（东南）湿；北宋末期以后，即12—15世纪，东西分异与南北分异并存，以东西分异为主。如前所述，他们认为唐宋时期总体上是偏暖的，有气候的波动。与温暖气候相对应，干湿分界线偏西，华北地区相对湿润。特别是五代至北宋时期，干湿分界线达到了最西。① 葛全胜、张丕远等学者延续其关于气候突变、气候混沌的理论。他们认为与气候冷暖相对应，在280年和1230年前后气候的旱涝变化也发生了两次突变。公元3世纪末至13世纪前中期，中国气候系统处于不稳定的状态，变化较多，处于混沌的轨道上。②

王邨在《近万年来中国中原地区气候在年降水量方面的变迁和未来趋势》一文中，以中原地区为研究对象，根据历史文献的旱涝资料，将旱涝情况分为五级，与实测降水量建立关系，以此研究中原地区2200余年来气候干湿变化的趋势。他认为，自秦朝至1987年，中原地区共有9个大的偏旱少雨期和8个长的湿润多雨期，总体上呈现枯、丰交替的循环。唐宋时期基本上处于降水偏多的湿润期。③ 张本昀、李容全根据洛阳皂角树遗址考古发掘材料的剖面沉积物质理化分析数据，推断洛阳地区气候自12万年以来存在9个温暖湿润阶段和9个干旱亚阶段。其中，汉末至唐初为相对干冷时段，唐代其他时期及北宋时期为相对温湿时段。④

受研究材料及观测技术手段的限制，我们难以对唐宋时期洛阳气候变迁做出微观、短时段的详细描述。从气候变化本身的特点来说，一个地区小范围的气候变化与大范围的气候变化基本上是一致的。上述唐宋时期中国、中原地区和河南的气候变迁过程、规律及其基本特征，对于洛阳同样适用。我们认为，唐宋时期洛阳所处的气候总体上是以相对温暖、湿润为主的，其中，在唐代中后期（780年至940年）存在一个小的气候相对寒

---

① 郑景云、张丕远、葛全胜等：《过去2000a中国东部干湿分异的百年际变化》，《自然科学进展》2001年第1期，第67、69页。

② 张丕远、葛全胜、张时煌等：《2000年来我国旱涝气候演化的阶段性和突变》，《第四纪研究》1997年第1期，第12页。

③ 王邨编著：《中原地区历史旱涝气候研究和预测》，气象出版社1992年版，第73—75页。

④ 张本昀、李容全：《洛阳盆地全新世气候环境》，《北京师范大学学报（自然科学版）》1997年第2期，第280页。

冷期；受季风影响，干湿变化趋势是在"波动中逐渐变干"，唐代存在较为显著的多年代和世纪尺度的周期波动，五代至北宋时期则是略偏湿而逐渐转干。①

  气候系统与其他自然环境因素具有极为频繁而密切的互动关系。其他环境因素的变化往往能够指示出气候的变化。温度、湿度、大气环流以及光照等气候因素对生物的生存、生长、繁殖、分布等具有决定性的影响作用。而动植物的生存状态也会随着天气条件和季节、年度气候的变化而变化，如植物周期性的萌芽、开花、结果、产生种子，动物的孕育、生产、生长、迁徙、再繁衍、死亡等等。除此之外，非生命现象的雨雪风霜、炎暑隆冬等，都属于物候现象。在缺乏现代观测手段的条件下，物候是农业生产的重要指示，人们的生产活动因时而行。各种物候、节气、时令是安排生产、生活活动的重要依据。"不违农时"是农业生产最重要的一项法则，也是历代王朝强调、遵循的。"不违农时，谷不可胜食也。数罟不入洿池，鱼鳖不可胜食也。斧斤以时入山林，材木不可胜用也。"② 人们的生产活动是依据气候的状况及其变化，依据各种自然的物候现象来安排的。时，就成了连接气候、气候因素、动植物、人类活动的纽带，就成了联系自然环境与人们社会、经济的关键一环。气候－物候－洛阳人，通过"时"紧密地联系在一起。物候记录是唐宋时期气候变化研究的重要材料。除了物候记录外，各种因气候变化而产生的自然灾异记载也是历史时期气候变化的重要研究材料。旱涝、风雹、霜冻、冰冻、大雪、暖冬等灾异记载，能够反映气候变化的程度，也能够反映出人们对气候变化的认识、理解、应对等。但灾异记载偏重于国家政治、经济、文化等较为重要的地区。唐宋时期，洛阳的灾异记载多寡与政治、经济地位的高低相关。本书将在后面的几个章节讨论人类活动、其他自然环境因素与气候之间的互动关系。

---

  ① 郑景云、方修琦、吴绍洪：《中国自然地理学中的气候变化研究前沿进展》，《地理科学进展》2018年第1期，第17－18页。
  ② 〔清〕焦循著，沈文倬点校：《孟子正义》卷2，中华书局1987年版，第54－55页。

第二节 唐宋洛阳的水环境概况

水是生命之源。无论对于动物、植物，还是对于人类来说，水都是生存的第一保障。对于动植物生长、农业生产来说，存储于河流、湖泊、沼泽等的地表水与地下水是最为重要的，可以直接利用。唐宋时期，洛阳城居民的生产、生活同样依赖于周围的地表水与地下水。洛阳城的水资源以洛河、伊河及其各级支流流域的湖泊、池沼、渠道、井水等为主，即洛阳人主要依靠伊、洛河水系。水系中的干流、支流、湖泊等各种水体，如同人体内的血脉，维持"身体"各个部分的正常运转，为洛阳城居民生产、生活提供充足的水资源；担负着物质、能量、信息传送的功能，通过水系诸水体及漕渠、运渠等渠道实现区域内外粮食、绢帛等各种物资的转运，人员的流动；承担着将城市生产生活的一些废弃物排出"体外"或实现再循环。"仁者乐山，智者乐水"，伊、洛河下游流域水系还是洛阳城内外宅院别业、山庄别墅等官私园林营造水景的重要水源。

这一部分我们着重梳理、考察、讨论唐宋时期洛阳城水系的变迁问题。如前所述，历史时期洛阳水系的主要河流——伊、洛河、瀍河、涧河的河道变迁相对较小，特别是诸河流中上游河段经行于群山之中，变化更小。但四水的二级、三级支流及流域内的湖泊池沼、人工渠道等变化较大。汉魏时期洛阳城城址位于伊洛河盆地的中部，隋唐以后城址则偏于西侧。城市城址的变化对城内外水系有极大的影响。

《水经注》是记载伊洛河水系干流及支流最为详细的史籍。郦道元不仅搜集了汉魏及以前的各种相关记载，纂辑了大量前人著作，而且能够对部分河流进行实地查勘。北魏于太和十七年（493 年）迁都洛阳，郦道元为尚书郎，对汉魏洛阳城及其附近地区的水系有直观而准确的认识。此外，郦道元在注释伊、洛、瀍、涧、谷等水中上游水系时，引述陆机等多部《洛阳记》、伏滔《北征记》、郭缘生《述征记》、戴延之《西征记》等记载。这些城市史志、行役记等多是作者们路途所经、踏勘调查的结果，具有较高的可信度。郦道元在引述这些材料时，又能够将"或乱流而摄诡号，或直绝而生通称"的各种记载条理清晰，能够将"枉渚交奇，洞湍决渡，躔络枝烦，条贯系伙"的各个大小水系厘定脉络，既统举都

第二章 "气息"与"血脉"——唐宋洛阳城的气候与水系

会,又兼及繁碎。① 清沈德潜称其为"不可无一,不容有二",《水经注》为中国历史是上地理书的杰出代表。②

《隋书·地理志》、两唐书《地理志》、《旧五代史·郡县志》、《新五代史·职方考》、《宋史·地理志》等正史地理志,《元和郡县图志》《太平寰宇记》《舆地广记》等地理总志、地理志书关于河流、湖泊等水系的内容,多引述《水经注》的内容。当然,上述唐宋志书以及各种类书、文集等保存的水系部分内容,也记载了伊洛等河水系的变迁。如前所述,洛阳周围的交通要道均是经由群山河谷之中,洛阳及附近各县县治基本上位于山间河谷盆地。隋唐至五代北宋时期,政局稳定的繁荣盛世之时,洛阳政治、经济、文化地位较高,经行于河谷的人流较多,且各县人口众多。唐宋洛阳城居民及周围各县居民的生产、生活活动与水系变化、变迁有着密切的互动关系,这是本书着重研究的问题。

清徐松自明《永乐大典》中辑出元《河南志》,记载了历代洛阳城"城阙古迹"和城阙、宫殿、苑囿、坊市、庙宇、山川、诸县之图。其中唐宋时期洛阳城资料来源于宋敏求《河南志》,具有极高的价值;而元人传抄、撰写部分,距宋金时期未远,所录内容可信度高,也能看到宋元之际洛阳城的变迁。《河南志》所记历代城阙古迹和"河南府图"中,有城市水系的相关记载。徐星伯以此为基础编纂的《唐两京城坊考》东都部分中,有城市水系的专门章节。除此之外,与前述山脉部分类似,明清洛阳方志资料同样是研究唐宋时期洛阳城市周围水系变迁的参考。本书主要参详清乾隆《河南府志》关于清代洛阳地区水系的记载。洛阳城附近水系虽然因城而变,沧海桑田,古今不同,但现代地理学、水文学的相关研究有助于廓清"躔络枝烦""乱流诡号"的诸水系古今变迁过程,有助于了解水系水文特征,更好地理解水与人的关系。因此,本节与山脉、土壤、气候等各节相似,主要探讨唐宋时期洛阳地区水系的基本情况及其变迁过程,而与洛阳城社会经济互动关系的内容将放在后续各章节。

---

① 〔北魏〕郦道元著,陈桥驿校证:《水经注校证》序,中华书局2007年版。
② 李晓杰主编:《水经注校笺图释(渭水流域诸篇)》序言,复旦大学出版社2017年版。

第三节 洛阳城的"主动脉"——洛水

洛阳,因洛水(今洛河)而得名。洛水是洛阳城的母亲河,也可以说是维持洛阳城生存、发展的"主动脉"。今洛河主要有两个源头,一为发源于陕西省商洛市洛南县洛源镇木岔沟,一为发源于洛源镇黑章村,东流至洛源镇汇合,再东流经洛南县,过三门峡市卢氏县木桐乡河口街村进入河南省,再东偏北流,经洛宁、宜阳、洛阳市区,至偃师市顾县镇的杨村,与伊河汇合,其以下河段被称为伊洛河。伊洛河自偃师市,再东北流,至郑州市巩义市河洛镇神北村北的河洛汇流处汇入黄河。今洛河干流全长446.9公里,多年平均径流量约为66.6平方米/秒,支流300余条,流域面积18881平方公里。①

洛水与前述洛阳周围山脉相似,是中国传统文化中的一条重要河流,儒家经典著作中多有述及。因此,史籍中对洛水的记载,既有实地勘察所得,也有传袭经典释文,且后者所占的比重更大。洛水源头,《山海经》《水经注》《汉书·地理志》等史籍记载有讙举山、冢领山、上洛西山等。《括地志》沿袭《汉书·地理志》,"洛水出商州洛南县西冢领山",《史记正义》又引作"洛水出商州商洛县冢领山"。②《元和郡县图志》卷六永宁县"熊耳山"条,引《尚书·禹贡》"导洛自熊耳"句,认为导洛之熊耳山在商州上洛县。洛南县本为汉上洛县地,西晋泰始三年(267)分上洛县地置拒阳县,隋开皇二年(582),改称为洛南。③《新唐书·地理志·关内道商州》"上洛县"条,有熊耳山。《水经注》引《博物志》,"洛出熊耳,盖开其源者是也",注释"导洛自熊耳",山在卢氏县西。诸史籍所载方位基本上与现代洛河发源地一致。洛河发源地位于秦岭山脉东南侧的群山之中,源头支脉较多,冢领山、讙举山或为不同的源泉,或为同一山岭的不同山峰。熊耳山涉及对典籍的解释问题。

《水经注》按照河流流向,分南北两侧(左右)记载了自洛水源头至

---

① 郭建民、郑金亮主编:《伊洛河志》,中国科学技术出版社1995年版,第13—14页。
② 〔唐〕李泰等著,贺次君辑校:《括地志辑校》卷4,中华书局1980年版,第201页。
③ 〔北宋〕乐史撰,王文楚等点校:《太平寰宇记》卷141《山南西道九》,中华书局2007年版,第2739页。

第二章 "气息"与"血脉"——唐宋洛阳城的气候与水系

卢氏县，共9条支流：丹水、尸水、乳水、龙余水、玄扈水、武里水、门水、要水、获水。而洛河此河段，《伊洛河志》记载了14条长度较长、流域面积超过100平方公里的支流，有蒿坪河、文峪河、西麻坪河、石门河、石坡河、周湾河、桑坪河、西峪河、龙河、县河、西沙河、中沙河、东沙河、姬家河。①

《元和郡县图志》载，卢氏县南五十里，有熊耳山，并称"《禹贡》导洛于此"②。熊耳山在《元和郡县图志》的洛河流经各县中，凡三记。永宁县之熊耳山，如前所述。上洛县、卢氏县又两记，并都称为"《禹贡》导洛"之处。洛河上游卢氏与洛南县之间地区山高水远，交通不便，不易到达，而沿途多有"两峰相对，状如熊耳"的山峰。

自唐宋卢氏县南，洛水东流，经高门关至长水县。长水县本为汉卢氏县地，北魏于卢氏东置南陕县，西魏改称长渊。隋末唐初，为避唐高祖名讳，改称长水，至元代初年与永宁合。《水经注》载，洛水过卢氏县南后，"东经高门城南"，城东又有高门水自北东南流入洛水。③《新唐书·地理志·长水县》载，"西有高门关、松阳故关、鹈鹕故关。"④《水经注》载有松阳山、松阳溪水、鹈鹕山、鹈鹕涧等。高门关、松阳关、鹈鹕关均是因山水之势设置。清乾隆《河南府志》载永宁县西界有高门关、高门水，明在此置高门关巡检司；又有崇阳溪水，与《水经注》所记"松阳溪水"音近而讹；又有小鹈鹕水，俗称为小铁沟。《水经注》载，南朝宋义熙十三年（416），刘裕北伐，命参军戴延之与府舍人虞道元乘舟沿洛水逆流而上，探察水军所能抵达之处。戴、虞等人行至卢氏县东之檀山与库谷之间，"竟不达其源"，"届此而返"。⑤至少在南北朝时期，洛河流量较大，能够支持较大规模的船队航行。自入卢氏县界，至长水

---

① 郭建民、郑金亮：《伊洛河志》，中国科学技术出版社1995年版，第15页。
② 〔唐〕李吉甫撰，贺次君点校：《元和郡县图志》卷6《河南道二》，中华书局1983年版，第163页。
③ 〔北魏〕郦道元著，陈桥驿校证：《水经注校证》卷15《洛水等》，中华书局2007年版，第364页。
④ 〔北宋〕欧阳修、宋祁：《新唐书》卷38《地理志二》，中华书局1975年版，第983页。
⑤ 〔北魏〕郦道元著，陈桥驿校证：《水经注校证》卷15《洛水等》，中华书局2007年版，第365页。

县①,《水经注》载有洛水支流11条,鴅渠水、卢氏川水、三川、葛蔓谷水、高门水、松阳溪水、黄亭溪水、苟公涧、鹈鹕涧等。《伊洛河志》载长度较长,流域面积较广的支流10条:兰草河、木桐河、官坡河、沙河、文峪河、范里河、寻峪河、崇阳沟、大铁沟、还峪等,②依稀能够看出古今河流名称的变迁。

洛水又东,有北水、侯谷水、宜阳北山水、广由涧水、直谷水等自南北注入,又东北流,经蠡城邑南。蠡城邑为"故黾池县治";南隔洛水有金门坞,为"旧宜阳县治"。《太平寰宇记》"渑池县"条引《周地图记》载,"魏贾逵为令时,县理蠡城";又引唐贾耽所著《四夷郡国县道记》,"汉渑池城,当与渑池水源南北相对。曹魏移于今福昌县西六十五里蠡城。"③蠡城距唐福昌县六十五里。自长水至永宁,相距较近,《水经注》载洛水支流9条,除上述5条外,有坞水、金门溪水、款水、黍良谷水,而《伊洛河志》载河段较长、流域较广的支流2条,即底张涧和陈吴涧。

洛水又东,经"宜阳故郡南","一合坞南"。《元和郡县图志》载,唐福昌县本为汉宜阳县之地,属弘农郡。隋义宁二年(618),在此设置宜阳郡。同年,唐代隋,改宜阳郡为熊州,后又改宜阳县为福昌县,以县之西有隋福昌宫,"今县城即魏一全坞"。"一全坞"即《水经注》所载之"一合坞"。殿本《元和郡县图志》作"全",其他各版本又有写作"金"的。贺次君考证诸说,认为"全"字从字形、字音等方面符合本意,以殿本为是,今从之。④一全坞即"故于父邑",城在洛河北岸原上,"高二十丈,南、北、东三箱,天险峭绝,惟筑西面即为固,一合之名,起于是矣。"唐福昌县城的描述同样是"东南北三面天险峭绝"。一全坞西有昌涧水,昌涧水即连昌河,隋代以前自陕州通洛阳,主要沿连昌河谷东南行至洛河河谷。

洛水又东北流,过"宜阳县南"。此"宜阳县"为宜阳县故城,战国

---

① 《资治通鉴》卷222"肃宗上元二年(761年)"条,胡三省引宋白《续通典》,"长水县,本卢氏地,后魏延昌二年,分卢氏东境库谷以西、沙渠谷以东为南陕县。"〔北宋〕司马光:《资治通鉴》,中华书局1956年版,第7117页。

② 郭建民、郑金亮:《伊洛河志》,中国科学技术出版社1995年版,第15页。

③ 〔北宋〕乐史撰,王文楚等点校:《太平寰宇记》卷5《河南道五》,中华书局2007年版,第70页。

④ 〔唐〕李吉甫撰,贺次君点校:《元和郡县图志》卷5《河南道一》,中华书局1983年版,第140、151页。

第二章 "气息"与"血脉"——唐宋洛阳城的气候与水系

时韩国故地,秦拔宜阳城,遂以此地置宜阳县。《史记正义》引《括地志》,"故韩城一名宜阳城,在洛州福昌县东十四里,韩宜阳城也。"① 韩城为洛河北岸的战略要地,"宜阳城方八里,材士十万",为洛阳重要门户。隋末唐初,李世民东征洛阳,于韩城置兵留守。

韩城以东至唐宋寿安县,《水经注》主要记载了洛水的一些支流,而没有其他重要的城址、关隘、津梁、驿站等。唐柳泉驿为韩城东重要的驿站。唐肃宗上元二年(761)三月,安史之乱中,史朝义与部将骆悦等执史思明于鹿桥驿,缚送至柳泉驿幽禁,但恐众心不一,遂缢杀之。《元和郡县图志》"寿安县"条记载,隋大业三年(607),在寿安县西跨洛水修建永济桥。隋末战乱中,王世充与李世民部征战于此,桥被毁坏。贞观八年(634),重新修造,以舟为梁,桥长四十丈三尺,宽二丈六尺。② 开元四年(716),御史中丞王怡以纠获赃款重新修造永济桥,桥身叠石而成,更加坚固,行人颇济。③ 永济桥在唐宋时期又被称作"永济渡",是洛水上重要的交通枢纽,自永宁、福昌至寿安、洛阳,渡水而行。

洛水又东,经九曲南。九曲又名九阿,《水经注》认为《穆天子传》所言"天子西征,升于九阿",指的就是此处,"其地十里,有坂九曲。"④ 《旧唐书·地理志》载,北魏时在汉宜阳县地设置甘棠县,隋仁寿四年(604)改为寿安县;义宁元年(617)寿安县移治九曲城;唐贞观七年(633)移治今宜阳县。《括地志》"寿安县"条下有九曲城,"在寿安县西北五里",其东阜上有召伯庙。⑤ 贞观七年,寿安县治所由九曲城向东南移五里,距洛水更近。严耕望先生认为,自此之后九曲城非大道所经,逐渐没落。

洛水又东北流,经汉八关故城南。《元和郡县图志》载,八关故城在寿安县东北三十里。东汉末年,河南尹何进设八关都尉官于此。《水经注》称,八关故关就是散关。洛水再东北流,经三王陵,进入下游伊洛河盆地,接近唐宋洛阳城。在此间,唐宋时期有三泉驿、甘水驿、临都驿

---

① 〔西汉〕司马迁:《史记》卷45《韩世家》,中华书局1975年版,第1872页。
② 〔唐〕李吉甫撰,贺次君点校:《元和郡县图志》卷5《河南道一》,中华书局1983年版,第141页。
③ 〔北宋〕钱易撰,黄寿成点校:《南部新书》戊,中华书局2002年版,第65页。
④ 〔北魏〕郦道元著,陈桥驿校证:《水经注校证》卷15《洛水等》,中华书局2007年版,第368页。
⑤ 〔唐〕李泰等著,贺次君辑校:《括地志辑校》卷3,中华书局1980年版,第173页。

等重要驿站。自唐宋永宁县治附近至寿安县东,《水经注》载有北溪、太阴谷水、白马溪水、昌涧水、杜阳涧水、共水、豪水、虢水、甘水等洛水支流19条。《伊洛河志》调查统计洛河主要支流有:龙窝涧、渡洋河、连昌河、韩城河、焦涧河、汪洋河、陈宅河、水兑河、甘水河9条。自洛水入卢氏县界至唐宋洛阳城西,《水经注》共记有洛水支流39条,《伊洛河志》统计流域面积超100平方公里的支流35条。洛河在唐宋永宁县(今洛宁县)以西河段的支流相对较多。从数量上看,古今所记洛河支流没有太大的差别,但河流名称却古今悬殊。乾隆《河南府志》记载清代中期洛水支流情况,参照《水经注》而又有实地调查考证,其所记载自卢氏县至宜阳县东境洛水支流主要有:高门水、崇阳溪水、大铁沟水、孙洪涧、小铁沟、底张峪水、长水、侯峪水、马店峪水、景阳川、大丰峪、礁峣涧水、金门溪水、凤山涧水、淘峪、流谷水、大宋川(宜水)、刀镮川、渠谷水、黄涧、流渠、金线水、宜水、汪洋水、鹿跑泉、柳泉镇水、水兑西水、甘棠寨东水、铁锁里沟水、虢水、惠水、甘水32条。① 乾隆府志所载洛水支流自高门水始,存在拘泥于《水经注》记载的问题,但也能够看出古今河流名称的演变。

唐宋时期,洛阳城内水系变化较大,瀍、涧、伊等河及支流在城内或城附近汇入洛水,为便于考察,本书将都放在后文详述。《水经注》详于汉魏洛阳故城及其附近地区洛水的流经、分布。至唐宋时期,这一段已不再作为城市用水水源,河道较为简单。出唐宋洛阳城后之洛水流经情况,一并在后文详述。

第四节 洛阳城的"主静脉"——伊水

伊水(今伊河)是洛阳地区第二大河流,在偃师杨村与洛河汇流后,下游河段统称为伊洛河。伊河主要流经唐宋洛阳城南,洛阳城居民开凿支渠引伊水注入城中,做漕运渠及宅院供水水源。今伊河发源于河南省栾川县陶湾乡三合村闷顿岭,至伊洛河交汇处,全长265公里。伊河流经于伏牛山脉、熊耳山脉、外方山脉之间,河流含沙量较少。

---

① 〔清〕施诚:《(乾隆)河南府志》卷13《山川志七》,同治六年补刊本。

第二章 "气息"与"血脉"——唐宋洛阳城的气候与水系

关于伊河源头，同样有多种记载。《水经》《淮南子》《汉书·地理志》等分别记伊水出于"蔓渠山""上魏山""熊耳山"等。郦道元认为，不同的称呼只是"陵峦互别"，基本上是同一山岭，持伊水发源于熊耳的观点。此熊耳山是卢氏县之熊耳，非永宁之熊耳山。①《元和郡县图志》伊阳县条下有，"伊水（路），在县西南。出鸾掌山，东流。"②《史记正义》引《括地志》"伊水出虢州卢氏县东峦山，东北流入洛。"③"峦"与"鸾"相近，《水经注》载，北魏时期伊水就有"鸾水"之称，"故名斯川为鸾川也"。④ 清胡渭认为，鸾掌山或为峦山之误。峦山，在明清时期又称为闷顿岭，即今山岭。⑤

伊水自源头出东北流，有蕤水、阳水、鲜水、蛮水等支流注入。伊水再东北流，经汉陆浑县南，再经新城县，到达伊阙。隋开皇十八年（598），改新城县为伊阙县。唐先天元年（712）十二月，分唐陆浑县南之地置伊阳县。五代北宋之时，陆浑县并入伊阳县；北宋熙宁五年（1072）省并入伊阙县，次年归属于伊阳县。伊阙县本为汉新成县（或称新城）之地，后屡有变更。

伊水在唐伊阳县、陆浑县、伊阙县主要流经三涂山、伏流城、高都故城和伊阙。"南望三涂，北瞻岳鄙"，三涂山自古以来就是洛阳名山，"四岳、三涂、阳城、大室、荆山、中南，九州之险也。"⑥《元和郡县图志》载，"陆浑县"条下载"三涂山，在县西南五十里"，并引述《左传》九州之险。《水经注》载古三涂山附近有王母涧水，水出王母涧，因以得名。《太平寰宇记》"伊阳县"条下有"王母涧，在县西南六里。"⑦《隋书·地理志》"陆浑县"条下同样记载有王母涧。太平兴国间，陆浑县已

---

① 〔北魏〕郦道元著，陈桥驿校证：《水经注校证》卷15《洛水等》，中华书局2007年版，第373页。
② 〔唐〕李吉甫撰，贺次君点校：《元和郡县图志》卷5《河南道一》，中华书局1983年版，第136页。
③ 〔西汉〕司马迁：《史记》卷2《夏本纪》，中华书局1975年版，第63页。
④ 〔北魏〕郦道元著，陈桥驿校证：《水经注校证》卷15《洛水等》，中华书局2007年版，第373页。
⑤ 〔清〕胡渭著，邹逸麟整理：《禹贡锥指》卷8，上海古籍出版社2006年版，第243页。
⑥ 〔晋〕杜预注，〔唐〕孔颖达疏：《春秋左传正义》卷42，中华书局1980年影印版，第2033页。
⑦ 〔北宋〕乐史撰，王文楚等点校：《太平寰宇记》卷5《河南道五》，中华书局2007年版，第66页。

并入伊阳县，县治仍为唐代旧址。因此，唐宋分属于陆浑、伊阳两县记述，但三涂山、王母涧的大体方位没有差别。唐代在伊阳县设置伊阳监，"掌采伐材木之事，辨其名物而为之主守。"① 由此可见，至少在唐代伊阳县的森林植被还是比较好的。

过三涂山，伊水向东北流，经过伏流岭东侧，或称伏流坂。《元和郡县图志》"陆浑县"条"伏流城，即今县理城，东魏孝静帝武定二年（544）所筑，以城北焦涧水伏流地下，西有伏流坂，因以为名。"② 《水经注》对伏流坂、伏流岭、焦涧水有详细记载，除此之外，还记述有伏睹岭、涓水等与唐陆浑县治相关的山川。焦涧水发源于鹿髓山，东流经孤山（方山），再东流，经伏睹岭南汇入伊水。杨守敬《水经注疏》认为，鹿髓山为清嵩县（今县址）北六十里的露宝山，"露宝"与"鹿髓"音相近，而孤山位于清嵩县北四十里，焦涧水为清嵩县之樊水。今嵩县县城北有露宝寨、樊水，考古工作者在樊水与伊河交汇附近地区的田湖乡陆浑村和库区乡桥北村附近发现有城垣、陶片、瓦片等遗存。宋代以后，伊阳县与陆浑县合并，伊阳县在伊水之阳，距伊水一里。伊阳与陆浑二县山川、道里等记述较为混乱。③

伊水又东北流，过"新城县南"，"又北经高都城东"④。新城县，如前所述，唐宋时期称"伊阙县"。高都城，又称"郜都城"，自古即有。《史记·周本纪》苏代为东周君得高都，徐广认为高都即晋河南新城县高都城；张守节《正义》引《括地志》"高都故城一名郜都城，在洛州伊阙县北三十五里。"⑤ 经高都城北，又东北流，伊水至伊阙。伊阙山、伊阙关前文已有论述，不再赘言。与洛水相比，《水经注》伊水沿岸的关津、古迹等记载相对较少，唐宋时期沿伊水分布的驿站也不多。伊河流经区域为伏牛山脉、熊耳山脉、外方山脉的西南部，中山、低山较多，河谷盆地较少。如前所述，僖公二十二年（前638），陆浑之戎自西北内迁，晋惠

---

① 〔唐〕李林甫等撰，陈仲夫点校：《唐六典》卷23《将作都水监》，中华书局1992年版，第598页。
② 〔唐〕李吉甫撰，贺次君点校：《元和郡县图志》卷5《河南道一》，中华书局1983年版，第143页。
③ 严辉：《陆浑之戎地名地望通考》，《洛阳考古》2015年第3期，第64页。
④ 〔北魏〕郦道元著，陈桥驿校证：《水经注校证》卷15《洛水等》，中华书局2007年版，第377页。
⑤ 〔西汉〕司马迁：《史记》卷4《周本纪》，中华书局1975年版，第164页。

公将其安置在"南鄙之田",即伊河流域。而当时,这里仍是"狐狸所居,豺狼所嗥"。直至东汉末年,还常有"野人居之",今栾川、嵩县大部、汝阳西部的大片区域,仅设置了陆浑县。唐宋时期,自洛阳南下邓襄,主要经由伊阙至汝州,再沿汝水而上,取鲁阳关三鸦路,至邓襄。自伊阙至陆浑、伊阳,并非交通要道。

自伊水源头至伊阙,《水经注》载除上述伊水支流外,还有蛮水、七谷水、蚤谷水、温泉水、马怀桥长水、明水、大戟水、吴涧水、大狂水、土沟水、板桥水、会厌涧水、来濡之水、灵岩寺泉水等共20条;与之相对比,清乾隆《河南府志》自嵩县开始记载,以上河段属卢氏县,主要支流:蛮峪水、白土街水、合峪水、白流沟水、蛮水、七谷水、高都川、吴村水、温泉水、伏流水、发牒河、顺阳河、马回铺水、双渠水、莘店水、伊阙前溪水、大狂水、府店水、罗村水、野涧水、小黄水、高都故城水(槐树头水)、来濡水共23条支流及1个湖泊渊潭。①《河南府志》基本上遵循《水经注》的记载,泥于河流名称,以今河解释古河,但所记河流、湖泊都是实地考察所得。《伊洛河志》通过考察测量长度及流域面积,伊河在伊阙以上河段流域面积100平方公里以上的支流有:栾川北沟、洪洛河、小河、明白河、大章河、德亭河、焦家川、顺阳河、白降河共9条,能够看出部分河流古今名称的相似之处。② 与洛河相比,《伊洛河志》所记载的河流数量与《水经注》《河南府志》所载数量有较大差别,主要是因为伊河多短小支流、溪流,流域面积不大。伊水在伊阙以下河段情况,本书将放在后文详述。

第五节 洛阳城的"毛细血管"——瀍涧及其他支渠

瀍水、涧水为洛水的两大支流。周公卜居洛邑,"涧水东、瀍水西",瀍、涧二水同样是具有厚重的历史文化积淀。唐宋时期,涧水在洛阳宫城西汇入洛水,瀍水在东城东侧汇入洛水,二水不仅是洛阳宫城、皇城生活用水、园林水系用水等的重要水源,还担负着输送物资、排出污秽的重

---

① 〔清〕施诚:《(乾隆)河南府志》卷15《山川志九》,同治六年补刊本。
② 郭建民、郑金亮:《伊洛河志》,中国科学技术出版社1995年版,第19页。

任,具有极其重要的意义。时至今日,两河的流量已大不如前,瀍河甚至出现局部断流,需要依靠洛河、黄河的补给。

今瀍河发源于河南省孟津县横水乡东的古县村,在洛阳市老城区洛浦公园"瀍河朱樱"景区内汇入洛河,全长30公里,流域面积仅180平方公里,河床主要由黄土黏土和亚黏土组成。《水经注》载瀍水发源于谷城县北暋亭之北的梓泽。《元和郡县图志》"河南县"条,瀍水在县西北六十里,基本与现代瀍河长度一致。孔安国注《尚书·禹贡》,瀍水出河南北山;《水经》载瀍水源于河南谷城县北山,大体方位一致。但《元和郡县图志》后又有,"今验水西从新安县东入县界"。《史记正义》引《括地志》,"瀍水出洛州新安县东,南流至洛州郭内,南入洛。"① 《太平寰宇记》全文引述《元和郡县图志》。瀍水发源地在唐宋新安县东。梓泽为一大片池泽之地,瀍水源于泽中。西晋时石崇金谷园又称为"梓泽",唐宋人常以"梓泽"入诗文。唐宋时期,在洛阳城北有梓泽乡,乡以梓泽命名,其南有金谷乡。②《水经注》记载瀍水又东,汇入谷水,自千金碣以东,称作千金渠。唐宋时期,瀍水已直接注入洛水,详述附后。

唐宋时期,以谷水、涧水发源于不同山岭,后又汇合一处,得其通称,而以谷水为主,即今涧河。涧河发源于三门峡市陕州区观音堂镇的马头山,至洛阳市西工区洛北街道办事处西南汇入洛河,全长104公里,流域面积1430平方公里。《水经注》涧水源出于新安县南之白石山。又,孔安国注《尚书·禹贡》"涧水出渑池山"。而谷水如前所述,《汉书·地理志》《水经注》《元和郡县图志》等记谷水源于马头山谷阳谷。涧水上游附近地区以"涧"为名注入谷水的河流、支流众多,郦道元均记载之,以其"意所未详,故并书存之耳。"大体是发源于新安县南熊耳山脉白石山的一条支流,其入谷水口在少水,即慈涧以西。③《史记正义》引《括地志》同样认为,"涧水源出洛州新安县东白石山,东北与谷水合流,经洛州郭内,东流入洛也。"④

---

① 〔西汉〕司马迁:《史记》卷2《夏本纪》,中华书局1975年版,第63页。
② 赵振华、何汉儒:《唐代洛阳乡里方位初探》,洛阳古代艺术馆编,赵振华主编:《洛阳出土墓志研究文集》,朝华出版社2002年版,第83页。
③ 〔北魏〕郦道元著,陈桥驿校证:《水经注校证》卷15《洛水等》,中华书局2007年版,第380页。
④ 〔西汉〕司马迁:《史记》卷2《夏本纪》,中华书局1975年版,第53页。

第二章 "气息"与"血脉"——唐宋洛阳城的气候与水系

谷水中上游河段流经于崤山山脉诸山岭之间，流域区域由石质中山、低山逐渐过渡到黄土丘陵、冲积沉积盆地，河床也由以石质为主逐渐过渡到黏土质为主。前文论述崤山山脉、邙山时已对谷水流经区域有大致的描述，现就一些重点问题再作补充。

谷水自唐宋渑池县发源，向东流经俱利城（秦赵二城）、新安县故城、千秋亭等，至缺门山。前文对缺门山有所述及，开元八年（720）夏，关中卒夜宿缺门山的谷水之畔，遇山洪暴发，万余人溺死。谷水在缺门以上河段，被两岸石质山体束缚，河道较为狭窄，出缺门山后豁然开朗，望之如砥，河流流速猛然间下降，易在缺门山口形成堆积。如前所述，渑池县至新安县崤山山脉的山谷地带，是豫西地区的一个暴雨中心，夏季易发生强降水、山洪等。① 开元八年夏夜的这次暴雨造成缺门山附近谷水暴涨，淹死宿营于此的士兵。《列仙传》载有谷城乡平常生为神人，能够死而复生，但时人不以为然。后来发生洪灾，为害甚多，平常生在缺门山头大呼，"平常生在此"，"水雨五日必止，止则上山求祠之"②。汉魏时期，人们便已对缺门山、谷水的山洪问题有所认识。

谷水过缺门山后，又经过白超垒南、函谷故关南、八特坂。八特坂又称作"函古东坂"，其东即为涧水汇入谷水之处，又被称作八陉山。谷水再东流，进入苑中。自源头至河南县，《水经注》记载谷水支流：北溪、雍谷溪、石默溪水、广阳川水、宋水、皂涧水、爽水、涧水、波水、少水、俞随水等11条。乾隆《河南府志》载有谷水支流：鹿台山水、寨子水、后河水、黄华水、羊耳河、醴泉、北溪水、搭泥镇水、千秋亭水、头峪沟水、烟沟水、微山水、洪阳川、龙涧水、练峪水、宋水、长垣水、泥河水、温泉、皂涧水、八陉山西溪水、慈涧（涧水）、孝水、离山水等24条。③ 现代《新安县志》实测记录涧河支流主要有段家沟水、玉梅河、洪涧水、土古洞水、龙涧水、井沟水、长垣河、泥河、暖泉沟水、花沟水、梭罗沟水、皂涧水、石桥沟水、火虫驿水、洪沟水、寨沟水、侯沟水、二郎庙沟水、郭沟水、八里桥沟水、三里河、礼河沟水、掌礼沟水、磁河、老井水、孝水、江沟水等27条。④ 古今记载的谷水支流差异较大，《水经

---

① 朱宇强：《开元八年洛阳水灾试析》，《唐史论丛》2009 第十一辑，第 298 – 307 页。
② 王叔岷：《列仙传校笺》卷上，中华书局 2007 年版，第 46 页。
③ 〔清〕施诚：《（乾隆）河南府志》卷 14《山川志八》，同治六年补刊本。
④ 新安县地方史志编纂委员会：《新安县志》，河南人民出版社 1989 年版，第 108 页。

注》所记数量较少。谷水流域地区多黄土丘陵，河道易受降水、流水侵蚀堆积及人类活动的影响，常变动不居。今涧河铁门镇（缺门山附近）以下河段，干流蜿蜒屈曲于两侧山岭之间。《新安县志》记载涧河有2—3级沟124条，然而其中有水的仅有48条，尚不及40%。

前文梳理了伊、洛、瀍、涧等主要河流在洛阳城以上河段的基本情况，下面主要考察洛阳城内及附近地区的水系分布情况。

《水经注》记载的洛水、伊水、瀍水、谷水（涧水）进入伊洛河盆地后，主要是经流汉魏洛阳故城的情况。唐宋时期，洛阳城城址西移，城内外水系与《水经注》记载就很大差异，洛水、伊水干流流向没有太大变化，瀍水、谷水（涧水）则有较大变化。虽然城址西移后，以汉魏故城为中心的城市水系基本被废弃，但一些水系名称保留了下来，形成一种文化，对后世产生深远影响。

清徐松自《永乐大典》中辑出《河南志》，并编纂了《唐两京城坊考》卷五东都部分，其部分章节专门梳理了唐代洛阳城及附近地区的河流、渠道、池潭等。

隋大业元年（605），隋炀帝下诏修建洛阳城，在城西设置了面积广大的禁苑，初名会通苑，后改称为上林苑，即西苑。入唐之后，唐太宗以其面积太广，将一部分赐还居民，周回一百二十六里。唐代东都苑（神都苑）大致范围是"东南包括龙门山，西南到今宜阳境，西至今新安县磁涧一带，北至邙山岭"。①

洛河自宜阳东流进入西苑。隋时，在西苑建造了三山、十六院及亭台楼阁、宫观殿堂等，引洛水作龙鳞渠。2015年10月，洛阳市文物考古研究员在今宜阳县东寻村镇锁营村西南的滨河北路北侧洛河旧河道内发现大量方形石块、腐朽木桩遗迹，清理出部分隋唐时期的引水渠道。根据考古发掘材料，判断其使用时间最早为隋唐之际，最晚不超过晚唐。结合文献资料，初步判断该渠道遗迹为西苑内的龙鳞渠。② 洛水和龙鳞渠流经区域是隋唐西苑的核心，唐代围绕两条河渠主要分布着合璧宫、明德宫、黄女宫、芳榭亭、积翠池、积翠宫、龙鳞宫、西上阳宫和上阳宫等。

---

① 〔清〕徐松撰，李健超增订：《增订唐两京城坊考（修订版）》卷5，三秦出版社2006年版，第282页。

② 洛阳市文物考古研究院：《隋唐洛阳城西苑水系遗迹2016年度考古调查与发掘简报》，《华夏考古》2018年第4期，第112–118页。

第二章 "气息"与"血脉"——唐宋洛阳城的气候与水系

洛水东流进入外郭城。隋炀帝营建洛阳，洛水贯都，仿照河汉之象。洛水将洛阳城分为南北两部分，北部主要是宫城、皇城、东城及部分外郭城；南部为外郭坊市。《唐两京城坊考》载，洛水干流经积善坊、尚善坊、旌善坊、道德坊、安众坊、慈惠坊、询善坊、嘉猷坊、延庆坊之北，出外郭城。在积善坊之西，隋末唐初原有洛滨坊，紧靠洛水南岸，武后垂拱年间将其归入神都苑中；北宋时，其地又有广利坊。在旌善坊与道德坊之间的洛河南岸有惠训坊、道术坊。据徐松辑录，惠训坊的"半已西"为道术坊。隋时，惠训坊内有翻经馆，辛德勇先生引述杜宝《大业杂记》关于大业年间洛阳"翻经道场"的位置记载，认为唐代惠训坊与道术坊的关系应该是南北，而不是东西关系。《大业杂记》载，隋洛阳东城南门承福门隔洛水正对"翻经道场东街"，坊内还有各种"阴阳梵咒有道术人"百余家居住其中。《资治通鉴》卷一百八十"大业三年条"，冬十月，"敕河南诸郡送一艺户陪东都三千余家，置十二坊于洛水南以处之"[①]。辛德勇先生认为道术坊就是隋炀帝在洛水南岸所置的十二坊之一，主要安置"阴阳梵咒有道术"之人。为了便于管理，道术坊悬隔诸里坊之外，东西南均没有其他里坊，仅有翻经道场在其南。入唐之后，不再特意安排"有道术"之人居住其中，于是在其南便又设置了惠训坊。辛德勇先生认为，这种推断暂时缺乏有力的直接证据，但基本上是符合情理的。至于道术坊与惠训坊东西设置，则是北宋时期的安排。[②] 道术坊有唐忠武将军行左武卫郎将阿史那伽那宅，咸亨二年（671）八月十八日阿史那伽那卒于洛阳道术里第。由此可知，唐代道术坊已非"阴阳梵咒"之人所居。此外，辛德勇先生认为，洛水南岸十二个里坊与道术坊、惠训坊相似，均为各占半坊之地。

洛北诸坊也存在这样的问题。《唐两京城坊考》载洛水北岸临河自西向东依次为承福坊、玉鸡坊、铜驼坊、上林坊和温洛坊；至北宋时期，洛水主泓北移，部分里坊重新设置，上林坊、铜驼坊在洛水以南，洛北从西向东依次为承福坊、永福坊、思恭坊、温洛坊、景行坊、时泰坊、时邕坊、教业坊和积德坊。辛德勇先生认为因洛水不断北移，龙朔元年（661）通远市被废，但仅新增铜驼一坊，铜驼坊与玉鸡坊之间空出一坊

[①] 〔北宋〕司马光：《资治通鉴》卷180，中华书局1956年版，第5634页。
[②] 辛德勇：《隋唐两京丛考》，三秦出版社1991年版，第153–154页。

之地。北宋时期，铜驼坊、上林坊南移，应该可以被看作洛水北移的结果。① 垂拱四年（688）十二月，武则天"亲拜洛受图，为坛于洛水之北，中桥之左。"②《唐两京城坊考》"景行坊"有拜洛坛。拜洛坛既然在洛水之北，且武则天要在此拜洛受图，就不可能中间隔有铜驼坊。

  洛水干流在洛阳城内主要有四座（组）桥。皇城端门南定鼎门大街北为天津桥。隋时跨河修建三座桥，自北向南依次为黄道桥、天津桥和皇津桥。唐开元二十年（732）四月，改造端门外洛水津梁，拆毁皇津桥，并与天津桥合二为一。宋政和四年（1114），京西路计度都转运使宋昇奏称"西京端门前，考唐《洛阳图》，旧有四桥。曰谷水，曰黄道，在天津桥之北；曰重津，在天津桥之南，并为疏导洛水夏秋泛涨。岁月浸久及自经坏桥之后，悉皆湮没。今看详，见修天津桥居河之中，除谷水已与洛河合为一流外，其南北理当亦治二桥以分其势。盖不如是，则两马头虽用石段砌垒，两岸之水东入桥下，发泄不快，则两马（头）不无决溢之患。又桥之上十里有石堰曰分洛，自唐以来引水入小河东南流入于伊。闻之耆旧，每暴涨则分减其势。若今来修建天津桥而不治分洛堰，不能保其无虞。臣前项所乞止是天津一桥，今欲如旧制添修重津并黄道桥，及置分洛堰，增梁以疏其流于下，作堰以分其势于上，实为永久之利。"③ 宋徽宗从之，诏许从新收税钱内支拨粮米，以供修造。

  洛水自寿安县东流，出崤山山脉与熊耳山脉的山间谷地，没有了山体的束缚，主泓不断地南北偏移。为了减弱河水对堤防、桥梁的冲击、侵蚀，防止对洛阳城的侵害，隋大业元年（605）在洛阳城西南筑分洛堰，修通津渠，引洛水东北流入郭城。唐代仍不断地修葺、完善分洛堰。分洛堰一方面减弱了洛水水势，如宋昇所言"每暴涨则分减其势"；另一方面也满足了郭城居民用水需求。据邵伯温《邵氏闻见录》，北宋时期洛阳城南有分洛堰、分伊堰。分洛堰在午桥西南二十里，"以大石为杠"，受水分流。洛水一支自厚载门入城，流经各宅园，后复合为一渠，由"天津、

---

① 辛德勇：《隋唐两京丛考》，三秦出版社1991年版，第161-162页。
② 〔后晋〕刘昫等：《旧唐书》卷24《礼仪志四》，中华书局1975年版，第925页。
③ 刘琳、刁忠民、舒大刚等点校：《宋会要辑稿》方域13，上海古籍出版社2014年版，第9545-9546页。

第二章 "气息"与"血脉"——唐宋洛阳城的气候与水系

引龙二桥"南,再东流至罗门出城,与伊水分支汇合注入漕渠。①《唐两京城坊考》列出了通津渠所经由的里坊名称,但高敏先生认为渠道具体的起止点、流向、流经里坊宅院情况等尚待考。② 除通津渠外,通济渠同样是引洛水入洛阳郭城,但在天宝后就"雍蔽不通,渠遂湮绝"③。

唐代端门以南洛水之上有四座桥,徐松《唐两京城坊考》认为宋昇所言唐《洛阳图》中的谷水桥应当是在上阳宫与皇城之间。北宋时期,洛水之上主要为天津桥(见图三)。宋昇奏请修葺天津桥,同时请求"如旧制添修"重津(皇津)桥和黄道桥,以疏导洛水,减轻天津桥脚的压力。而据《邵氏闻见录》、元《河南志》,北宋时期天津桥南还有引龙桥。洛水虽经分洛堰分流,水势有所减弱,但对桥梁的冲击力仍然很强。唐贞

图三:天津桥2号桥墩(东南—西北)④

---

① 〔北宋〕邵伯温撰,李剑雄、刘德权点校:《邵氏闻见录》,中华书局1983年版,第103－104页。
② 高敏:《〈唐两京城坊考〉东都部分质疑》,《中华文史论丛》1980年第3期,第179－182页。
③ 〔清〕徐松撰,张穆校补,方严点校:《唐两京城坊考》卷5,中华书局1985年版,第179页。
④ 高虎、王炬:《近年来隋唐洛阳城水系考古勘探发掘简报》,《洛阳考古》2016年第3期,第7页。

观十四年（640）、永徽六年（655）、永淳元年（682）、圣历二年（699）、神龙二年（706）、开元十八年（730）、开元二十九年（741）、咸通四年（863）、后唐同光三年（925），后晋天福四年（939），北宋建隆二年（961）、元丰七年（1084）、政和四年（1114）等，天津桥多次被泛滥的洛水冲毁，多次修造或修缮。隋时，天津桥为跨洛水的浮桥，唐贞观十四年（640）以累方石为脚，改为石础桥。北宋建隆二年（961），河南尹、西京留守向拱重修天津桥，"甃石为脚，高数丈，锐其前以疏水势，石缝以铁鼓络之"①，非常坚固。政和四年（1114），宋昇建议仿照赵州石桥，修砌天津桥。2000 年 3 月，洛阳市文物工作队在发掘古洛河石堤遗存时，在今洛阳桥以西 400 米的洛河北岸河滩内，发现四组石头遗存，其中较好的一处石头长 19 米，宽 2 米，高 1 米。根据石头遗存所在位置、性状、大小、排列方式等，考古工作者判断其为天津桥桥墩。桥墩用石的石材、大小、性状、砌筑方法等基本与发掘的唐代洛水南堤相同，由此可知，发现的这组桥墩为唐代遗存。桥墩西端有一排石头，"形成尖形桥墩"，而北边石头中部面上有铁细腰凹痕，符合北宋初年向拱的修造方法。②然而，天津桥以西是谷水与洛水交汇之处，即便是采取措施分减水势，依然是"岁淙啮之，缮者告劳"③。为减少谷洛危害，宇文恺修造洛阳城时在皇城西南角，积善坊北洛水南北两岸修建月陂，束水东北流。开元二十四年（736），唐玄宗又敕令河南尹李适之以禁钱，修月陂、上阳、积翠三陂，此后"二水无力役之患"④。然而，至唐宪宗时，月陂已是"虽渐坏，尚有存者"⑤。

天津三桥以东，洛水之上有中桥和浮桥（利涉桥）。隋时，在立德坊西南，北对徽安门的洛水之上设有立德桥，后被洪水冲毁，显庆二年

---

① 刘琳、刁忠民、舒大刚等点校：《宋会要辑稿》方域 13，上海古籍出版社 2014 年版，第 9542 页。

② 俞凉亘：《隋唐东都天津桥的初步探讨》，中国古都学会 2002 年年会暨长江上游城市文明起源学术研讨会，成都，2002 年 6 月，第 211 – 216 页。

③ 〔北宋〕欧阳修、宋祁：《新唐书》卷 117《李昭德传》，中华书局 1975 年版，第 4255 页。

④ 〔唐〕李林甫等撰，陈仲夫点校：《唐六典》卷 7《尚书工部》，中华书局 1992 年版，第 222 页。

⑤ 〔唐〕李吉甫撰，贺次君点校：《元和郡县图志》卷 5《河南道一》，中华书局 1983 年版，第 131 页。

(657）改洛阳宫为东都后，重新修缮了中桥。上元二年（675）司农卿韦机将中桥东移一街，改为正对长夏门街，"都人甚以为便"①，又有新中桥之称。新中桥之地，在唐初武德年间设置了浮桥。永昌元年（689），武后诏令宰相李德昭统领、将作监少匠刘仁景负责修缮新中桥。李德昭认为中桥"岁为洛水冲注，常劳治葺"，于是"创意积石为脚，锐其前以分水势"②。中桥、天津桥是唐宋时期洛阳城最重要的津梁。天津桥联通皇城、宫城与郭城，中桥则位于洛阳城中间，便于通行。天津桥、中桥与唐宋洛阳人的生活密切相关，一些文人墨客写下了大量关于两桥的诗文。③ 在中桥以东，洛水之上架设有一座浮桥，名为利涉桥。新中桥修好后，两桥相距较近，利涉桥便被废弃了，省费万计。但利涉桥南北正对唐洛阳城的南市和北市，因此，城市居民以舟船私造桥梁。

旧中桥以东、新中桥以西，洛水之上设有斗门，立堰分洛水干流，北流为漕渠（见图四）。隋时，洛水主河道河床内石碛众多，不便行舟，大业二年（606），隋炀帝敕令任洪刚开凿渠道与洛水并行，至偃师复与洛水合，名为通远渠，后改称漕渠。漕渠是隋至北宋时期洛阳城的漕运运输主渠道，可以说是洛阳城的一条大动脉。漕渠上有东西两漕桥，西漕桥在

图四：漕渠、新潭示意图（由百度地图改绘，加漕渠示意和新潭位置示意）

---

① 〔北宋〕王溥：《唐会要》卷86《桥梁》，中华书局1955年版，第1577页。
② 〔后晋〕刘昫等：《旧唐书》卷87《李昭德传》，中华书局1975年版，第2854页。
③ 郭绍林：《洛阳天津桥、中桥与唐代社会生活》，《洛阳师专学报》1996年第6期，第66–71页。

归义坊西南,南对新中桥、长夏门;东侧的漕渠桥为隋代修造,南对隋通远市的西偏门,"自此桥之东,皆天下之舟船所集,常万余艘,填满河路,商旅贸易,车马填塞"①。2012 年 1 月至 2014 年 12 月,洛阳市文物考古研究院在洛阳市老城区南关码头西 35 米处发现漕渠相关遗迹。遗迹宽约 70 米,自今洛河北堤北凸转弯处始,东北方向延伸至贴廓巷南转而向东,至洛阳民俗博物馆东与今瀍河相交,再经下园路北,塔西花园南,出外郭城。2015 年 9 月,考古工作者又对隋唐洛阳城外进行勘探调查,但因此段洛河河道向北摆动幅度较大,漕渠遗迹已荡然无存。②

大足元年（701）,为便于安置各地租船,武后命司农卿宗晋卿在立德坊南开凿新潭。诸州租船将各地物资沿洛水、漕渠运抵洛阳城内,至新潭停泊靠岸,装卸货物。新潭可以说是洛阳城漕运交通的枢纽、心脏。2014 年 6 月,洛阳市文物考古研究院对洛阳市老城区东南隅进行了较大规模的考古发掘。在位于老城区河南府文庙东侧约 80 米及文峰塔东侧 30 米的两处探方中发现淤土堆积层,结合文献,考古工作者判断其为唐宋新潭遗迹。淤土层中发现有宋代梅瓶、白釉瓷碗、石枕等物残块,说明北宋时期新潭仍被利用。北宋灭亡后,新潭也被废弃。通过考古钻探及文献记载,初步推断唐代新潭"大致呈不规则椭圆形,其北部有高约 2 米的自然断崖,边沿距现老城东大街约 100 米,在现老城区府文庙东侧约 200 米处向西南、东南方向弧曲收窄,向东与瀍河相连。其南沿为河卵石堤岸,距现中州渠 10～15 米,压于金元明清洛阳城南城墙下"③。

天津桥以东、旧中桥以西,有魏王池。隋营建洛阳城,修筑河堤,束水北流,在尚善坊、旌善坊北潴积成池。贞观年间,唐太宗将池赐予魏王李泰,因此号称魏王池,"水鸟翔泳,荷芰翻覆,为都城之胜也"④。魏王池与洛水之间筑有河堤,植有修篁翠柳,"水容与天色,此处皆绿净",

---

① 〔清〕徐松撰,张穆校补,方严点校:《唐两京城坊考》卷 5,中华书局 1985 年版,第 180 页。
② 高虎、王炬:《近年来隋唐洛阳城水系考古勘探发掘简报》,《洛阳考古》2016 年第 3 期,第 10 - 11 页。
③ 王炬、吕劲松、赵晓军等:《金元明清洛阳城东南隅 2014 年度发掘简报》,《洛阳考古》2015 年第 3 期,第 37 页。
④ 〔清〕徐松辑,高敏点校:《河南志》,中华书局 1994 年版,第 140 页。

"岸树共纷披,渚牙相纬经"①。魏王池、魏王堤地处洛水东北流的折弯之处,易受洪水侵害。咸通年间,久雨不息,洛水泛涨,河南尹李讷至魏王堤察看水情,惧怕被卷入水中,策马而去,任由洪水冲毁里坊民庐。

谷水自今慈涧镇入苑,经流周王城遗址、汉河南县遗址的西北角。此处西北高而东南低,谷水至此已无两岸山岭束缚,向东、向南方向漫流。汉魏时期,谷水经谷城县南,至河南、王城西北即周王城、汉河南县遗址附近,又东经东周王城北门乾祭门北,至千金堨与瀍水合,自下以东河段被称作千金渠。而在河南、王城西北的南侧,《水经注》载有一条"死谷","谷水之右有石碛,碛南出为死谷,北出为湖沟",郦道元认为这条"死谷"是周灵王时"谷洛斗"的河道。②周灵王二十二年(前550),谷洛斗,"谷水盛出于王城之西而南流合于洛水,毁王城西南,将及王宫"③。1960年,中国科学院考古研究所洛阳工作队在探查周王城遗址两组夯土建筑时,发现其西侧有一条河道淤土,宽约30米,向西与涧河古道相连,向南东行后直下洛河。④ 徐昭峰认为郦道元所看到的"死谷"并非"谷洛斗"的结果,而是在此之前就已存在的谷水故道。⑤

唐代谷水仍然是有两支,自苑内设渠,引谷水东流、东南流,至皇城西南上阳宫与西上阳宫之间,注入洛水,是为谷水主流。另一支则沿用汉魏时期河道,向东流。2008年至2015年,洛阳市文物考古研究院对洛阳市西工区纱厂西路、道南路、老城区环城北路段、瀍河区环城北路段沿线等地的多处遗址进行考古勘探,发掘了唐代谷水东支的河道遗迹,基本理清了该河流的走向、经流区域等问题:谷水沿东周王城北墙东流,进入唐洛阳城宫城北侧的陶光园,再向东经含嘉仓城南部,再东流与瀍水汇合,河段宽度在80~100米之间。⑥从谷水流向、分布来看,在营建洛阳城之

---

① 〔清〕方世举,郝润华、丁俊丽整理:《韩昌黎诗集编年笺注》卷6,中华书局2012年版,第338-339页。
② 〔北魏〕郦道元著,陈桥驿校证:《水经注校证》卷16《谷水等》,中华书局2007年版,第391页。
③ 徐元诰撰,王树民、沈长云点校:《国语集解》周语下,中华书局2002年版,第92页。
④ 中国社会科学院考古研究所编著:《洛阳发掘报告:1955—1960年洛阳涧滨考古发掘资料》,北京燕山出版社1989年版,第138页。
⑤ 徐昭峰:《"谷、洛斗,将毁王宫"事件的考古学观察》,《中原文物》2007年第4期,第63页。
⑥ 王炬:《谷水与洛阳诸城址的关系初探》,《考古》2011年第10期,第79页。

初，就充分考虑了其安全防卫与宫城、皇城用水问题。谷水两条分支从北面、西面环绕宫城、皇城，如同护城河；两支河渠又都为宫城、皇城提供了生活、美化等水源及排污渠道。隋炀帝营建宫城时，引谷水作九洲池。九洲池在唐洛阳宫城西隔城"仁智殿之南，归义门之西"，以供皇家进行宴会、游玩、观赏及一些政治活动。九洲池景色优美，"其池屈曲，象东海之九洲，居地十顷，水深丈余，鸟鱼翔泳，花卉罗植"①，以池为中心形成了六院、两殿、一亭、一阁、一台、一观的整体建筑群。1960年秋，中国科学院考古研究所洛阳发掘队探索了隋唐洛阳宫城、皇城及其附属小城的平面布局，初步勘测了九洲池的位置与范围。20世纪80年代进一步勘查了九洲池的基本轮廓、堆积情况及一些建筑基址。2012年至2014年，洛阳市文物考古研究院与中国社会科学院考古研究所洛阳唐城队联合对九洲池遗址进行全面的发掘，探明了九洲池的范围及建筑分布等，取得了重大成果，纠正了一些此前认识不清的问题。通过考古实测，九洲池面积139250平方米，约占西隔城的2/5。九洲池用水均来自谷水，且自谷水北支、西支均有入水口。北宋时期，九洲池被称作"九曲池""九江池"，其面积与唐代相比缩小较多。在唐代两条引谷水的入水渠道上叠压了千步廊建筑，说明这两条渠道已被废弃。宋代九洲池的引水渠道尚未勘查清楚。②

泄城渠是漕渠的一条重要支渠，自含嘉仓通至漕渠。来自诸州的漕运粮食，抵达新潭后，溯泄城渠而上，可至含嘉仓城。20世纪80年代，中国社会科学院考古研究所洛阳唐城工作队在唐洛阳东城东侧，洛北里坊区西侧进行考古勘探，发现一条南北走向的水渠，"宽约25米，深约10米"，"沿含嘉仓城东垣而下，经东城东垣外侧南流，至宣仁门前略向东弯折，而后向东南流入位于洛北里坊区的新潭内。"③ 从方位、走向上可以判断出，这就是唐代的泄城渠。但这条水渠是北宋时期洛阳监的护城壕，可能是宋时将泄城渠道改做了护城壕。从地势上来说，含嘉仓城高于漕渠和新潭，逆向引水并不方便，推测可能是引谷水支渠或利用苑囿水

---

① 〔唐〕韦述：《两京新记辑校》卷4，三秦出版社2006年版，第74页。
② 韩建华：《唐宋洛阳宫城御苑九洲池初探》，《中国国家博物馆馆刊》2018年第4期，第42－44页。
③ 陈良伟、石自社、韩建华：《北宋西京洛阳监护城壕的发掘》，《考古》2004年第1期，第65页。

系。在东城宣仁门南，泄城渠分出一支，向南与皇城中渠汇合，再向南、东南流入漕渠。

汉魏至唐宋时期，受谷水而南流，特别是在唐宋时期，瀍水是漕渠的重要补充，伊水过伊阙后，干流经洛阳外郭城外东南而东北流。前引《邵氏闻见录》卷十，北宋洛阳城南十八里有龙门堰，引伊水入城，一支正北入城，一支由城东南进入，流入里坊宅院中，后又复合为一渠，再入漕渠。白居易履道坊里宅第西、宅北被伊水渠环绕，宅院中沼池用水引伊水渠。临近的裴度宅、元稹池馆等皆如此。2015年9月、10月，考古工作者分别在今洛阳市农科所院内、洛龙区安乐镇郑村南的唐洛阳城外郭城归德坊西、尚贤坊东和兴教坊西勘探出两条渠道遗迹。两条渠道均为南北走向，距地表1.3米，西侧渠道宽25米，深5.5米，东侧渠道宽16米，深4米，两条渠道与《唐两京城坊考》复原的两支伊水渠道基本吻合。①

外郭城东又有运渠自东南隅屈曲北流，经南市而入洛水。从《唐两京城坊考》所载东都外郭城图中可以看出，自南市北，一支继续北流，经延福、富教、询善坊西，汇入洛水；一支东流，经富教、睦仁、静仁坊南，再在静仁坊西折而北流汇入洛水。2015年，洛阳市文物考古研究院在洛阳市洛龙区李楼乡北的王村东勘探出一条呈南北向继而转西的渠道，宽12米，深3.5米，渠内堆积物与伊水两渠内的堆积物相似，皆为浅黄色淤土。在渠道中还发现有一处圆形遗迹，推测为"用于船只掉头或码头"。②

出洛阳城后，伊水、洛水及漕渠逐渐合流，至今偃师市附近已为一条干流，即今伊洛河。经偃师县城东流，过巩县故城南，又东北注入于黄河。其间，洛水（伊洛河）接受明乐泉水、浊水、洞水注入。《元和郡县图志》载洛水"东经洛汭，北对琅邪渚入河，谓之洛口。亦名什口"③。隋大业二年（606），在洛入河处附近的巩县东南原上，筑洛口仓。洛口仓"既是东都洛阳的外围粮仓，又是用兵东北的军粮转运站"，地位极为

---

① 高虎、王炬：《近年来隋唐洛阳城水系考古勘探发掘简报》，《洛阳考古》2016年第3期，第13-14页。

② 高虎、王炬：《近年来隋唐洛阳城水系考古勘探发掘简报》，《洛阳考古》2016年第3期，第13页。

③〔唐〕李吉甫撰，贺次君点校：《元和郡县图志》卷5《河南道一》，中华书局1983年版，第134页。

重要。① 隋末唐初的战争中，各方势力相继争夺洛口仓，破坏严重。入唐之后，随着含嘉仓地位的不断抬升，洛口仓的地位下降。开元十八年（730），宣州刺史裴耀卿建议采用分级转运的方式运送漕粮；至开元二十一年（733），玄宗采纳京兆尹裴耀卿的建议，沿河置仓，洛口仓得到恢复。

总体而言，唐宋时期洛阳城水系变化不大，但个别渠道仍有差异。受文献资料、考古发掘材料等的限制，尚无法完全理清洛阳城水系中每条河渠、每个湖泊、每片池沼的变化细节；也无法详述洛水、谷水、瀍水的每次摆动。上述论述仅是一个粗线条的梳理，一些细节仍待进一步考证。唐宋时期，洛水干流变化较小，主要长时段的向北偏移；伊水干流未经过洛阳城，变化也不大。谷水作为宫城、皇城用水水源，与其变化密切相关，变化较大，特别是谷水的各个支渠；瀍水作为漕渠重要补充及城北诸里坊用水水源，对城市居民影响较大；洛水及伊水支渠，分布于外郭城内，与城市居民的互动最为突出。

伊、洛、瀍、涧（谷），构成了洛阳城及其周围地区水系的主体。四水最终汇于黄河，具有明显的黄河流域特征。对于洛阳城来说，四水是城市居民的重要水源、生命之源，同时对城市安全影响巨大。四水一方面满足了城市居民的生产、生活等各方面的用水需求；另一方面也灌溉了城市周边地区伊洛河盆地的农田，为洛阳城提供了最基本的粮食供应。谷水、洛水、瀍水及其支渠环绕宫城、皇城及东城，构成了天然的护城壕沟；洛水、伊水及其支渠包围、半包围着郭城，构成了第二环的防卫圈；再加上黄河，构成最外围的防卫圈。水系对于洛阳城的安全方位同样重要。但因唐宋洛阳城位于洛、瀍、涧（谷）三水的冲积扇顶端，又深受三水泛涨的影响，城市洪灾较为严重。本章主要梳理了洛阳城及周围水系的一般情况，水与洛阳城经济、社会的互动关系，将在后文详述。

---

① 邹逸麟：《从含嘉仓的发掘谈隋唐时期的漕运和粮仓》，《文物》1974 年第 2 期，第 60 页。

第三章　生命共同体
——唐宋洛阳地区的动植物

今天我们谈及环境污染、生态恶化，表面上看是大气、水、土壤等自然因素的被破坏问题，深层次讲则是如何处理人与自然的关系问题，而在人与自然的关系中，最核心的是人与其他生物的关系。蕾切尔·卡逊在《寂静的春天》中反复强调一个理念：反对"人类中心主义"，倡导"非人类中心主义"思想、生态整体主义的思想，倡导生态中心主义。然而，面对日益严峻的环境问题，人们倾向于对人类、人类活动的强烈批判，持一种极端的生态中心主义的生态思想，主张以生物作为核心。

生态学是"研究生物或生物群体及其环境的关系；或者生活着的生物及其环境之间相互联系的科学"[①]。在美国著名生态学家奥德姆的生态理论中，生物、环境、相互关系是核心的关键词，而生物则是核心中的核心。生态学与生物学的关系密切，从学科研究出发，生态学家更倾向于从生态系统结构功能、能量、生物地球化学循环、生物种群、竞争等角度进行研究。虽然，奥德姆强调人类、人类活动在生态系统中的作用，甚至专门论述了"人类技术生态系统""人类生态学""人类设计管理的生态系统"等观念，对唐宋洛阳城的自然环境与社会经济互动研究具有重要的参考价值，但毕竟非历史学的研究。历史学研究的核心始终是人。但并不是说要重新回归"人类中心主义"，而是在"以人为本"的基础上，研究历史时期人与其他生物之间的互动关系问题。在历史的进程中，人类始终

---

① [美] Eugene P. Odum, Gary W. barrett 著，陆健健、王伟、王天慧等译：《基础生态学》，高等教育出版社2009年版，第3页。

与其他生物是"一个具有复杂生态关系的'生命共同体'"①。

在生命共同体中,人类的生存问题是我们研究的中心。生存问题的根本是要保证人类、人类群体的生命维持、生命安全、生命延续。唐宋时期,洛阳城居民维持生命延续的主要方式、途径是农业生产。农业生产是人类与动植物之间的直接互动关系,是一种文化应对自然的模式。农业生产涉及的动植物是与人类最为密切的。但毕竟能够被人类驯服、驯化、选育、种植的动植物种类极少,在洛阳城周围地区还有大量的其他生物种群。它们与城市居民之间的互动关系较少,但并不是可有可无、无关紧要的。它们与城市居民享有共同的自然环境,甚至是人工环境,是洛阳城生命共同体的一员,与城市居民在一定程度上有着联系。例如,为人类提供了薪炭燃料、木材、食物、衣料等生活必需品的补充,以及各种土产、土贡等;一些猛禽、猛兽也会威胁到居民的生命与财产安全。城市居民的活动或多或少也会影响到其他生物,对其或是利或是害。人类的经济社会发展可以说是地球生命演化系统的一部分,人类与其他生物协同演进,共同构成了生命共同体。为了便于研究,本节主要讨论唐宋时期洛阳城环境的生物因素变迁问题,生命共同体层面的互动关系将放在后文详述。

第一节 洛阳古今动物概况

生物对环境的变化都有一定的适应性,一些生物还能够通过改变自己周围的小生境来提高对环境的适应性。因此,生物因素具有一定的稳定性,其变化主要与气候、水、土壤等自然因素的长时段、大范围变化相关。自进入全新世以来,洛阳城周围地区的大环境没有太大变化。从现代地理学、生物学的角度讲,洛阳城周围地区属于暖温带与亚热带交界区,植物以华北区系为主,还有少量的亚热带区系、高山植物区系和西北植物区系的植物混杂其中;且离开洛阳城周围地区,越接近相关区域,对应的区系植物越丰富,具有明显的过渡特征。动物区系特征更是如此,洛阳南部的伏牛山脉是"世界动物地理区划中古北界和东洋界的分界线",洛阳

---

① 王利华:《探寻吾土吾民的生命足迹——浅谈中国环境史的"问题"和"主义"》,《历史教学(下半月刊)》2015年第6期,第6页。

第三章 生命共同体——唐宋洛阳地区的动植物

城周围地区的动物以属于华北区"崤山山地和黄土丘陵平川省"的种群为主，也有一些属于华中区"伏牛山地及南坡丘陵省"的。①

动植物的种群、数量、分布与人类活动的关系非常密切。人类活动越频繁，动植物受到的"扰动"越大，历史时期的变化也就越显著；人类活动较少涉及的区域，动植物保持其原有区系特征越完整。当然，人们也不可能跨越动植物区系，大范围、大数量地改变区域内的动植物。人类的"扰动"，更多的还是在种群数量和小范围的分布上。以现代洛阳市建成区及其周围地区的植物分布为例，伊洛河盆地及周边丘陵缓坡地带以人工栽培的各种农作物、园林植物等为主，散布着一些有区域代表性的落叶灌丛、草丛、草甸等，如连翘、荆条、酸枣、苍术、忍冬、堇菜、狗尾草、白茅、艾蒿、茵陈、铁杆蒿、泽漆、紫花地丁、夏枯草等。洛阳城南、北、西三面的低山、丘陵地带，不适宜种植粮食、蔬菜等农作物，植被主要为灌木、草甸和少量乔木，也有部分区域发展为果木、经济林业等。这一区域典型的自然植被主要有荆条、酸枣、白茅、委陵菜和各种蒿类等。而在崤山山脉、熊耳山脉、外方山脉中部和东北部的中山、低山区，则是以落叶阔叶林、针叶林混交以及一些灌丛、山地草甸为主，人工植被主要是各种材木类的经济林。典型的自然植被主要有榆、槐、椴、山杨、桦、华山松、槲栎、连翘、六道木、羊胡子草、蒿类、蕨类等。距离洛阳城较远的熊耳山脉西南部、外方山脉西南部、伏牛山脉处于亚热带北端，且海拔较高，植被具有高山植被和亚热带植被的特征，典型植物主要有华山松、桦、漆树、杜鹃、六道木、忍冬、黄栌、野青茅、蒿类、蕨类等。唐宋时期，洛阳城及附近地区曾分布有竹林。现洛阳市区及附近地区有零散的观赏性竹林，品种以引进的早园竹和本地的淡竹为主；而在今洛宁、栾川、嵩县、汝阳等地分布有面积较大的自然或人工竹林，主要品种有淡竹、箭竹、筠竹、斑竹、箸竹等。现在洛阳建成区人口密度较大，人类活动频繁，野生动物的种类、数目均不太多，主要是一些雀形目、鸽形目、鸡形目、鹳形目鸟类，啮齿目、兔形目、食虫目、翼手目兽类，昆虫类以及生活在市区天然、人工水体中的鱼类、两栖类和龟、鳖等，典型的有麻雀、山雀、灰椋鸟、喜鹊、乌鸦、乌鸫、斑鸠、环颈雉、白鹭、苍鹭、家

---

① 洛阳市地方史志编纂委员会编：《洛阳市志》第一卷，中州古籍出版社2000年版，第318–319、383页。

鼠、田鼠、松鼠、野兔、刺猬、蝙蝠、鲤鱼、鲫鱼、草鱼、鲢鱼、鳙鱼、鲶鱼、黄颡鱼、泽蛙、中华大蟾蜍及各种昆虫等。而在洛阳城周围一些人迹罕至的地方，特别是西部、南部、西南部的深山区还分布着一些大型食肉目、偶蹄目、隼形目、蛇目等动物，如狼、豹、豺、梅花鹿、野猪、苍鹰、大鹫、燕隼、锦蛇、游蛇等。[①]

如前所述，洛阳皂角树遗址发掘过程中，注重环境考古资料的勘查、搜集、整理与研究。皂角树遗址内主要是二里头文化遗存及其后的东周、汉代文化，在其上还有唐宋时期形成的地层。皂角树遗址位于伊洛河盆地西南部，唐宋洛阳城外郭城南的伊河、洛河二级阶地上，可以说是洛阳城附近一个具有代表性的小生境（见图五）。考古学者对遗址不同土层中的

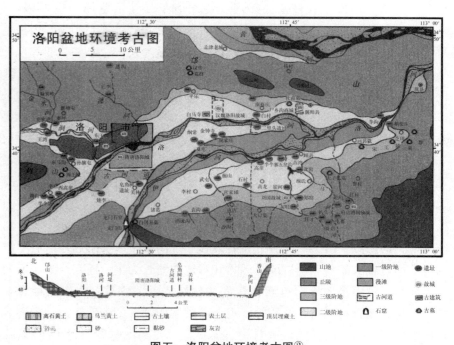

图五：洛阳盆地环境考古图[②]

[①] 此部分内容参考：洛阳市史志编纂委员会编《洛阳地理志》，红旗出版社1992年版，第198—211页。

[②] 洛阳市文物工作队编：《洛阳皂角树：1992～1993年洛阳皂角树二里头文化聚落遗址发掘报告》，科学出版社2002年版，第14页。

第三章　生命共同体——唐宋洛阳地区的动植物

植物孢粉、植物硅酸体和果实种子进行取样研究、分析，认为总体上遗址区域在人类大规模活动以前是以草原植被为主的，以藜、蒿和其他禾草植物、卷柏等为优势种，代表着干旱的环境，特别是在东周时期蒿花粉和卷柏孢子增多。其他灌木和草本植物还有菊科、蓼属、莠草属、伞形科、莎草科、毛茛科等；乔木植物主要有桦属、栎属、椴属、柳属等。在对多个地层、遗迹单位填土进行水选时，考古工作者筛选出大量的炭化果实和植物种子，通过鉴定得出粮食类、果蔬类、蔬菜类和杂草类的16种颗粒。数量较多的主要为粟、黍、小麦、大麦（疑似）、大豆、稻、枣、酸枣、野葡萄、桃、紫苏、狗尾草，5种谷物、1种豆类、4种果类、1种蔬菜类；狗尾草掺杂在粟中，占比较高，两者在亲缘关系上较近。这些果实、种子代表了二里头文化以来皂角树遗址中的采集和农作物，是人们的主要食物来源。皂角树遗址中可辨识的动物骨骼和贝壳反映出13种动物，主要有田螺、蚌、鲤鱼、鳖、鸡、兔、狗、猪、猪獾、黄牛、梅花鹿、小型鹿科和鼠。除了鼠之外，其他动物都应当是与人类生存、生活有着密切关系的。一些动物骨骼上有切割、加工、烧烤等痕迹，可能是作为人类的食物或祭祀用品等。①

从先秦时期文献中也可以看得出来，洛阳城及周围地区主要是以草本植物为主，特别是蒿、藜等植物较多，《诗经》的《周南》《王风》等篇章中，记录的乔木：桃、楚荆、李等；草本：葛、卷耳、蕨、薇、苤苢、蓷、蒌、虉、萧（艾蒿）、艾等。从二里头文化时期到《诗经》所反映的东周时期，再到秦汉时期，洛阳城及其周围地区主要是以草原植被为主，乔木相对较少。与之相对应的，动物应当也是以草原、丘陵区域种群为主；但因人类活动较早、较为频繁，人类聚落遗址中的动物骨骼集中于家禽、家畜和一些水生动物类。先秦时期以后，人类活动越来越频繁，洛阳城周围的生物环境进一步受到影响。

洛阳城周围山地的森林为城市居民生活、生产提供了材木、薪炭等资源。一般来说，森林植被状况与人口数量、人口密度及洛阳城经济、社会发展状况之间是负相关关系。西汉时期，洛阳城周边森林就已成为居民薪炭需求的主要来源地。文帝窦皇后之弟窦广国，年少家贫，"为人所略

---

① 参见洛阳市文物工作队编：《洛阳皂角树：1992～1993年洛阳皂角树二里头文化聚落遗址发掘报告》，科学出版社2002年版，第90-119页。

卖",后到宜阳,与百余人一起"为其主人入山作炭"①。史念海先生认为"宜阳都已成为烧炭的地方,则洛阳近旁山地的森林当也未能幸免",或者可以认为洛阳城周围森林植被已不堪薪炭之用,不得已远求于宜阳山中。东汉时期,雒阳②城为都城所在,所需林木资源更多,以供营建宫室之用。东汉末年,雒阳南宫灾,张让等说服灵帝兴修宫室,"发太原、河东、狄道诸郡材木及文石"。但诸郡送至京师的木材屡被黄门常侍强折变卖,只能再次发运,而又不能即受,"材木遂至腐积",而宫室却仍不成。③由此可见,洛阳城周围地区的森林已不堪建材之用,也说明洛阳以北的太行山和陇西之地仍有较多森林。④另一方面,东汉、魏晋时期,洛阳作为都城,营建有上林苑、平乐苑、芳林园等皇家苑囿、园林,豪门贵族也盛行营造私家园林,一些园林别居的规模较大,注重营造"清泉茂树"的景观,对洛阳城周围小范围的植被保护、恢复有一定的作用。南北朝时期,洛阳成为四战之地,城市破坏严重、人口大量流失,荒榛遍野,一些灌木、草本优势种和山地的森林植被有所恢复。

第二节 唐宋洛阳动植物变迁

唐宋时期,黄河中下游地区延续了历史时期以来森林覆盖率逐渐下降的趋势。随着政局稳定,洛阳城和周边地区的人口得到恢复、发展,即便经历了安史之乱、唐末战乱,与南北朝时期相比持续时间不长,此前人烟稀少的一些山地也得到一定程度的开发,总体上森林植被破坏呈加剧趋势。如前所述,唐代在河南府的陆浑县、伊阳县设置"太阴""伊阳"二监,设监之所皆为出材之所,各监"掌采伐材木之事,辨其名物而为之主守","凡修造所须材干之具,皆取之有时,用之有节"⑤。唐代洛阳城以南的伊河流域仍有大片森林,可供修建土木之用。而到了宋代,陆浑、

---

① 〔东汉〕班固:《汉书》卷97上《外戚传上》,中华书局1962年版,第3944页。
② 光武帝刘秀以汉为火德,改"洛阳"为"雒阳";曹魏时,改为"洛阳"。
③ 〔南朝·宋〕范晔撰,〔唐〕李贤等注:《后汉书》卷68《宦者列传》,中华书局1965年版,第2535页。
④ 史念海:《中国古都和文化》,中华书局1998年版,第281页。
⑤ 〔唐〕李林甫等撰,陈仲夫点校:《唐六典》卷23《将作都水监》,中华书局1992年版,第598页。

伊阳已没有专门的采办木石之所，但是仍有在此采伐树木者。马纯《陶朱新录》中记载这样一件事：伊阳县深山中有黑松山，山上有两棵大松树，"大者围绢三匹，小者围一匹"，称大将军和小将军。"木客取材于此者，皆祭之以绢，围讫造幡挂其上"。政和时，修造明堂，邑官求可用作梁柱之材，有人建议伐黑松山的"小将军"松木，树伐而告者寻死。① 这虽然是则志怪小说，但能够反映出北宋时洛阳山区森林问题。北宋时期，伊阳县的高山、深山区已经基本没有可作为修建宫室的巨木，但仍然有一些可堪材用的树木。

洛阳城居民除了营建宫室、住宅需要材木外，更多的是对燃料的需求。前文述及，西汉时就有数百人在一处制炭的，可见，城市对燃料的需求量是极大的。然而，需要注意的是，传统城市需要大量燃料不等于一定会对森林植被产生较大的破坏作用，除了木本植物作为燃料外，还有大量的"草本植物及其衍生物（秸秆、糠秕等农业废弃物，芦苇、竹子、蒿、茅等草类，以及竹炭等衍生物）、干粪与兽骨等多种燃料资源"②。这些燃料可作为木柴、木炭的重要补充。从生活习惯及现实需要来讲，木柴、木炭的使用量还是较大的。因此，虽然燃料消费不一定意味着区域森林的毁坏，但随着人口的不断增加，还是会对森林植被产生较大压力，特别是一些对燃料有特殊需求的城市人口、城市产业。北宋时期，京西松木是生产烟墨的重要燃料。洛阳的制墨业较为发达，对松木的需求量尤其大。沈括在《梦溪笔谈》中就谈到，因制墨需要大量松木，致使"今齐鲁间松林尽矣"，"渐至太行、京西、江南，松山大半皆童矣"。针叶林主要分布在洛阳西部、西南部的低山、中山区，这些地方本身山高路险，不易到达。但至北宋时期，其松林也被破坏得较为严重了。北宋时期，煤炭的逐渐普及，也反映了薪柴，特别是耐烧、热值高的木柴、木炭获取不易。

另一方面，唐宋时期都有限制或禁止砍伐树木的政令，但这些政令都是有一定的范围的。《唐律疏义》卷十九对盗采、盗伐园陵草木、他人墓茔树木有较为严格的处罚措施。即便不是盗取，只是砍伐，也要受到惩处。《宋刑统》承唐之制，也有类似规定。这主要是限定在陵园、墓茔范围。唐宋时期，洛阳城北的邙山和城南的万安山是城市居民主要的坟茔所

---

① 〔南宋〕马纯：《陶朱新录》，引自〔清〕张海鹏辑：《墨海金壶》，嘉庆十三年。
② 王星光、柴国生：《宋代传统燃料危机质疑》，《中国史研究》2013 年第 4 期，第 140 页。

在地，相关法律的规定，对这两座山岭植被能够起到一定的保护作用。除此之外，先贤丘垄、祠庙陵寝、名山大川等都在禁止樵采的范围之内。而洛阳城周围的嵩山、三涂山、鸣皋山、首阳山、三王陵等诸多地区都在保护范围之内。但这种保护也是较为有限的，多局限于某一山峰或某几座山峰，且两朝都有"弛山泽之禁"的制度安排。与盗取、樵采坟墓草木相反，唐宋时期洛阳北邙还有以贩卖松柏为生者，"北邙不种田，但种松与柏。松柏未生处，留待市朝客"①。

唐宋时期洛阳官私园林再次兴盛起来。隋大业兴建洛阳城时，便营造了面积广阔的皇家苑囿——西苑。苑内植有"杨柳修竹""名花美草"，虽然这些植被是人工栽培的，但绝大多数是适应洛阳地区环境的，增加了区域植被的多样性。唐代延续了隋洛阳城的皇家苑囿，时有盈缩。唐宋时期，逐渐盛行在洛阳郭城里坊及城边营建私家园林。一些闲适官员，开馆列第，"号千有余邸"，修建馆榭池台，种植林木花卉、修篁松柏，号称一时之胜。仅唐李德裕《平泉花木记》中所载花木就有百余种，而宋李格非《洛阳名园记》中"李氏仁丰园"条记载，园内有"桃李梅杏莲菊各数十种，牡丹芍药至百余种"，又有珍奇花卉等，"故洛中园圃花卉，有至千种者。"② 特别是唐宋之人对牡丹之爱，周师厚《洛阳花木记》、欧阳修《洛阳牡丹记》等备载唐宋洛阳牡丹品种及种植之盛。

动物相对于植物来说，其活动范围更为广阔，对环境变化的适应能力也更强。但动物的种群数量、分布等受人类活动的影响更为明显，大型的肉食动物尤为突出。各种植食动物数量较多，且对植被的依赖性较强。而大型的肉食动物主要通过各种植食动物及杂食动物获取维持生存的物质、能量，其数目相对较少，但对环境的指示意义更重要。曹魏时，高柔上疏谏废除禁地猎鹿身死之令，"禁地广轮且千里，臣下计无虑其中有虎大小六百头，狼有五百头，狐万头。使大虎一头三日食一鹿，一虎一岁百二十鹿，是为六百头虎一岁食七万二千头鹿也。使十狼日共食一鹿，是为五百头狼一岁共食万八千头鹿。鹿子始生，未能善走，使十狐一日共食一子，比至健走一月之间，是为万狐一月共食鹿子三万头也。大凡一岁所食十二

---

① 〔清〕彭定求等编，中华书局编辑部点校：《全唐诗（增订本）》卷259《沈千运》，中华书局1999年版，第2880页。
② 〔北宋〕李格非撰，〔明〕毛晋订：《洛阳名园记》，松本幸彦重校刊本1829年，第7页。

万头。其雕鹗所害，臣置不计。以此推之，终无从得多，不如早取之为便也"①。高柔的这段上疏反映了对能量金字塔的初步认识。都城禁苑、禁地往往是禁止樵采、狩猎的，但至曹魏时，连年征战，人口消耗，本就稼穑艰难。而人口减少、人类活动减弱后，草莱丛生，鹿、兔等植食动物大量繁殖，对农业生产造成威胁。而植食动物的增加，能够支持更多的大型肉食动物，以至又出现了虎害、狼害、猪害等问题。

隋唐结束了魏晋南北朝的纷争战乱，人口恢复，经济发展，一些相对偏远的地区得到了开发，植被、植食动物、肉食动物均呈下降趋势，动物灾害问题相对下降。但在一定时期、自然环境与社会环境交界之处，动物灾害还是较为突出的。对洛阳城及周围地区来说，主要是在隋及隋末唐初、五代及宋初动物灾害较为突出，在唐宋逐渐开发的洛阳西部、西南部地区也较为突出。宋初，太祖曾多次遣使至各地打虎、捕虎。乾德年间，右班殿直李继宣至洛阳以西的陕州捕虎，"杀二十余，生致二虎、一豹以献"②。

以上，从山脉、土壤、气候、水和生命五个角度梳理了唐宋时期洛阳城自然环境演变的基本过程。如果将自然环境视为一个有机体，那么，山脉就如同有机体的骨骼，土壤如同附着于骨骼的肌肉，气候如同气息，水如同血液，而生命是有机体的核心。西方传统生态思想观念体系中，过分强调自然的有机性，可能会滑向非科学的超验主义、万物有灵论；而在中国传统观念中，也会倾向于谶纬等神秘文化。在研究唐宋时期洛阳城的自然环境与经济社会互动中，也有被过分的"生态中心主义"所支配，过分强调生态主体、自然变迁，而忽视了研究的中心——人。

---

① 〔晋〕陈寿撰，陈乃乾校点：《三国志》卷24《高柔传》，中华书局1959年，第689页。
② 〔元〕脱脱等：《宋史》卷308《李继宣传》，中华书局1977年版，第10144页。

第四章 生命共同体
——唐宋洛阳城市人口

我们在探讨自然与社会经济的互动关系时,核心是人。这里并不是说,历史只是人类的历史,而没有其他的生命参与。我们也不认为,自然环境只是从属于人类,只是人类活动的舞台背景。相反,自然深刻参与到人类的历史进程中,两者之间是密切的互动关系。但环境的概念是相对的,是相对于某个生物或生物种群而言的周围的一切。如果不以生物或生物种群为核心,那么,这样的研究便不是环境学的、不是生态学的,也就失去了生命的意义。对于洛阳城来说,核心必然是城市中的人,离开了人,城市、城市环境也就失去了意义。

研究历史时期的环境问题、生态变化,根本上是要研究人类这一特定生物的生存质量问题——总体上是否健康安全、是否能够延续发展,以及不同人群的健康安全质量、延续发展的可能性等问题。我们研究唐宋时期洛阳城的自然环境、社会经济问题,主要是对这一时期洛阳城居民的"生境"进行"价值判断";以及在两者的动态变化中,城市居民如何与各种其他生物及非生物自然因素实现和谐共生。我们认为,洛阳城市居民依存于山、水、土、气等自然环境因素,与其他生物休戚相关、命运相连,只有与环境真正成为生命共同体,才能实现自身的最大价值。一些研究现代环境问题的学者,认为中国传统社会倡导"天人合一",没有工业的各种污染,只有农业的与自然的天然联系,人与自然和谐共生做得比较好。在某些方面,这样的观点有其合理性,本书的研究目的之一也是探寻唐宋时期自然与社会互动中,洛阳城市居民在人与自然关系方面的经验与生态思想精华。但同时,这样的观点又有超脱历史的不合理的方面。无论是自然环境还是人口、城市社会、城市经济等均处于一种动态的过程中,既有相互和谐共生的时期，也有相互干扰、相互抵牾的时期，也正因如此历史才是绚烂多彩的，自然才是丰富多样的，唐宋时期的洛阳城才是极具魅力的。

城市人口问题是研究自然与社会互动关系的关键。不同人口数量的城市与自然环境的互动关系是不一样的，人口的年龄性别结构、身体素质、家庭结构、社会组织、职业类型等因素的变化也会影响到城市的发展和环境的承载力。学界历来重视对人口问题、人口变迁问题的研究。20 世纪 90 年代至 21 世纪初，葛剑雄、冻国栋、吴松弟、曹树基等学者撰写出版了六卷本的《中国人口史》，系统地论述了中国人口史的学科定义、相关学科、研究范畴、主要内容、基本理论方法以及人口史的研究意义等；综合学术研究成果，依据史料，分时期论述了人口调查制度，研究了人口数量及其变化、人口分布及其形成原因、人口结构、人口迁移、城乡人口，以及各时期人口特点等问题。该研究成果达到了中国人口史研究的一个新高度，既是对以往研究成果的集大成，又在诸多方面具有开创之功。虽时隔近二十年，该成果中的一些观点、理论仍然具有极高的价值，特别是在中国人口史理论、城市人口研究、人口迁徙等方面。第一卷的《导论》部分、第二卷《隋唐五代时期》、第三卷《辽宋金元时期》等对探究唐宋时期洛阳人口问题具有重要的参考价值。除此之外，中外学者关于中国人口问题的相关研究中，涉及唐宋时期人口变迁、洛阳人口变化、洛阳城市人口问题等，对我们的研究均有所帮助。① 翁俊雄的《唐初政区与人口》《唐朝鼎盛时期政区与人口》《唐后期政区与人口》将唐朝分为三个阶段，探讨了各个时期人口统计、人口数量、人口分布与经济等问题。唐宋时期介于历史上两次大规模移民期之间，人口迁徙问题是研究洛阳城人口变迁的重要内容。葛剑雄主编、吴松弟著《中国移民史》第三卷《隋唐五代时期》和第四卷《辽宋金元时期》，论述了唐宋时期人口迁移的起因、时间、对象、路线、方向、过程、影响等。专门以历史时期洛阳、洛阳城人口变迁问题为研究对象，主要有来学斋、方原、徐卫民等的相关成果。这些成果以论文为主，且形成成果时间较早，或重心在汉魏时期。程存洁

---

① 总论的如：史念海：《中国历史人口地理和历史经济地理》（学生书局1991年版）；赵文林、谢淑君：《中国人口史》（人民出版社1988年版）；王育民：《中国人口史》（江苏人民出版社1995年版）；葛剑雄：《中国人口发展史》（福建人民出版社1991年版）等。

《唐代城市史研究初篇》上篇专篇讨论了与唐代洛阳相关的一些问题，在《唐代东都城市人口变迁》一章，主要分析了唐代洛阳城人口的主要来源、城市居民结构、居民分布以及华化胡人、官员等特殊群体相关的问题。① 唐宋时期，洛阳人口洛阳城市人口的一些问题需要进一步探讨。

第一节 唐以前洛阳人口变迁

隋唐接南北朝之弊，战乱不断，疾疫横行，洛阳受到极大破坏，人口数量大幅下降。东晋义熙十二年（416），刘裕平定洛阳，修西晋五帝之陵，傅亮为刘裕作《谒五陵表》。文中备陈连年战乱之后，洛阳城的荒凉景象，城阙宫殿坍塌崩隳，城内杂草丛生、荒无人烟。虽然北魏迁都洛阳后，稳定政局、营建宫室、迁徙人口，使洛阳城在较短一段时期内迅速得到了恢复。但孝文帝的迁都、移民是政治性的，一方面移居至洛阳的人口并不稳定，另一方面造成洛阳的政治集团与平城政治集团之间的矛盾。此后不久，北魏的北边、关陇地区相继发生暴动，进而威胁到洛阳城。至北魏孝庄帝时，洛阳再次陷入政治斗争、战争动乱之中。

东魏天平元年（534），高欢驱赶洛阳四十万户至邺城，洛阳为之一空。十三年后，杨衒之再次来到洛阳时，洛阳已完全没有了城市景象，宫室、寺观、庙塔、里坊、城阙等皆倾覆坍塌，变为废墟，人口锐减。城市生态系统解体，环境主体变为农业人口及其他生物种群。东魏、西魏及此后的北齐、北周时期，洛阳处于两个政权的交界之处，作为争夺的对象，兵燹不止。南北朝时期，洛阳城人口变化处于大起大落的动荡状态，城市生态系统没有稳定多久，很快又遭到破坏。政治、军事主导着城市的兴衰与城市生态系统的特征。

由于战争动乱，南北朝时期户口统计资料相对较少，且准确度相对较低。另一方面，豪强荫附现象较为严重。大量寒门庶族、编户齐民投靠于士族豪强，成为隐匿人口，不为朝廷所知。各政权虽颁布一系列政策、制度，检括户口，但始终难以从根本上解决这一问题。至隋唐时期，检田括户依然是国家与贵族豪族争夺人口的重要举措。东汉以后，佛教、道教逐

---

① 程存洁：《唐代城市史研究初篇》，中华书局2002年版，第58–108页。

渐兴盛起来，洛阳是重要的佛教、道教传播中心之一。特别是在孝文帝迁都洛阳后，城内"昭提栉比，宝塔骈罗"①。僧尼道士不入户籍，不输租赋力役，再加上统治者倡导、鼓励，北魏时期洛阳城内的宗教人口众多，这种状况延续到了唐宋时期。佛道思想中有大量关于人与自然环境之间关系的内容，对人们认知、感受、判断周围环境及环境价值具有重要影响，也对人们改造环境起着一定的指导作用。

北周大成元年（579），宇文赟下诏以洛阳为东京，作为安抚山东、拱卫长安，继而统一全国的军事要地。为增强东京实力，宣帝将"相州六府"迁于洛阳，改为东京六府，统辖"河阳、幽、相、豫、亳、青、徐七总管"，迁居邺城及各地愿往居住的，并任其意。② 洛阳城人口数量得到初步的恢复，但次年便爆发了"三方之乱"，洛阳再次陷入纷争之中。

隋朝政局安定下来之后，人口逐渐开始恢复。至开皇十二年（592）前后，"京辅及三河，地少而人众，衣食不给"③。大业元年（605），隋炀帝即位，定都洛阳，营建洛阳城，同时迁徙大量人口实都。先后将洛阳城周围"豫州郭下"之民、部京户、全国各地的富商大贾、乐家子弟及善音乐者、有道术士、工艺户、鹰师等迁至东京，于郭城内外安置。短期之内，洛阳城人口迅速增加起来，《隋书·地理志》载大业五年（609），河南郡"统县十八，户二十万二千二百三十"，每县平均约有11235户。《隋志》载炀帝时总户数为8907546，总口数46019056。河南郡未载口数，户数占全国总户数的2.3%，户数远高于全国190郡的平均户数。这里的户数主要是着籍之户，而洛阳城所在之河南、洛阳二县一般比他县更多。而洛阳城内户部所不掌握的皇族、后族、官宦以及各种杂户、僧尼道士、寺观户、工匠户、奴婢等，以及来往于城市的流动人口，如商旅、官吏、外族等和城市游民等，其数量也非常可观，但也不能过于夸大其在城市人口总数中的比例。此外，皇室、后妃、外戚、贵族及部分官僚、城居地主、富商等占据的环境空间更为广阔，享有的环境资源更为丰富，其所需要的物资更为多样。这是洛阳作为都城时期的特别之处。

---

① 〔北魏〕杨衒之撰，周祖谟校释：《洛阳伽蓝记校释》序，中华书局2010年版，第23页。
② 〔唐〕令狐德棻等：《周书》卷7《宣帝纪》，中华书局1971年版，第119页。
③ 〔唐〕魏徵、令狐德棻：《隋书》卷24《食货志》，中华书局1973年版，第682页。

自隋炀帝定都洛阳，至洛阳城基本建成，仅用了短短不到一年时间，且是放弃了汉魏旧址、北周故城。修建洛阳城，"每月役丁二百万人"①；此后又陆续修建显仁宫、修缮西苑等；开凿连通南北的大运河，发河南"诸州郡兵夫五十余万"②。隋文帝时，为了保证长安的粮食等物资供应，构建了以黄河为主线的转运体系，沿河分布有黎阳、河阳、洛阳、常平、广通诸仓。隋炀帝定都洛阳后，又兴建、充实了兴洛、回洛、含嘉等仓，构建了以洛阳为中心、大运河为主线的转运体系。这一体系满足了都城的物资供应，实现了都城与国家重要区域之间的信息、人员交流的畅通，扩大了洛阳城的辐射范围，增强了洛阳城的环境人口承载能力。但是，从城市生态系统的角度来说，短时间内在洛阳城及周围地区聚集大量人口，既远远超出城市自然环境的承载能力，也超出了城市社会经济的承受力。自然环境与城市社会经济的脆弱平衡一旦被打破，整个系统可能就会崩溃。

大业九年（613），杨玄感率先在黎阳起兵，并向东都洛阳进发。虽然杨玄感的叛乱很快被平定，但洛阳城受到破坏，大量居民被杀或逃离。以洛阳为中心的政治系统、经济系统、交通系统逐渐崩溃，继而影响到整个国家的方方面面。洛阳城、运河渠道、诸仓在隋末战争中具有极为重要的战略意义，各方都极力争夺。大业十三年（617），瓦岗军先后攻占了兴洛、回洛等仓，攻入东都，劫掠居民，焚毁桥梁城坊，洛阳城再次遭到破坏。洛阳城因失去了最重要的两个仓，城内粮食匮乏，"米斗三千，人饿死者什二三"③。

隋东都洛阳城能够依靠运河体系获取全国大部分地区的物资，但对于城市来说最重要的仍然是关联较为密切的城市辐射圈。洛阳城所在的县域及河南郡域是与其关系最为密切的。此外，先秦以来，以洛阳为治所或中心城市的政区也是与城市有着密切的历史联系。汉平帝时，河南郡统辖范围与隋河南郡相比，主要多了隋荥阳郡的大部分地区。隋河南郡下的阌乡、桃林、陕、渑池及熊耳县的部分地区，在西汉时属弘农郡。西汉弘农郡位于三辅与三河之间，与两者联系皆非常密切。对于洛阳城来说，弘农郡既是重要的腹地，也是屏障。隋河南郡、弘农郡、荥阳郡相当于西汉两

---

① 〔唐〕魏徵、令狐德棻：《隋书》卷24《食货志》，中华书局1973年版，第686页。
② 〔唐〕杜宝：《大业杂记辑校》，三秦出版社2006年版，第2页。
③ 〔北宋〕司马光：《资治通鉴》卷184，中华书局1956年版，第5769页。

郡之地。《隋书·地理志》载大业五年（609）荥阳郡"统县十一，户十六万九百六十四"；弘农郡"统县四，户二万七千四百六十六"①。三郡合有33县，390660户，县均11838.18户，占全国总户数的4.4%。

第二节　唐代洛阳人口变迁

隋末唐初的战乱使洛阳城再次受到极大破坏。大业十三年（617），李密、翟让围攻洛阳时，杨侗将城中居民三万余家迁入宫城，以避兵燹。及至武德四年（621），唐军围困洛阳之时，城内无粮无盐，"民食草根木叶皆尽，相与澄取浮泥，投米屑作饼食之"，患病而死者不计其数，相枕于路。迁入宫城内的三万余家仅剩不到三千家，馁死离散，十之八九。②洛阳城附近地区也受到极大破坏。隋时人口较多的河南郡、荥阳郡及以东地区，至唐代初期仍然人口较少，千里荒无人烟。《旧唐书·地理志》载有贞观十三年（639）大簿的人口数字，其中河南道各州总户数为275018，这还不包含洛州的户数。隋大业五年（609），地域相当于唐贞观时河南道的各州总户数约为2721272户，是唐河南道的十倍。③洛阳城所属之洛州没有贞观十三年的户数，我们只能大致推算一下。贞观十三年，都城长安所在的雍州"领县十八，户二十万七千六百五十，口九十二万三千三百二十"。而有记载的河南道户数最多的州是汴州，"领县五：浚仪、雍丘、陈留、中牟、尉氏，户五万七千七百一，口八万二千八百七十九"④。汴州所属之浚仪、陈留、中牟等县在隋时属荥阳郡。而并州、益州等与洛州相似，地位较为重要的州（总管府），在贞观十三年时户数均接近或超过十万。而洛州、洛阳在隋末唐初时受到的破坏较大，由此推测洛州户数应当在五万至十万之间，地域相当于西汉平帝时河南郡与弘农郡的唐河南道之郑州、陕州、虢州（缺户数）、汴州（部分）约有户数97665，即便是将洛州与虢州户数估算为十万，也不到二十万户，尚不及隋时半数。

---

① 〔唐〕魏徵、令狐德棻：《隋书》卷30《地理志中》，中华书局1973年版，第835、840页。
② 〔北宋〕司马光：《资治通鉴》卷189，中华书局1956年版，第5908页。
③ 冻国栋：《中国人口史》第二卷·隋唐五代时期，复旦大学出版社2002年版，第220页。
④ 〔后晋〕刘昫等：《旧唐书》卷38《地理志一》，中华书局1975年版，第1396、1433页。

在唐统一全国的战争中，洛阳的地位不断抬升。武德元年（618），李渊为了便于进军关东，设置了陕东道行台，以李世民为行台尚书令。武德四年（621），唐攻取洛阳后，在洛阳设置了洛州总管府，同时将陕东道行台移至洛阳，并升格为陕东道大行台，仍以李世民为尚书令。唐太宗即位后，陕东道大行台基本上没有了存在的价值与意义，改为洛州都督府，存在时间较长。唐太宗多次考虑重修洛阳宫，恢复隋时旧制。但唐建国之初，国力尚不足，大修宫室，虚耗民力。洛阳对于联系关东地区至为重要，太宗时虽没有大规模修建洛阳宫，但时常临幸、巡视洛阳城。

唐高宗即位后，洛阳的地位进一步提升，人口迅速恢复。显庆二年（657），高宗以洛阳为东都，为提高其政治地位，诏令洛州官员品秩等级与雍州等同。洛阳城被确立为东都前，营建东都就已被提上了日程。显庆元年（656），高宗任命司农少卿田仁汪在旧乾阳殿的遗址处，重新修建了乾元殿，标志着重新营建洛阳城拉开了大幕；上元二年（675），又命司农卿韦弘机大规模修整洛阳城，并修造了上阳宫、宿羽宫、高山宫等苑囿。洛阳城逐渐恢复隋时规模。

高宗临幸洛阳七次，基本上都是选择在冬春之际，主要是因长安地区地方狭小而人口众多，各种物资相对短缺。而至高宗时，以洛阳为中心，以黄河为主线，包括虎牢仓、洛口仓、河阳仓、柏崖仓、含嘉仓等的仓储转运体系已基本恢复，各地转运而来的粮食布帛等物资相对较多，加上洛阳土壤肥沃，能够担负起较多人口的物资需求。每次巡幸，跟随高宗、武后出行的皇族、官员、士兵甚至是一些平民，人数众多。永淳元年（682），高宗最后一次临幸洛阳就食，跟随者多"殍踣于路"①，及至东都，士卒仍有数万人，可见规模之大。就食也是人口迁移的一种形式，洛阳处于天下之中，交通便利，物资较为充足，具有较强的城市承载力。

永淳二年（683），高宗驾崩于洛阳。武后相继废黜中宗、睿宗，临朝称制，改唐为周，定都洛阳。洛阳成为实质性的统治中心。为了进一步增强洛阳的实力与地位，武后也采取了迁徙人口实都的措施。天授二年（691），武后迁徙关内道之雍州、同州等七州的十万户，"以实洛阳"。② 这是一次记载户数较为明确的政治移民，且规模非常大。如前所述，贞观

---

① 〔后晋〕刘昫等：《旧唐书》卷5《高宗纪下》，中华书局1975年版，第109页。
② 〔后晋〕刘昫等：《旧唐书》卷6《则天皇后》，中华书局1975年版，第122页。

十三年（639）雍州才二十万户，而洛州可能还不到十万户。吴松弟在《中国移民史·隋唐五代时期》推测此次移民数量可能达到了上百万人。① 然而，《元和郡县图志》所载开元年间河南府不过"一十二万七千四百四十"② 冻国栋等人考证认为，《元和郡县图志》所载的"开元户"为开元十七年（729）或十八年（730）的户部记账。也就是说，大约90年后，洛州（河南府）的户数才12万多。在此期间虽然有周唐政权的更迭，但没有发生大规模的战争，也没有发生其他大规模的人为或自然灾害。即便考虑上武后、玄宗时期较为突出的人口隐匿、逃亡等问题，也不至于90年间洛阳人口没有增加，反而是下降的。因此，武后迁移十万户实洛阳，可能是一种政治姿态，有夸大的成分，实际可能没有迁移那么多户。关于这次移民的制文《置鸿、宜、鼎、稷等州制》中提到，雍州、同州、秦州等地"土狭人稠，营种辛苦，有情愿向神都编贯者，宜听，仍给复三年"，并且允许携带家口。关中迁徙之民发送至洛州，"受领支配安置"。翁俊雄认为，这次移民只是通过洛州，将"数十万户分送河南道各州安置"。③ 制文后文又提到，逃亡隐匿的诸色人等，"限百日内首尽"，"任于神都及畿内怀、郑、汴、许、汝等州附贯"；其他情愿在"洛、怀等七州附贯者，亦听"④。这些举措都是为了增加神都及都畿内各州编户人口，由此推测自关中迁徙来的十万户，分配到了洛、怀等七州。

神龙元年（705），武后驾崩，中宗通过政变再次即位，恢复李唐政权及旧制，神都依旧改为东都，定都长安。洛阳城的地位有所下降，但仍然为国家的重要城市，是经济、文化、政治中心之一。玄宗即位后即打算巡幸洛阳。开元五年（717）后，基本上五年左右就巡幸洛阳一次，巡幸的时间一般不少于一年。玄宗巡幸洛阳的原因，主要还是"就食"。开元十九年（731），玄宗第四次巡幸洛阳，下《幸东都制》，其主旨依然强调山东、江淮地区连续多年丰稔，而洛阳交通便利，物资汇集，遂决定当年十月临幸东都。⑤ 长安的粮食供给始终是一个不易解决的问题。

---

① 吴松弟：《中国移民史》第三卷·隋唐五代时期，福建人民出版社1997年版，第425页。
② 〔唐〕李吉甫撰，贺次君点校：《元和郡县图志》卷5《河南道一》，中华书局1983年版，第129页。
③ 翁俊雄：《唐初政区与人口》，北京师范大学出版社1990年版，第74-75页。
④ 〔清〕董诰等编：《全唐文》卷95《高宗武皇后》，中华书局影印1983年版，第981-982页。
⑤ 〔清〕董诰等编：《全唐文》卷23《宣宗皇帝》，中华书局影印1983年版，第269页。

开元十八年（730），宣州刺史裴耀卿向玄宗建议：江南地区户口增加，仓廪丰实，但苦于漕运方式不当，难以有效输送至长安，主张采用"节级取便"的方式，以运河、黄河为主线，武牢仓、洛口仓、河阳仓、含嘉仓、柏崖仓、太原仓、永丰仓、龙门仓、渭南仓等共同构成一个新的漕运转输体系。这个体系不再以东都洛阳为中心，而以关中为中心。开元二十二年（734），玄宗采纳了裴耀卿的建议，至开元二十四年（736），从全国各地运抵长安的粮食达到了七百万石，极大缓解了关中地区粮食不足的问题。自此以后，再也没有出现皇帝、皇后及大臣等狼狈就食东都的情况。开元二十四年以后，唐玄宗再也没有临幸过洛阳。但即便如此，洛阳的政治、经济、军事战略地位显要，文化积淀深厚、影响力极强，依然能够吸引全国大量人口聚集于此。

前引《元和郡县图志》载开元十七年或十八年户部帐，河南府领县26个，户数127440。与隋河南郡相比，唐河南府多了隋荥阳郡之汜水、密以及自荥阳郡汜水、荥泽二县分置的河阴县地，隋襄城郡之阳翟县地，河内郡之济源、温、王屋、河阳县地；而少了割属陕州的隋阌乡、陕、桃林三县地。相比之下，唐河南府的统辖范围更大，但户数却仅仅超过隋大业五年（609）的半数。大致等同于西汉平帝河南郡、弘农郡范围的开元十七年（729）或十八年（730）唐河南府及郑州、陕州、虢州共有257123户，仍然少于隋大业五年的户口数。四府州共统县47个，县均户数5470.70，占河南道总户数的17.86%，占全国总户数的3.47%。①

开元元年（713），玄宗即位之初便将洛阳城所在的洛州升格为河南府；天宝元年（742），又将东都改称为东京。虽然在政治地位上，玄宗时的洛阳与武后时的神都不可同日而语，但洛阳仍然是全国重要城市之一。开元十七年或十八年后，洛阳人口不断增长。据《通典·州郡典》记载，天宝元年河南府人口达到了"户十九万三千四百八十，口百十五万七百八十"②。关于《通典·州郡典》所记载的人口数字系年，学界有

---

① 数字来源：〔唐〕李吉甫撰，贺次君点校：《元和郡县图志》卷5《河南道一》、卷6《河南道二》、卷8《河南道四》，中华书局1983年版，第129、155、201页。梁方仲编著：《中国历代户口、田地、田赋统计》，中华书局2008年版，第134、136页。

② 〔唐〕杜佑撰，王文锦、王永兴、刘俊文等点校：《通典》卷177《州郡七》，中华书局1988年版，第4651页。

不同的观点，基本认为以天宝元年为准。① 与开元十七年或十八年相比，短短十二三年，河南府户数增加了66040户，增长幅度较大。而相当于西汉河南郡范围的河南府、陕郡、荥阳郡、弘农郡，共有189274户，陕郡、荥阳郡人口比开元十七年或十八年少，弘农郡多3户。四府郡共统县44个，县均户数4301.68。②

《旧唐书·地理志》又记载有天宝领县及户口数。梁方仲将其判断为天宝元年，王鸣盛《十七史商榷》则认为旧唐志的户口数是天宝十一载③（752）。冻国栋《中国人口史》分析认为，两唐书《地理志》总序记有开元二十八年户部帐户口数字，与州郡合计全国总户口数相比，两者差50余万。短短一年时间，户口数不可能有这么大的增量，天宝十一载当是各州郡的分户口系年。④ 以此判断，天宝十一载河南府"领县二十六，户十九万四千七百四十六，口一百一十八万三千九十三"⑤，较天宝元年增加了1266户，32313口，基本符合正常的人口增殖。大致相当于西汉河南郡的唐河南府、陕郡、荥阳郡、弘农郡统县46，合计330639户，县均7187.80户，接近于隋大业五年（609）的数字，占都畿道与河南道总户数的17.74%，占全国总户数的3.68%。⑥ 这个数字也是唐代河南府有记录的最高户数。

此后不久，安史之乱爆发，短短一个月，安禄山便率军攻陷了东京洛阳。洛阳城再次遭到毁灭性打击，安禄山纵兵劫掠，"杀人如刈，焚庐若薙"⑦，大量城市居民死伤、逃亡。唐军无力抵抗叛军，借师于回纥。至德二年（757），在回纥军的帮助下，唐军击溃了安庆绪部，收复洛阳。但回纥入城之后，展开大规模的剽取劫掠活动，再次破坏了洛阳城。乾元二年（759），史思明自立为大燕皇帝后，率军逼近洛阳，"东京士民惊

---

① 冻国栋：《中国人口史》第二卷·隋唐五代时期，复旦大学出版社2002年版，第13-16页。
② 数字来源：〔唐〕杜佑撰，王文锦、王永兴、刘俊文等点校：《通典》卷177《州郡七》，中华书局1988年版，第4651、4658、4659、4661页。
③ 天宝三载（744），唐玄宗下诏改"年"为"载"，天宝三载后均称"载"。
④ 冻国栋：《中国人口史》第二卷·隋唐五代时期，复旦大学出版社2002年版，第25页。
⑤ 〔后晋〕刘昫等：《旧唐书》卷38《地理志一》，中华书局1975年版，第1422页。
⑥ 数字来源：〔后晋〕刘昫等：《旧唐书》卷38《地理志一》，中华书局1975年版，第1422、1427、1429页。梁方仲编著：《中国历代户口、田地、田赋统计》，中华书局2008年版，第122-123页。
⑦ 〔北宋〕李昉等编：《文苑英华》卷44《赋四四》，中华书局1966年版，第199页。

骇，散奔山谷"①。唐军与史思明交战于洛阳城、邙山及洛阳附近地区，千里丘墟。宝应元年（762），唐与回纥再次收复洛阳，回纥依然恣行残忍，城市居民惧怕之，避难于圣善寺和白马寺。回纥纵火焚烧了避难所，死伤者超过万人，大火数十日不熄。权知东都留守郭英乂未能止暴，更纵容朔方军、鱼朝恩等军与回纥一同劫掠都城，并且还蔓延至汝州、郑州等地，屋舍扫荡殆尽，居民无衣无食。安史之乱中，洛阳屡次成为唐军、叛军、回纥军等交战的主战场，城市屡遭浩劫，居民流散。安史之乱平定后的次年，刘晏在给元载的信中提到，"函、陕凋残，东周尤甚。过宜阳、熊耳，至武牢、成皋，五百里中，编户千余而已。居无尺椽，人无烟爨，萧条凄惨，兽游鬼哭"②。由此可见，洛阳城及周围的河南府、郑州等地在战乱之中遭到的破坏之严重，人口流失之严重。

安史之乱后，唐王朝陷入藩镇割据的局面。自东南向长安输送漕粮等各种物资的渠道屡屡遭到割据势力的破坏。各转运仓也屡遭藩镇破坏，洛阳的经济地位进一步下降，城市的辐射范围进一步缩小，环境承载力降低，能够支撑的城市居民人口也受到进一步的限制。地处天下之中，洛阳极易受到藩镇、叛乱的威胁，动荡不安。至元和四年（809）或五年（810），洛阳城所在的河南府仅有"户一万八千七百九十九，乡八十"③，尚不及开元十七年（729）或十八年（730）户数的七分之一，乡数的一半；与天宝十一载（752）的最高户数相比，更是相差十倍有余。大致相当于西汉河南郡的唐元和时河南府、郑州、陕州、虢州四府州共统县47个，共有户数46679，县均993.17户，处于隋唐时期有记录的最低位。当然，元和四年或五年已距平定安史之乱近50年，虽然此间洛阳的政治地位、经济地位不如开元、天宝之前，但人口得到一定的恢复与发展，所以，这个数字较安史之乱后仍然是较高的。四府州户数占河南道总户数的29.41%，这个数字比前述开元、天宝年间的数字高处近一倍，说明经过安史之乱，具有经济、政治、军事、地缘优势的四府州与河南道其他州相

---

① 〔北宋〕司马光：《资治通鉴》卷221，中华书局1956年版，第7069页。
② 〔后晋〕刘昫等：《旧唐书》卷123《刘晏传》，中华书局1975年版，第3513页。
③ 〔唐〕李吉甫撰，贺次君点校：《元和郡县图志》卷5《河南道一》，中华书局1983年版，第129页。

比恢复得较快；占全国总户数的1.97%。①

中唐以后，洛阳城的人口数量没有再恢复到开元、天宝时期。城市人口数量下降，城市空间格局、城市景观、城市居民的生活环境等都发生了较大变化。唐代后期，闲散官员被安排至洛阳担任分司官。他们一般待遇优厚，暂时离开了政治中心，生活安逸、恬静。在他们的影响下，洛阳逐渐形成了浓厚的文化氛围与营建宅院园圃的风气，这种情况一直延续到北宋时期。

隋唐时期，洛阳城的人口数量、结构、变化与唐王朝的政治、经济、军事形势密切相关，"世治则都，世乱则墟。时清则优堰，政弊则戚居"②。洛阳城人口呈现出与时局相一致的波动状态。隋大业中期，洛阳城人口数量达到一个高峰；此后在隋末唐初的战乱中急剧下降至一个低谷；太宗、高宗时期，缓慢回升；武后定都洛阳后大量移民，为洛阳人口进一步恢复、发展奠定了基础；至玄宗天宝后期，再次达到顶峰，然而不久，又在安史之乱中迅速耗散；中唐以后，人口始终徘徊在一个低位，增量有限。

第三节 五代时期洛阳人口变迁

唐朝末年，再次爆发大规模的战乱。裘甫、庞勋率先在浙江、江淮一带发难，继而爆发了王仙芝、黄巢领导的更大规模的斗争。王仙芝、黄巢军在起义前期，主要在山东、河南一带与唐军周旋。乾符三年（876）至乾符五年（878），先后攻打了阳翟、汝州、郑城、阳武等地，威胁到东都、陕州、潼关等地。洛阳是都城长安的重要门户，洛阳、陕州被攻陷，长安城基本上暴露在兵锋之下。为保护东都，唐调集河阳镇、宣武镇、昭义镇等藩镇兵军戍守邓州、增援陕州、扼守洛阳城。虽然叛军未能攻占洛阳，但城市居民为避战火，纷纷逃离。乾符五年（878）二月，王仙芝战死，黄巢改变战略方向，率军南下淮南、江南以至岭南。

---

① 数字来源：〔唐〕李吉甫撰，贺次君点校：《元和郡县图志》卷5《河南道一》，中华书局1983年版，第129、155、161、201页。梁方仲编著：《中国历代户口、田地、田赋统计》，中华书局2008年版，第136、137页。

② 〔北宋〕李昉等编：《文苑英华》卷44《赋四四》，中华书局1966年版，第199页。

广明元年（880），黄巢率军再次折返中原。十一月十七日，黄巢军抵达洛阳城下，东都留守刘允章投降。黄巢并未在洛阳停顿，而是继续西进，很快攻占虢州、潼关等地，并于十二月十三日占领了长安，称大齐皇帝。韦庄在著名的《秦妇吟》一诗中，以秦妇口吻详细描述了唐末战乱的混乱局面，描写了洛阳城及其附近地区在战乱中的破败、萧条景象。"中和癸卯春三月，洛阳城外花如雪。东西南北路人绝，绿杨悄悄香尘灭"，虽然是春暖花开的季节，但洛阳城外却断绝人烟。其后，秦妇至新安县东，逢一翁。又以老翁口吻痛诉了战乱的悲惨。"乡园本贯东畿县，岁岁耕桑临近甸。……千间仓兮万丝箱，黄巢过后犹残半。自从洛下屯师旅，日夜巡兵入村坞。……入门下马若旋风，罄室倾囊如卷土。家财既尽骨肉离，今日垂年一身苦。一身苦兮何足嗟，山中更有千万家。朝饥山上寻蓬子，夜宿霜中卧荻花。"这段描写可能有艺术加工的成分，但基本反映了唐末战乱对洛阳城及京畿地区居民的影响。无论是黄巢军还是唐军，对百姓来说都是灾难，所谓"兴，百姓苦；亡，百姓苦"。大量城市及附近各县民众避难于深山之中。① 韦庄的《秦妇吟》对战乱之时洛阳城及附近地区的描述是一种主观的感受。这种主观认识，虽然不如户口数字精确，却是对系统近乎崩溃状态下城市景观、城市人口状况的形象叙述与认知。

在平叛黄巢等的过程中，唐王朝重用朱全忠、李克用、李茂贞等人，这些将领逐渐形成尾大不掉之势，占据宣武镇、河东镇、凤翔镇等关键之地，胁迫唐帝。乾宁三年（896），宣武节度使朱全忠为便于挟持唐昭宗，奏请迁都洛阳，并令河南尹重修洛阳宫。虽然唐昭宗没有同意迁都之议，但洛阳城及宫室得到修缮。天祐元年（904）正月，朱全忠使其牙将寇彦卿以邠、岐兵逼近长安，再次奏请迁都洛阳，并要求百官及长安城居民同往。然而，此时洛阳城尚未修缮完毕，仍不堪居住。于是，朱全忠下令征发河南、河北诸镇丁匠数万名至东都营建，并要求江、浙、湖、岭诸镇，输货财以资助。四月，洛阳城修缮完毕，朱全忠迎唐昭宗入洛。唐末的这次移民具有极强的政治性与军事胁迫意味，虽然以拆毁宫室庐舍的形式逼迫长安居民东迁，但实际来到洛阳的人并不多。唐昭宗被迫迁都洛阳后，不久又发生了一系列政变，直至朱全忠以梁代唐，才有了短暂的平稳期，

---

① 〔唐〕韦庄撰，聂安福笺注：《韦庄集笺注》，上海古籍出版社2002年版，第315－319页。

第四章 生命共同体——唐宋洛阳城市人口

但后梁政权内外均处于不稳定的状态。

乾化三年（913），均王朱友贞发动政变，逐杀在洛阳的郢王朱友珪。汴军抵达洛阳后，"大掠都市，百司逃散"①，洛阳再次遭到破坏。此后，朱友贞放弃了以洛阳为都，改为定都开封。然而，此时的后梁面临多方势力的威胁，开封为四战之地，不利于防守。因此，朱友贞曾有再次迁都洛阳之意，但最终未能成行。龙德三年（923），后唐主李存勖率军攻克开封，后梁灭亡。河南尹张全义降唐后，奏请迁都洛阳，祭祀太庙。后唐庄宗再次以洛阳为都，将开封府降为宣武军汴州。后唐明宗即位后，国家的首都依然是洛阳，但也时常临幸汴州。

后唐时期，洛阳城得到了一定的恢复与发展。历年的战乱使洛阳城受到极大破坏，至后唐初年城中有大量的无主之地，唐代郭城里坊也变为废墟。同光二年（924），后唐庄宗敕令"在京应有空闲地，任诸色人请射改造"，无论是朝廷官员还是藩镇将领，在京无安居之处者，均可自行修建。有空闲之地者，必须限期建造房屋，过限则允许他人占射。至明宗长兴二年（931），洛阳城内即出现了"人户侵占官街及坊曲内田地"的现象，致使街道狭窄。但这并不是说洛阳城已发展到人满为患的程度，主要是因任人占射，而无规绳，居民为了方便多聚集在应天门街等交通要道两侧，且还有居民圈地充菜园田地等。明宗令御史台、两街使、河南府等"分劈画出大街及逐坊界分，各立坊门"，但也只能是在未曾有建造之处。②

后唐清泰三年（936），石敬瑭借契丹兵力，大败唐军于团柏，洛阳官民闻之大震，四散奔逃，往山谷间避难。洛阳城阙守军禁止逃窜，河南尹李重美认识到"国家多难，未能为百姓主"，不能保护百姓而又禁止其奔逃避难，不过"徒增恶名耳"，"不若听其自便，事宁自还"③。洛阳地处天下之中，为军事要地与枢纽，唐末五代时期屡遭战乱，城市居民往往乱则避难于山林，平则重返都市。梁、唐、晋、汉、周五个政权存续时间均较短，且都处于动荡的状态之中。政权更迭后的短暂平衡期内，洛阳人口数量也相对稳定；而在政权更迭的过程中，洛阳人口数量则是剧烈波动的。然而，自唐末战乱以来，人口损耗本身就比较大，短期的和平无法保

---

① 〔北宋〕司马光：《资治通鉴》卷268，中华书局1956年版，第8767页。
② 〔北宋〕王溥：《五代会要》卷26《街巷》，上海古籍出版社1978年版，第411－412页。
③ 〔北宋〕司马光：《资治通鉴》卷280，中华书局1956年版，第9160页。

证人口的恢复。

后晋天福二年（937）三月，晋高祖以洛阳漕运不便为由，东巡汴州，实则是为了节制天雄军节度使范延光。然而，派遣征讨范延光的洛阳巡检使张从宾与之同反，并引兵入洛阳，杀掉权东都留守石重义等。七月，河阳留后张继祚等平叛张从宾，晋高祖命留守东都的百官悉往大梁，以汴州为东京，置开封府，设为首都，洛阳为西京。此后，后汉、后周均以开封为都，而不再以洛阳为都。

后周显德五年（958）十月，世宗诏令左散骑常侍艾颖等34人，分行所属各州，均定土地赋税，同时团并乡村，百户为团，置耆老三人。通过此次检定着籍户口，"总计简到户二百三十万九千八百一十二"①。这个数字是五代时期洛阳有记录的较为准确的户口数。只是这是后周统辖范围内各道州府的户口总数，没有河南府的户口数字。如以这一数字作为北宋初年的户数，再加上此后北宋平定各政权后所获主、客户数，大致相当于《新唐书·食货志》《唐会要·租税下》等所记载的唐会昌五年（844）户数。② 如以辖区范围来说，后周统辖范围大致相当于唐关内道、河南道、淮南道、河北道及河东道与山南道的一部分，元和四年（809）或五年（810）这一区域大约有94万余户。③ 后周虽然处于战乱之中，但人口较唐中期有所恢复。当然，还需要考虑到，显德五年的简定民租可能效果较好，检括出一些隐匿户口；而元和统计户数，存在较为严重的逃亡、隐漏现象，以及大量的浮逃客户、藩镇所据户口等问题。

第四节　北宋洛阳人口变迁

建隆元年（960）元月，赵匡胤通过较为平稳的方式取代后周，建立了宋朝，定都开封。虽然开宝九年（976）宋太祖曾有迁都洛阳之意，但最终仅是临幸西京，而并未定都于此。太平兴国四年（979），北宋翦灭

---

　　① 〔北宋〕王钦若等编：《宋本册府元龟》卷495《邦记部·田制》，中华书局1989年版，第1256页。

　　② 冻国栋：《中国人口史》第二卷·隋唐五代时期，复旦大学出版社2002年版，第152页。

　　③ 数字来源：梁方仲编著：《中国历代户口、田地、田赋统计》，中华书局2008年版，第134–156页。

最后一个割据政权——北汉,基本实现了国家的统一。但对于洛阳城来说,后周以后基本上就有没有发生大的战争,已经基本稳定发展了二十余年。《续资治通鉴长编》卷一载建隆元年国初版籍户数为九十六万七千四百四十三户。① 这一数字较不到一年前的显德六年(959)简括出的户数少了60%。这显然是极其不合理的,学界多有论述,认为这是一个不完整的户口记录,常以后周末年的数字代替北宋初年数字使用。

北宋留存下来的着籍户数记录相对较多,有50余项。分府州军户数记录的主要有《太平寰宇记》《元丰九域志》《宋史·地理志》以及一些方志。《太平寰宇记》大致成书于宋太宗雍熙、端拱间,主要记述太平兴国四年(979)平定北汉,统一天下之后的各府、军、州的基本情况。北宋初期河南府辖18县,与唐天宝后相比,主要是原属许州的阳翟,河阳、河阴、温县、汜水、济源已割属孟州,陆浑县并入伊阳县,告成县并入登封县,所辖面积小于唐代,有户"主四万二千八百一十八,客三万九千一百三十九"②,主客户合计81957,尚不及唐天宝十一载河南府的1/2。宋代户籍分为主户和客户,均为版籍户数。而禁军、厢军及家属、僧侣、道士以其他一些不入版籍者,则不在统计范围内,大约占全国总户数的7%,具体到城市则比例会相对高一些。③ 仅从记载来看,与西汉平帝河南郡、弘农郡范围大致相当的北宋河南府、郑州、陕州、虢州有主、客户共计125827户④,占所属河南道总户数的10.23%,占全国总户数的2.06%,县均3595.06户。与唐天宝十一载(752)相比,北宋四府州合计仅相当于其1/3,约为县均户数的一半。当然这个数字要远高于唐元和年间(806—820)四府州的户数,也要高于唐代贞观十三年(639)的数字。主要是因为,如前所述,洛阳地区在后周以后基本上没有再发生大的动荡,社会相对稳定,有利于人口的恢复;其次,可能与开宝四年(971)七月河南府及京东、河北47个军州委派判官,互往别部,点阅丁

---

① 〔南宋〕李焘撰,上海师范大学古籍整理研究所、华东师范大学古籍研究所点校:《续资治通鉴长编》卷1,中华书局1995年版,第26页。
② 〔北宋〕乐史撰,王文楚等点校:《太平寰宇记》卷3《河南道三》,中华书局2007年版,第44页。
③ 吴松弟:《中国人口史》第三卷·辽宋金元时期,复旦大学出版社2000年版,第97页。
④ 数据来源:〔北宋〕乐史撰,王文楚等点校:《太平寰宇记》卷3《河南道三》、卷6《河南道六》、卷9《河南道九》,中华书局2007年版,第44、93、109-110、166页。

口,以备河堤之役有关。①

太平兴国四年(979),宋灭北汉;真宗景德元年(1004),宋辽签订了澶渊之盟,实现了北边的安定与和平,为北宋经济、社会发展提供了良好的外部条件。毕仲游在《丞相文简公行状》中提到,定通和之约后,"至今九十余年,北州生育蕃息,牛羊被野,戴白之人,不见干戈"②。真宗时期以后,北宋人口有了较为明显的增长。吴松弟统计《续资治通鉴长编》卷六十六、卷七十、卷七十二、卷八十三、卷八十六所记真宗景德三年(1006),大中祥符元年(1008)、二年(1009)、四年(1011)、七年(1014)、八年(1015)的全国总户数记载,认为全国户年平均增长率由景德初的26.2‰,增加到大中祥符二年的62.4‰,虽然此后户数数字变化较大,但平均下来真宗朝25年的户年平均增长率达到13%的较高速度。此后,虽然仁宗朝户增长率有下降,但也保持了相对稳定的增长;至英宗、神宗时,全国户数又一次有较大规模的增长。③

熙宁四年(1071),宋神宗命赵彦若等"考图籍,画天下地图",后又改为以王存审其事、李德刍等人删定、编修《九域志》。元丰三年(1080)闰九月,书成进呈;八年(1085)镌刻颁行。④《元丰九域志》为宋代的一部官地理总志,对于其所记载的户籍系年,学界有不同的认识,一般认为应当是进呈前临近的元丰元年(1078)或二年(1079)。⑤

---

① 〔南宋〕李焘撰,上海师范大学古籍整理研究所、华东师范大学古籍研究所点校:《续资治通鉴长编》卷12,中华书局1995年版,第269页。
② 山右历史文化研究院编:《西台集(外三种)》卷16,上海古籍出版社2016年版,第247页。
③ 吴松弟:《中国人口史》第三卷·辽宋金元时期,复旦大学出版社2000年版,第351页。
④ 〔南宋〕王应麟:《玉海(合璧本)》卷15《地理·地理书》,中文出版社1977年版,第330页。
⑤ 《宋会要辑稿》食货69之载元丰元年(1078)全国主、客户共16402631户,元丰三年(1080)为16730504户。而《元丰九域志》所载全国总户数为16542063,这个数字缺少了齐州的户数统计,介于《宋会要辑稿》所载元丰元年与元丰三年数字之间。因《元丰九域志》是在元丰三年闰九月进呈的,因此绝不可能是该年数字。学界的争论,主要集中在元丰元年与元丰二年(1079)上。吴松弟认为作为地理总志,《元丰九域志》的户口数字来源于兵部职方的闰年图,每逢闰年上报,而元丰元年恰好为闰年。而着籍户数与《宋会要辑稿》有较大差异,主要是因府州军统计,存在误差。徐东升认为修正过的《元丰九域志》户籍数介于元丰元年和三年之间,对比朱长文《吴郡图经续记》所记元丰三年苏州户数,马端临《文献通考》载元丰元年广西一路户数,均有一定差异,因此当为元丰二年的数字。参见吴松弟:《中国人口史》第三卷·辽宋金元时期,复旦大学出版社2000年版,第118-119页;徐东升:《〈元丰九域志〉户口、铸钱监和盐产地年代考》,《厦门大学学报(哲学社会科学版)》2007年第5期,第109页。

元丰元年或二年西京河南府统县一十三，户"主七万八千五百五十，客三万七千一百二十五"①。与太平兴国四年相比，户数增加 33718，户年均增长率仅为 3.45‰，甚至远低于相对减速的仁宗朝户数年均增长率，大致相当于西汉平帝河南郡、弘农郡的河南府、陕州、郑州、虢州四府州总户数为 208614。② 这一数字较太平兴国四年（979）增加 82787，户年均增长率为 5.07‰，高于河南府的增长率，四府州总户数占全国总户数的 1.26%。③ 无论是河南府户数、四府州户数还是四府州占全国户数比例均低于唐天宝十一载（752）的高峰。

庆历三年（1043）九月，宋仁宗责令范仲淹、韩琦、富弼等条奏当世急务，范仲淹等列奏十条。其中第八条"减徭役"称，西京在唐会昌年间有"十九万四千七百余户，置二十县"，而"今河南府主客户七万五千九百余户，仍置一十九县"。河南府统辖之县甚至仅有七百户、一千一百户者，而徭役并无减少，致使"西洛之民，最为穷困"，建议省并为十县。④ 范仲淹所奏称的"七万五千九百余户"，应当与《元丰九域志》的户数来源相同，庆历二年（1042）为上报兵部职方的闰年，这个数字可能来自于此。河南府主户约为五万七百，客户约为二万五千二百，应是范仲淹上奏所用的一个约数。河南府约 75900 的户数，尚不及太平兴国四年的户数，更是仅相当于元丰元年或二年的主户数。自庆历二年至元丰元年（1078），河南府的户年均增长率约为 11.77‰，高于太平兴国四年至元丰元年的户年均增长率。庆历四年（1044），再次论及省并河南府各县之事，又提到"今有五万六千户，尚置十九县"⑤。这一数字仅相当于庆历三年上奏所提及户数中的主户数，且两者相差五千三百多。现有材料无法说法主户数的增加是庆历新政的作用，还是范仲淹的误记，或是其他因素的影响。

宋仁宗部分采纳了范仲淹"条陈十事"的奏疏，庆历四年将河南府

---

① 〔北宋〕王存等撰，王文楚、魏嵩山点校：《元丰九域志》卷1《四京》，中华书局 1984 年版，第 4 页。

② 数据来源：〔北宋〕王存等撰，王文楚、魏嵩山点校：《元丰九域志》卷1《四京》、卷 3《陕西路》，中华书局 1984 年版，第 4、31、106、116 页。

③ 四府州分属京西北路和永兴军，不在同一一级行政范围内，无法粗略统计其所占比例。

④ 〔南宋〕李焘撰，上海师范大学古籍整理研究所、华东师范大学古籍研究所点校：《续资治通鉴长编》卷 143，中华书局 1995 年版，第 3442 页。

⑤ 〔北宋〕范仲淹：《范文正公文集》卷 20，中华书局影印 1980 年版，第五十二叶。

下辖之颍阳、寿安、偃师、缑氏、河清等五县改为镇,辖县由十九个减少到十三个。但至十一月,省并各县又重新恢复起来。此后,宋神宗熙宁、元丰时,河南府相继又有伊阳县栾川镇、王屋县划分至卢氏县、孟州,洛阳县、伊阙县、福昌县等废县为镇。宋哲宗时,变法复辟,变法中省并的州县多数又重新恢复起来。至崇宁四年(1105),被废为镇的洛阳、福昌等镇恢复为县。《舆地广记》所记政和五年(1115)至八年(1118)的河南府已恢复到十五县一监。《宋史·地理志》记载了宋徽宗崇宁元年(1102)的各府州军的户口数,其中河南府下辖十六县(一监),有户"一十二万七千七百六十七,口二十三万三千二百八十"①,比元丰元年(1078)或二年(1079)增加了 12092 户,年均户增长率 4.15‰,略高于太平兴国四年(979)至元丰元年河南府的户年均增长率。口数符合北宋时期户籍记载的特点,主要记录了成年男子。大致相当于西汉平帝河南郡的北宋崇宁时期河南府、郑州、陕州、虢州四府州共有 229039 户,约占全国总户数的 1.88%。② 这一数字也略高于元丰时,但需要注意的是,《宋史·地理志》的户口记录有较多的错漏之处。然而此时,距离灾难性的靖康之变仅有 25 年,已到了北宋的末期。根据现存的 50 余项北宋户籍数字,一般认为靖康之变爆发前的宣和六年(1124)是北宋时期人口的顶峰。③ 洛阳城、河南府在崇宁元年至宣和六年间并无大规模的灾难或战乱记录,人口应仍呈稳定增长态势。按照元丰元年至崇宁元年的年均户增长率,至宣和六年,河南府估计有 139955 户,仍然不及唐天宝十一载之数。

两年后的靖康元年(1126)十月,金兵南下分兵攻陷河阳,进而攻占了洛阳城,洛阳再次陷入战乱之中。自靖康元年至南宋绍兴三十一年(1161),宋与金、伪齐政权围绕洛阳城展开大规模的争夺战,洛阳居民被杀被俘,或死或逃,损失惨重。金章宗泰和七年(1207),洛阳城所在的南京路河南府统九县四镇,有"户五万五千六百三十五"。与北宋崇宁元年(1102)相比,金割原属河南府的伊阳县、永宁县、福昌县、长水

---

① 〔元〕脱脱等:《宋史》卷 85《地理志一》,中华书局 1977 年版,第 2115 页。
② 数字来源:〔元〕脱脱等撰《宋史》卷 85《地理志一》、卷 87《地理志三》,中华书局 1977 年版,第 2115、2116、2145 页。
③ 吴松弟:《中国人口史》第三卷·辽宋金元时期,复旦大学出版社 2000 年版,第 352 页。

县置嵩州,统县四,镇四,有户"二万六千六百四十九"①。河南府与嵩州合计82284户,县(镇)平均户数为3918.29,相较崇宁元年(1102)河南府户数少了1/3,与宋初的太平兴国四年户数相近。大致相当于西汉平帝时河南郡、弘农郡的金代河南府、嵩州、陕州、郑州、虢州共有户数178973,占全国总户数的1.81%,与北宋时期的户数比例基本一致。②

以上笔者大致梳理、分析了隋唐、五代以至宋金时期洛阳地区、洛阳城的人口变迁。需要注意的是,由于唐宋时期基本没有关于城市户口的专门而系统的记录,主要是以县以上的府、州等行政区划为基本单位统计户籍数的。因此,在讨论人口变迁时,实际上是洛阳城所在的二级行政区划的人口变迁。自隋至金,洛阳城所在的河南府(河南郡、洛州)统辖县数屡有分合割并,但大体保持今洛阳市、巩义市、登封市三市县的范围。洛阳城是河南府的核心城市,唐宋时期城市及其附近各乡一般分属于河南、洛阳二县,两县应是河南府诸县中人口数量最多的。洛阳地处关中地区与黄淮海平原之间,地处长安与开封两个唐宋重要城市之间,政局不稳、军事动荡、割据纷争中洛阳的政治、军事地位更加凸显,所受影响也极大;政权稳固、经济发展、社会安定中洛阳的社会、经济地位更加突出,对周围地区的辐射力也极大。而无论是政治、军事还是社会、经济的影响,其主体往往既是洛阳城本身,也是洛阳城所在的洛阳县、河南县以及河南府。因此,河南府人口的变迁从一定程度上反映了洛阳城人口的变化,以河南府的户籍数字来分析洛阳城的城市人口具有一定的可行性与代表性。此外,从城市人口与自然环境、经济、社会的相互关系上说,除了城市人口外,城郊人口、城市周围人口也是需要重点考察的,如附郭及宋代坊郭户的衣食住行等问题。

但是,洛阳城毕竟不同于河南府以及河南府下除河南、洛阳两县外的各个县。洛阳城内除了大量的户口著籍居民外,还有大量的非著籍户口居民,如皇族、后族、官吏③、宫女、宦官和各种流动人口、城市游民等,

---

① 〔元〕脱脱等:《金史》卷25《地理志中》,中华书局1975年版,第593页。学界对《金史·地理志》所载的户籍系年有不同认识,笔者赞同韩光辉、刘浦江、吴松弟等所持的泰和七年(1207)的观点,参见刘浦江:《金代户口研究》,《中国史研究》1994年第2期,第86—96页。

② 数字来源:〔元〕脱脱等撰《金史》卷25《地理志中》、卷26《地理志下》,中华书局1975年版,第591、593、597、642页。

③ 金时要求官吏与平民百姓相同,均要著籍。

以及隶属于特殊户籍的居民，如官府工匠、乐户、杂户、禁军厢军及家属、僧道等等。不同时期，这些非着籍和特殊户籍居民所占城市总人数的比例不同：大致说来，洛阳作为都城时，比例最高；作为陪都，社会相对稳定期，缺少了皇室、官员以及附庸于皇室的宦官、宫女等，比例相对较高；隋末、安史之乱前后、唐末五代、宋末的社会相对动荡期，这些人口最易受到直接的冲击，比例最低。对于史料相对有限的唐宋时期来说，城乡人口比例的具体数值一直是学界关于城市史研究的核心问题。自20世纪30年代，最先是日本学者开始关注唐宋城市人口数量问题，但主要讨论的是资料相对丰富的临安、开封和长安等京城，洛阳的研究则相对较少。20世纪60年代，日野开三郎根据长安、洛阳的里坊数量、规模、户数以及长安东市和西市、洛阳南市、洛阳迁徙户数等进行分析，提出长安城、洛阳城在唐代鼎盛时期均达到30万户级别，这是对唐宋时期洛阳城户数较早推测一个数字。① 20世纪80年代后，中国学者也开始关注城市人口问题，根据史料尝试对唐宋城市人口进行量化的研究，但研究对象依然主要是京城。虽然在资料相对有限的条件下，推测城市人口的数量、城市化率不可避免地会存在较大误差，不同学者会得出万级或十万级的数字差距，但其中的一些研究方法和观点仍有较高的参考价值。

梁庚尧在《南宋城市的发展》一文中，提出了一种城市规模等级的研究方法，不拘于探求具体的城市户口数字，也不囿于探求城市人口比例，采用相对宽泛的范围数值来描述南宋城市的人口状况及其分布。② 相对模糊的研究方法更符合中国传统社会城市户口管理模式，也比较符合唐宋时期洛阳城市户籍资料的现状。包伟民以学者们对宋代城市人口、城市人口比例问题的相关研究为基础，结合记载信息量不足的现实，提出"人口意象"的研究方法，即"当时士大夫意念中关于城市规模的认识"，来考察城市人口规模。③ 这种方法同样适用于唐宋时期洛阳城人口与自然环境、社会、经济互动关系的研究。

总体上讲，唐宋时期洛阳城及其周围地区人口变化的波动性较大，经

---

① ［日］日野开三郎：《唐代大城邑の户数规模について——特に首都长安を中心とする》，日野开三郎：《东洋史学论集》，三一书房1988年版，第279页。

② 梁庚尧：《宋代社会经济史论集（上册）》，允晨文化实业股份有限公司1997年版，第481-590页。

③ 包伟民：《宋代城市研究》，中华书局2014年版，第307页。

历了数次的涨落起伏。从河南府户年均增长率上来看，唐代的波动性要大于宋代，北宋时期洛阳人口呈平缓增长的态势。唐宋时期，洛阳城人口的最高峰应当是在唐天宝后期，此后安史之乱中迅速掉入低谷。政治性移民往往是洛阳城人口增长的起点，隋大业年间、唐代初期及武后时期、后周及北宋初期等均是如此。政治性移民能够迅速支撑起城市的人口规模，有助于促进城市经济、社会的发展。但短时间内城市规模、城市人口规模的迅速扩大，需要从周围环境中获取更多的物质、能量，需要有更多的各种物资来支撑，需要较大规模地改造自然环境，同时也意味着对自然环境的影响会猛然变化。在城市人口的每一个变化期，洛阳的山、土、气、水等自然因素也都要有一个重新"适应"的过程。多大范围的自然"适应"，或者说，唐宋时期洛阳人、洛阳社会经济多大程度上与自然环境发生互动，又是与城市规模、辐射范围密切联系的。

第五章　自然环境与城市社会的生态空间互动

居住于城市、城郊及附近地区的居民是城市的核心，是自然环境与社会、经济互动的中心问题。城市居民首先是自然意义上的人，首先与自然环境之间是自然意义上的互动关系，需要不断地从周围环境中获取物质和能量。同时，城市居民又是社会意义上的人，与自然环境之间有着社会意义上的相互关系，通过政治、经济、社会制度以及文化层面的方式获取、分配、交流、使用、循环各种物资。因此，自然环境与城市社会、经济的互动范围、互动程度有一个由小到大，由深变浅的动态分布的空间层次。这种动态变化既与环境变迁密切相关，也与城市人口、城市规模、城市社会经济发展状况等密切相关，是两者相互作用、相互影响的结果。

具体来说，这一部分将以洛阳城、城郊及附近地区居民粮食、蔬菜、副食等食物供给，供水、用水、排水，衣料、矿产等资源的获取，以及各种能量、物质形式的还原过程为讨论对象。不同时期，洛阳政治、经济地位不同，人口规模不同，各种物资的来源范围也有一定的差异。因此，漕运、城市辐射范围等内容也是这一部分的重点。唐宋时期，洛阳是一座政治、军事意义较为突出的城市，同时还是国家的重要经济中心、文化中心。城市的经济、文化作用又深受政治、军事地位的影响。政治、军事是影响洛阳城与自然环境互动范围、程度的首要因素，也就是说自然环境与城市社会、经济的互动是以洛阳城功能、结构为中心的。经济制度、经济活动受洛阳城的政治地位、军事形势的影响较大；城市人口规模、结构、分布，城市社会发展等也与政治、军事因素同步变化。洛阳作为都城时，能够吸引大量的物资、财富、人员聚集于此，八方辐辏，其辐射范围较广；作为陪都时，仍然是国家的重要枢纽，对区域有较强的辐射力，能够

第五章　自然环境与城市社会的生态空间互动

"东贾齐鲁，南贾梁楚"①；而在隋末唐初、唐安史之乱以后、五代后晋以后至北宋初期、北宋末年至金中期等时期，洛阳城的地位实质性下降，甚至在兵燹中化为废墟，此时洛阳城对自然、国家、区域的影响急剧衰减，退缩至城市的核心区域。城市核心区、核心腹地、城市辐射范围是城市影响力的空间层次，也是城市自然环境与社会、经济互动的空间层次与程度层次。如前所述，在自然环境、社会环境的多种因素作用下，城市的核心区、核心腹地、辐射范围始终处在动态的变化过程中。但为了叙述、研究方便及受研究材料的限制，本书主要以洛阳城某一时期为研究对象，探寻唐宋时期洛阳城自然环境与社会、经济互动的特征。

第一节　唐宋洛阳城居民的核心生存空间

"筑城以卫君，造郭以守民"②，城墙的首要作用是防御，防护城市的核心区域。先秦以后，政治、军事意义突出的城市基本上都修筑有城墙。城墙是唐宋洛阳城与周围环境最突出的分界线。文献记载，唐宋洛阳城城墙有一个逐步修建、完善的过程，并且时有增葺、损毁、重建、改造。总体上来说，洛阳城以皇城、宫城为城墙的主体部分，形成了以政治、军事为主的城市功能区。郭城内的坊市、官署、寺院等，形成了以社会、经济为主的城市功能区。皇城、宫城、郭城及内部的城墙、垣墙既将洛阳城分隔出不同的区域，也是城市管理、城市防卫的重要体系。

一、唐宋时期洛阳城核心区的变迁

唐宋洛阳城相关史籍记载，主要有《唐六典》卷七《尚书工部》、《元和郡县图志》、《隋书·地理志》、两唐书《地理志》、《太平寰宇记》以及辑佚出的《括地志》等"河南府"及其下的"河南""洛阳"二县相关内容；《唐会要》《宋会要辑稿》中关于城郭、道路、街巷、津梁、坊市等的营建修造内容；后世辑佚出的《大业杂记》、《两京新记》、元《河南志》等较系统地记载了隋唐、五代、北宋时期洛阳城的基本状况；

---

① 〔西汉〕司马迁：《史记》卷129《货殖列传》，中华书局1975年版，第3265页。
② 〔唐〕徐坚等：《初学记》卷24《居处部》，中华书局1962年版，第565页。

徐松辑撰的《唐两京城坊考》卷五东都部分，以元《河南志》为本，参详《永乐大典》等材料中的相关记载，是唐宋洛阳城文献资料中最详细、最完善的一部，是研究唐宋洛阳城的基础性史籍。后世学者们以这些文献资料为基础，不断深化对洛阳城城坊、宫殿、苑囿、津梁等的考证、辨析、研究。清时，张穆、程鸿诏等就对徐松《唐两京城坊考》进行了增补、修订。20世纪80年代以来，高敏、赵超、张剑、程存洁等学者运用现代研究方法及考古发掘资料，对唐宋洛阳城的规模、形制以及《唐两京城坊考》等材料进行了进一步的考证、研究，发表、出版了系列研究成果，夯实了洛阳城研究的基础。辛德勇《隋唐两京丛考》与李健超《增订唐两京城坊考（修订版）》是近二十年来洛阳城研究较为深入、较为全面的两部成果。辛著以其20世纪80年代博士论文为基础，此后不断修改、完善，至2006年再次出版。该书下篇对隋唐东都的城坊、街道、南北市、都亭、明堂等进行了详尽的考证，提出了许多突破性的观点，纠正了一些前人认识的偏差。李著同样是不断地增订、修订，运用当时最新的考古发掘资料、墓志碑刻以及现代研究成果等，以《唐两京城坊考》的内容为主体，增补、增修，可以说是唐宋洛阳城研究的集大成之作。除此之外，近年来学者们以新材料、新视角、新方法推进唐宋洛阳城宫殿、城阙、坊市、桥梁等的相关研究。李久昌《国家、空间与社会——古代洛阳都城空间演变研究》一书，以"城市空间"为核心，讨论了自夏商周至北宋、金时期洛阳城的空间结构、空间功能、空间模式，以及不同时期城市空间的特点与演变。该书将洛阳城，特别是隋唐、北宋时期洛阳城的宫城、里坊、市场划分为核心空间、社会空间和经济空间，分析了各个不同功能空间的生成、发展、演变、分布、特征及动力机制等问题，对洛阳城市空间研究具有重要意义。

文献资料与考古资料是研究洛阳城的两种最基本的重要材料。除了前述文献外，唐宋时期的一些笔记小说、类书丛书、碑刻文书等材料中也散见与洛阳城有关的材料。自20世纪五六十年代以来的大规模城址发掘，对唐宋洛阳城的皇城、宫城、东城、外郭城及一些坊市、桥梁、仓储、漕运和其他城市设施进行了不同程度的探查，补充、修订、完善了文献资料的相关记载。两相结合，相互补充，唐宋时期洛阳城的基本面貌呈现在我们眼前，部分城墙、城门、宫殿、苑囿、城坊、市场、桥梁等的历史变迁也能够大致梳理出来。虽然还有大量问题需要进一步的发掘、探查、研

第五章 自然环境与城市社会的生态空间互动

究,但在历代学者、考古工作者研究的基础上,已经能够初步讨论唐宋洛阳城核心区域的环境与社会、经济互动关系。

唐宋时期,洛阳城的基本规模与形制奠基于隋炀帝时期,此后不断有所修造。隋炀帝大业元年(605)三月,诏令杨素、杨达、宇文恺等人在东周王城以东营建洛阳城。次年年初,洛阳城已初具规模。隋东京洛阳城在一定程度上延续了北魏洛阳城的形制,主要分为宫城、皇城、郭城,宫城、皇城有城垣,郭城内有大量里坊。根据《大业杂记》等文献记载,隋洛阳城外围郭城"周回七十三里一百五十步"①,东、西、南三面基本相等,北面较短。宫城、皇城偏居于整座城的西北,依托于邙山山势,南面正对伊阙。宫城、皇城及外郭城以西营建了面积广阔的西苑,"周二百二十九里一百三十八步"②。郭城之内延续北魏洛阳城之制,设有坊市,《大业杂记》记载东都大城洛水南有96坊,洛水北有30坊,坊内外大街小陌纵横相对。《隋书·地理志》"河南郡"条载,洛阳城有"里一百三,市三"③,两者相差23个里坊。辛德勇在《隋唐两京丛考》中认为,"九十六坊"是"六十六坊"之误,洛水南北相加实际共有96里。这96里是与长安城相同的分布规整的里坊。除此之外,尚有白虎门以西的城西南隅和洛水南岸的14个小里。隋唐时在论洛阳城坊时,这些里坊往往是不计算在内的。隋洛水北有通远市,占去2里;洛水南有丰都市占去4里,大同市占去1里,共占去7里。规整的96里减掉三市所占的7里,再加上后来设置的洛水南14个小里,正好为《隋书·地理志》所记载的103里、3市。④ 一些学者利用考古发掘、出土墓志以及文献资料的相关记载,提出隋唐时期洛阳郭城有109坊、113坊和128坊等观点。⑤ 在没有其他材料和相对系统的论述前,我们认为辛德勇的观点较为符合隋唐人的认识与洛阳城的基本情况。

隋末战争中,洛阳城遭到破坏。唐太宗朝小规模修缮、改造了洛阳城。唐高宗、武则天时期,洛阳城得到较大规模的营造,形成了唐宋时期

---

① 〔唐〕杜宝:《大业杂记辑校》,三秦出版社2006年版,第3页。
② 〔清〕徐松辑,高敏点校:《河南志》,中华书局1994年版,第111页。
③ 〔唐〕魏徵、令狐德棻:《隋书》卷30《地理志中》,中华书局1973年版,第834页。
④ 辛德勇:《隋唐两京丛考》,三秦出版社2006年版,第1页。
⑤ 李久昌:《国家、空间与社会——古代洛阳都城空间演变研究》,三秦出版社2007年版,第334页。

洛阳城的基本格局。唐代洛阳城的主体部分依然是宫城、皇城、外郭城和禁苑，宫城、皇城偏居于洛阳城的西北部。皇城东西长、南北较短，周回"十三里二百五十步"，城高"三丈七尺"；宫城同样是东西长而南北略短，比皇城略小，为"十三里二百四十一步"，城高"四丈八尺"；紧邻宫城、皇城以东为东城，东西较窄而南北较长，城高"三丈五尺"①。宫城两边及北侧分布有一些小的隔城，东城以北分布有含嘉仓。唐代外郭城承继隋代规模，但在里坊数量上与隋代略有差异，且有不同的记载。隋唐三百年，里坊的增设减并，本身就是符合实际情况的。《唐六典》《旧唐书·地理志》《唐两京城坊考》分别记载都城里坊数为"一百三坊、三市""一百三坊、二市""一百十三坊，市三"。高敏先生以元《河南志》中所记载的北宋洛阳里坊总数，减去注明为宋代新增坊数，得出唐代有112坊的结论。然而，这个数字是将唐、五代340余年间和北宋至皇祐二年（1050）的近九十年间洛阳城坊的变化，作为固定的数字进行比对、推定，忽略了里坊的变化问题，导致计算方法出现了混乱。但不能否认，高敏先生的推断基本上是合理的，基本符合唐代洛阳城的里坊数目。辛德勇在前引《隋唐两京丛考》一书中认为，《唐六典》所记载的"一百三坊、三市"反映了隋末唐初的情况，而《旧唐书·地理志》的"一百三坊、二市"则反映了唐开元十二年（724）废西市入禁苑的情况，但"一百三坊"又是延续了隋末唐初的情况，存在一定的不合理性。梳理元《河南志》、《两京新记》、《唐两京城坊考》等文献，辛德勇认为唐天宝前洛阳都城里坊的变化脉络是较为清晰的，贞观九年（635）、龙朔元年（661）后、显庆中等先后增筑了永泰、临阛、通利、大同诸坊，缩减丰都市，废通远市而增立北市于临德坊内，增减相抵，是为一百零七坊。若再加上隋唐时期一般往往不计算在内的城西南隅五个里坊，恰好为元《河南志》所记载的除去宋代新增里坊外的一百一十二坊。②

20世纪五六十年代，为配合洛阳市的大规模建设，中国科学院考古研究所洛阳发掘队等考古工作者对隋唐洛阳城进行了全面的勘查。此后，在此基础上，随着隋唐洛阳城遗址考古发掘的不断深入，城市面貌逐渐清

---

① 〔清〕徐松撰，张穆校补，方严点校：《唐两京城坊考》卷5，中华书局1985年版，第131、137、140页。

② 辛德勇：《隋唐两京丛考》，三秦出版社2006年版，第179－180页。

晰。根据历次考古实测，唐洛阳城宫城"南北稍短，东西稍宽"，整座城址嵌套于皇城北部，由现存城墙墙垣及夯土可知，北墙全长约 1400 米，西墙全长 1270 米，东墙全长 1275 米，南墙全长 1710 米，基本上与文献记载相符合。宫城南墙的东段和西端呈对称地向内曲折，形成宫城东南角和西南角的内凹。宫城墙垣夯土宽度一般为 15～16 米，南墙部分达到 20 米。① 北宋《营造法式》中记载了"筑城"的成熟做法，城墙的高与厚之间的关系是城厚要随着城高的增加而"其上斜收减高之半"，城厚要与城高同步增加或高度减低。② 城墙地基之宽往往要大于城墙高度，因此，宫城南城垣高在 20 米以内，其他各墙为 16 米左右，与城高"四丈八尺"的记载基本一致。皇城受洛河侵蚀及部分城墙被后世所利用，城垣残存相对较少。皇城西墙全长 1670 米，南墙仅存 540 米，东墙残存 1115 米，北墙为宫城北墙向东、向西延伸 180 米，城垣宽度在 14 米至 16 米之间，③ 与文献记载的城高"三丈七尺"基本一致。郭城在 1954 年和 1959 年进行了两次较大规模的勘查，实测周长为 27516 米，东垣墙和南垣墙较长，西垣墙相对较短，北墙连接宫城、皇城及诸隔城城墙最短。④

　　五代时期，后梁、后唐及后周时期对被战争破坏的洛阳城进行了部分修缮，但涉及面积较小，主要是唐宫城、皇城部分及一些重要的城阙、津梁、里坊等。⑤ 虽然北宋仍然以洛阳为陪都、为西京，但其政治地位远不如唐代。北宋洛阳城延续唐代的基本形制，又在五代时期营建的基础上进行修缮、扩建。北宋洛阳城营建主要在宋初的太祖时期和北宋末的徽宗时期。开宝八年（975）十月，宋太祖欲西幸洛阳，"遣庄宅使王仁珪、内供奉官李仁祚与知河南府焦继勋同修洛阳宫室"⑥。因太祖打算借巡幸之名迁都洛阳，故这次营建的规模较大，主要以洛阳宫城为主。徽宗政和元年（1111），为了朝谒诸陵，命有司修造西京大内，以京西都漕宋昇董其事。前后用时近六年，洛阳大内重修完毕，新创修廊屋四百四十余间，周回达到十六里，超过了唐代的十三里二百四十一步。除此之外，真宗、神

---

① 陈久恒：《隋唐东都城址的勘查和发掘》，《考古》1961 年第 3 期，第 129 页。
② 梁思成：《梁思成全集》第七卷，中国建筑工业出版社 2001 年版，第 47 页。
③ 陈久恒：《隋唐东都城址的勘查和发掘》，《考古》1961 年第 3 期，第 128 页。
④ 陈久恒：《隋唐东都城址的勘查和发掘》，《考古》1961 年第 3 期，第 127 页。
⑤ 周宝珠：《北宋时期的西京洛阳》，《史学月刊》2001 年第 4 期，第 110－111 页。
⑥〔南宋〕李焘撰，上海师范大学古籍整理研究所、华东师范大学古籍研究所点校：《续资治通鉴长编》卷 16，中华书局 1995 年版，第 384 页。

宗之时，也因朝谒诸陵或年久失修之故修葺西京大内的建筑。而京城（郭城、罗城）及城内诸坊则随着洛阳城的恢复而不断发展、完善。

对北宋时期洛阳城的相关记载主要集中于元《河南志》、《宋会要辑稿·方域》、《宋史·地理志》以及《洛阳名园记》《洛阳牡丹记》等杂记、小说资料。其中尤以元《河南志》记载最为明晰详尽。经过唐末五代的战乱，洛阳宫城的规模大为缩小，周回仅有"九里三百步"。而宋皇城比唐洛阳皇城略大，周回"十八里二百五十八步"①。元《河南志》记载"宋城阙古迹"以皇城为洛阳宫城之外夹城，四面有九座城门，城内东偏和西偏分布着太庙、尚书省、郊社、御史台等诸司。宋代洛阳皇城形制与唐代基本相同，即宫城位于皇城之内，宫城与皇城东西城墙之间形成东西夹城。不同之处在于，宋代洛阳皇城包括"隋唐宫城的东西夹城、玄武城以及皇城"，宫城完全嵌套于皇城之内，形成外夹城的形态，呈"回"字形，与开封内城、宫城的格局相似。也正因为如此，宋代洛阳皇城的面积要大于唐代。韩建华根据考古实测唐代皇城、宫城、玄武城的南北长度，比对北宋洛阳皇城的南北长度，推断北宋皇城与唐玄武城北墙重合。从考古发掘来看，唐玄武城北墙在北宋时被长期使用。②皇城以东，仍为东城，城内设置有洛阳监掌管监牧马匹。宋太祖时，洛阳监被称作飞龙院，太平兴国五年（980）改称为牧龙坊，景德四年（1007）称为洛阳监。其后，随着洛阳地区人口恢复、发展，人多地狭，农牧矛盾突出，洛阳监经历了多次的废弃与重置。

元《河南志》详细记载了北宋皇祐二年（1050）张奎知河南府事时，所命布列的京城120坊的具体名称，其中洛水南岸的88坊隶属于河南县，洛水北岸的32坊隶属于洛阳县。与前述唐代坊市相比，北宋皇祐时洛阳城南、北两市已取消，设置为里坊，再加之洛水北移及新筑里坊，宋代洛水南里坊数远多于唐代，而洛水以北在数量上仅比唐代多两坊。《太平寰宇记》"河南府"条下，记宋初河南县统有4乡50坊，洛阳县有3乡43坊，两县合有93坊。其数量少于宋中期的120坊，也少于唐代的103坊。这反映了唐末五代至宋初，洛阳郭城遭受战乱破坏的情况。而其后，随着城市

---

① 〔元〕脱脱等：《宋史》卷85《地理志一》，中华书局1977年版，第2103–2014页。
② 韩建华：《试论北宋西京洛阳宫城、皇城的布局及其演变》，《考古》2016年第11期，第116页。

的恢复，里坊数量有所增加，布局也更为合理。洛阳县统辖43坊，数量多于唐代洛水北岸的30坊，也多于皇祐二年洛阳县统辖的32坊。辛德勇根据隋唐时期墓志中关于隋唐河南县、洛阳县里坊记载，推断唐代后期洛阳县与河南县分东西而治洛阳城，两县分界线在洛水以南为长夏门东第三街，洛水以北为长夏门东第一街。以规整布局来计算，洛阳县在洛水以南统里坊18个，洛水以北统里坊25个，合计43个，与《太平寰宇记》所记相同。当然，这样的计算既不符合唐代后期洛阳县所统辖里坊数，也忽略了唐末至宋初洛阳里坊的动态变化。但是，从唐宋时期洛阳县统辖里坊的相关记载来看，宋初延续唐代后期洛阳县统辖范围的推断更符合历史实际。

二、城垣与城市安全防卫

学者们对中国古代城市起源有诸多的认识与观点。出于安全防卫的需要，保护人类群体或特定群体的安全，使其避免遭到洪水、战争等各种灾害侵袭，是城市产生的重要缘由之一，特别是修建有城墙的城市。"制地城郭，饬沟垒，以御寇固国"①，修建城垣的目的是加强城市的安全防卫功能。

生命延续是一切人类活动的前提与基础。安全防卫是保障人类、人类群体生命延续的根本问题之一。无论是非定居性聚落，还是定居性聚落，无论是相对分散的乡村聚落，还是相对集中的城市聚落，安全防卫都是人们首先需要考虑的问题。而且，与乡村聚落形态相比，城市的聚合性更强，人口、物资、财富等大量聚集于此，安全防卫更具有突出意义。

洛阳地处天下之中，是中国早期国家产生的核心区域之一，夏、商、周三代更居于此，四方辐辏，入贡道里均。邦与城，有着密切的联系。偃师二里头遗址是洛阳地区最早的大规模城市聚落。自1959年以来，考古工作者在二里头发掘了4万余平方米的遗址，"发现了大面积的夯土建筑基址群、宫城和作坊区的围垣"，以及道路、宫殿基址、青铜冶铸作坊、墓葬等。在二里头文化的第二期、第三期，已形成较为完善的、具有明确规划的都邑形态。都邑的核心区为多进院落大型宫殿群，已具有较为完备的宫城城垣。都邑中心区内也发现了封闭式的手工作坊区等。② 二里头都

---

① 〔西汉〕桓宽撰，王利器校注：《盐铁论校注》卷9《险固》，中华书局1992年版，第525页。
② 许宏：《二里头：中国早期国家形成中的一个关键点》，《中原文化研究》2015年第4期，第52–53、55页。

邑的城垣、围垣是对仰韶文化、龙山文化时期环壕、围垣等形制的进一步发展。如果说早期环壕、围垣等的主要功能是防御，那么，二里头都邑的城垣、围垣则不仅具有防御功能，还具备了区隔城邑功能区的作用。这一时期，形制相对完备、规整的城墙主要环绕在都邑的核心区。而在二里头都邑核心区以外的地区，除了手工作坊区外，没有发现城墙。二里头遗址仍然是一座单城墙的夏商城市遗址，而同期甚至更早期的中原地区及其他地区，均发现有多重城垣的现象。① 虽然城墙是城市防御的重要体现，但并不是城墙层数越多，安全防卫功能就一定会越完善，城市的安全防卫也与其所处的自然环境密切相关。如前所述，洛阳地区三面环山，二里头遗址又地处伊洛河夹河地带，本身的自然防御能力就比较强。单城墙的形制凸显了对城市特殊群体、特殊区域的安全防卫。

自先秦至唐宋时期，洛阳始终是国家的重要中心城市，且在相当长的时间作为都城或陪都，对区域乃至全国的吸附能力较强，大量的财富、物资和人员等汇聚于此，城市的安全防卫问题始终较为突出。作为都城或陪都时，宫城、皇城等是洛阳城的核心，具有最高的优先级，城市的其他部分直接或间接地服务于城市的核心。城市各个部分的功能也是围绕着宫城、皇城等核心展开的。城墙延续了二里头都邑的功能定位，首先是要保障城市核心的安全防卫需要，其次是具有城市功能区隔的作用。

西周初年，周公卜居洛邑，选择在涧水、瀍水与洛水三水围绕之地营建城邑。东周时期，天子式微，且战乱不断，王城的军事安全防御问题至关重要。最迟至战国早期，东周王城已修建了内外两层的城墙，内城考古发现面积较大的夯土建筑基址及大量建筑材料，为王城的宫城。西汉初年，汉高祖刘邦曾打算以洛阳为都，但遭到张良、娄敬等人的反对。洛阳为天下之中，军事安全防御的优势并不突出，但便于诸侯纳贡职，对四方的吸附作用比较强。因此，西周可凭借其优势地位营建洛邑，加强对全国的影响；而东周威势下降，影响力衰弱，王城虽修筑两层城墙，加强了安全防卫，但仍然无法避免亡国。西汉初年，局势不稳形势尚不如东周，洛阳四面受敌，不如关中有山河之险，四塞之固。刘邦遂定都于长安，而将洛阳作为关东重镇、经济中心。东汉初年，光武帝刘秀定都洛阳。选择以雒阳为都城有诸多原因，班固在《东都赋》中认为，立都雒阳是建武应

---

① 张国硕：《中原先秦城市防御文化研究》，社会科学文献出版社2014年版，第124页。

天顺人、彪炳王业的体现，国都的选择，在德不在险。但是，班固同时也强调了西汉初年与东汉初年形势的差异，东汉初年局势很快平定下来，实现至治，军事安全问题并不突出。但即便如此，东汉时仍然十分注重雒阳城城墙的营建，先后修缮、重建了雒阳南宫、北宫及城墙。南宫、北宫为东汉雒阳城的主体，面积较大，永安宫等其他小宫及太仓、武库、官署等散布于南、北二宫两侧，构成了东汉时期雒阳城的核心，有城垣为屏障。太学、辟雍、明堂、灵台等礼制建筑，里闾、市场及一些权贵的私家园林等分布在雒阳城外，主要靠洛水、伊水、谷水、瀍水、金谷水、千金渠、阳渠、漕渠等河渠构成屏障（见图六）。

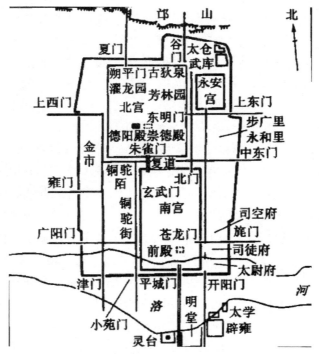

图六：东汉雒阳城南、北宫平面布局复原图①

东汉末年至隋统一全国，中国战乱纷起，城市的军事安全防卫问题极为突出，城市防御得到了空前发展。魏晋南北朝时期，洛阳城屡遭破坏，

---

① 钱国祥：《由阊阖门谈汉魏洛阳城宫城形制》，《考古》2003 年第 7 期，第 631 页。

又屡次重建，其城墙的安全防卫功能不断得到强化，城墙防御的空间也由城市核心扩展至郭城，基本上囊括了城市居民全体。

曹魏文帝、明帝先后在洛阳城城墙西北部修筑了百尺楼和金墉城，增强北垣的防御。特别是金墉城，地处汉魏洛阳城城址最为高亢之处，居高临下。自曹魏至北魏时期，金墉城不断得到增筑、加筑、扩建，最终形成现考古发掘所知的甲、乙、丙三城。考古工作者在金墉城三座小城的城墙出发现大量凸出的"墙垛"建筑，大致修筑于北魏时期的甲城、乙城保存"墙垛"较多，曹魏时期的丙城保存较少。1986年，中国社会科学院考古研究所汉魏故城工作队在对汉魏洛阳故城北城墙的一号马面进行勘测发掘。根据地层堆积及马面的夯土遗存，判断其"始建于魏晋，逮至北魏都洛，大约已有较严重的破损"，因此，北魏修建洛阳城时，对马面进行了重筑、加高、加宽。马面是传统城市城墙防御的重要组成部分。但从考古发掘及文献资料来看，魏晋南北朝以前马面主要修建于边塞地区的障塞等军事小城城墙，而中原地区并未见到实例。因此，可以说洛阳汉魏故城修建马面，"在内地历代都城中是最早的"，且较为完备的；甚至可以说，"在我国内地已知古城址中也是较早的实例。"①

曹魏时期，洛阳城形制发生重大变化。由东汉以前的多宫城制、双宫城制转变为单一宫城制。后世王朝都城宫城制度基本上都延续了曹魏洛阳城单一宫城形制。曹魏洛阳城由多宫城制转变为单一宫城制，是诸多因素影响的结果。从城市安全防卫角度来说，单一宫城制及相关的配套防御体系能够更好地保护都城核心群体——皇族。东汉双宫城制下，南、北两宫城占据了内城的主体。两宫城没有明显的主次分别，但从军事地位上讲，北宫东侧有太仓、武库，在政治斗争中优势更为明显。曹魏在北宫西北修建了百尺楼、金墉城，加强了北城垣的安全防卫，进一步提升了北宫的防御地位。除此之外，曹魏明帝在宫城北面修建了芳林园，在其中垒石作山、凿渠作湖，起景阳，开九谷八溪。芳林园虽然是一座皇家苑囿，但与东汉时主要散布于宫城不同，其横亘于宫城北面，形成一道屏障。原东汉南宫没有复建，曹魏洛阳城形成单一宫城制。段鹏琦认为，这种将单一宫城、禁苑集中于城市北部，并与其他城市功能区相区隔，是延续了曹魏邺

---

① 段鹏琦、杜玉生、肖淮雁等：《洛阳汉魏故城北垣一号马面的发掘》，《考古》1986年第8期，第729、730页。

城的城市形态，开启了新型城市布局模式。再加上金墉城、大城北垣等处的马面、阻断于宫城的大夏门大道，形成了一套完备的宫城北部防御体系。这种安全防卫模式被北魏洛阳城、隋唐洛阳城及北宋洛阳城所延续。

与东汉时期相比，魏晋洛阳城的宫城面积相对狭小，而洛阳城内的空余空间相对较大。除了市场之外，魏晋洛阳城内还开始出现了数量较多的具有一定规划布局的里坊。东汉时期，雒阳城内散布有一些里闾，但数量较少。徐松辑校元《河南志》征引《晋宫阁名》，录有西晋洛阳城中年和、右池等40里，录有城内外诸坊之显昌、肃成等23坊，里坊并称。《太平御览》引《晋宫阁名》，较元《河南志》多德官里、永安里、步广里、延嘉里、攸阳里，部分里名字形不同；少福昌坊、寿成坊、宣光坊、安乐坊、舍利坊、益寿坊、永寿坊、城祚坊、阳遂坊、恭职坊、繁昌坊、吉阳坊、肃成坊等12坊。① 其中《太平御览》所记的显昌坊、修成坊、桂芳坊等10坊，② 元《河南志》又记于宫内。在先秦时期，里闾就作为基层行政组织以及城市基层治理单位，"里，邑也"③，是一种城市聚落形态。以现存资料来看，"坊"作为城市基层组织形式，大致是在东汉后期以后。"坊"可解释为"防"，"在城市中周围有象隄防似的围墙围成一单位"④。因此，"坊"自产生，就具有非常突出的安全防卫意义，且与皇族有着紧密的联系。北魏定都洛阳，宣武帝景明二年（501）规划修筑洛阳城，历时40余日，成323坊。坊，成为洛阳城基本的组织形式和居民居住形式之一。

与此同时，北魏营建了规模宏大的郭墙，加强了对洛阳城的安全防卫。《洛阳伽蓝记》记载，洛阳郭城东西20里，南北15里，大致自城东的七里桥至城西的张方沟，"南临洛水，北达芒山"⑤。根据考古实测，北魏时期洛阳城外郭城的东垣、西垣和北垣均有部分残存，并未发现南垣痕迹。由于年代久远，且受人为活动及自然侵蚀影响较为严重，残存的城垣部分都是断断续续的，且多数在地面已无痕迹，仅在地表下4米左右能够

---

① 〔清〕徐松辑，高敏点校：《河南志》，中华书局1994年版，第77—78页。
② 〔北宋〕李昉等：《太平御览》卷157《州郡部三》，中华书局1960年影印版，第766页。
③ 〔晋〕郭璞注，〔北宋〕邢昺疏：《尔雅注疏》卷3《释言二》，中华书局1980年影印版，第2583页。
④ 朱玲玲：《坊里的起源及其演变初探》，《郑州大学学报（哲学社会科学版）》1986年第2期，第61页。
⑤ 〔北魏〕杨衒之撰，周祖谟校释：《洛阳伽蓝记校释》卷4，中华书局2010年版，第163页。

发现夯土痕迹。从地表留存的少量城垣遗迹及地下钻探勘查所得可知，北魏洛阳外郭城城垣墙体最宽达到 13 米，多数残存宽度也有 7 米左右。①这一宽度接近了唐宋时期洛阳城宫城城垣的墙体宽度，安全防卫作用非常突出。而且，在郭城城垣外围还有挖掘的或利用天然水体的护城壕沟，与城垣、城门等共同构成外郭城的防御体系（见图七）。

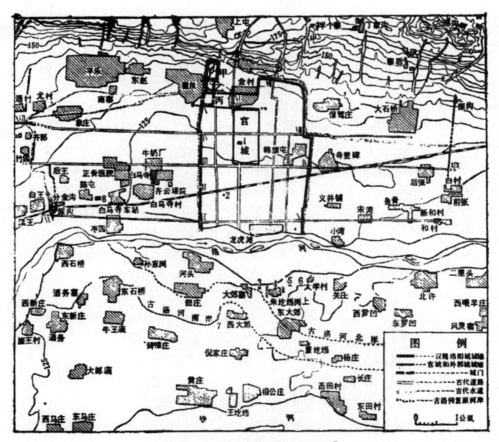

图七：北魏洛阳城遗址及地形图②

---

① 杜玉生、肖淮雁、钱国祥：《北魏洛阳外廓城和水道的勘查》，《考古》1993 年第 7 期，第 603-604 页。

② 杜玉生、肖淮雁、钱国祥：《北魏洛阳外廓城和水道的勘查》，《考古》1993 年第 7 期，第 602 页。

第五章 自然环境与城市社会的生态空间互动

北魏洛阳城的使用时间较短。孝庄帝建义元年（528）河阴之变后洛阳地位大幅下降；永熙四年（534）孝武帝放弃洛阳，西逃长安，北魏分为东魏、西魏，洛阳也不再为都。此时，距宣武帝重新规划建设洛阳城尚不足40年；距孝文帝迁都洛阳，也不过刚刚40年。此后，洛阳成为东西两政权争夺的对象与主要战场，受到极大破坏。但是，北魏洛阳城的城市形制，特别是由宫城、内城、郭城城垣以及护城壕、天然水体、人工沟渠等共同构成的安全防卫体系，对后世城市规划建设具有重要影响。如前所述，隋唐以至北宋时期，洛阳城延续、发展了北魏时期的城市形制。

隋迁都洛阳，放弃了已经沦为丘墟的北魏洛阳城，选择在其西18里的西周王城旧址附近营建新城。新城的规划、布局、建设充分考虑了安全防卫问题，在军事防御方面借鉴了北魏洛阳城的形制。宫城依然是城市最核心的区域，围绕宫城布局洛阳城的安全防卫体系。

首先，宫城的选址依然是着重考虑利用自然环境。北魏宫城位于洛阳城北部，既有居于北辰之所而众星拱卫的含义，体现了"尊者居中"，强化了中央集权；同时也能够充分利用地形、地势的有利条件，加强宫城的安全防卫。与北魏洛阳城相似，隋唐洛阳宫城背依邙山，南对伊阙，洛水贯都，有河汉之象；而宫城如"北辰藩卫"号为紫微城；皇城在宫城以南，"曲折以象南宫垣"，号为太微城。① 将洛阳城的规划、布局上应于天象，增强了其政治统治的象征意义。另一方面，坐落于洛阳城西北部高亢之处，北据邙山，南临洛水，左瀍右谷，充分利用了伊洛河盆地西部的地理环境，增强宫城的安全防卫（见图八）。

其次，隋唐洛阳城宫城周围有众多小城围绕，形成了一个严密的防御体系。这是承继、发展了北魏洛阳城的防御布局体系。宫城位居整个洛阳城北部，虽然有邙山作为依靠，但北城垣依然是防卫的重点。隋时，在宫城北部规划、营建了玄武城、曜仪城和圆璧城三重隔城；唐代在宫城北部营建陶光园，陶光园的作用实质上仍然是一重隔城，因此唐代宫城以北有隔城四重；宫城东部有东隔城、东夹城，西有西隔城、西夹城，形成东西各二重的形制；东夹城以东又有东城，东城以北为含嘉城，以南延展至皇城东部；宫城以南有皇城围绕，皇城隔洛水与郭城相望。层层重叠之下，

---

① 〔北宋〕欧阳修、宋祁：《新唐书》卷38《地理志二》，中华书局1975年版，第982页。

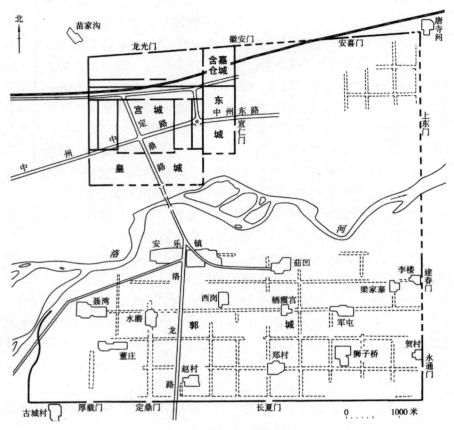

图八：隋唐洛阳城实测图①

宫城被充分保卫。与北魏洛阳宫城相比，隋唐洛阳城宫城的隔城防御体系更加成熟、更加完善、更加成体系，安全防卫也更加严密。

再次，禁苑面积广阔，形成洛阳宫城的防御纵深。汉魏时期，洛阳城内外设置了一些苑囿。这些苑囿除了是重要的礼制场所，具有游览、观赏功能外，还具有一定的安全防卫功能，特别是魏晋、北魏时期洛阳宫城北面的华林苑。隋炀帝下诏营建洛阳城时，规划、建造了面积广阔的禁苑，其规模远远大于汉魏时期洛阳城的苑囿。禁苑位于隋唐洛阳城西面，包括

---

① 中国社会科学院考古研究所编著：《隋唐洛阳城：1959—2001 年考古发掘报告》，文物出版社 2014 年版，第 5 页。

第五章 自然环境与城市社会的生态空间互动

邙山、非山等嵩山山脉分支以及谷水、洛水等,形成了广阔的城市防御纵深。隋末唐初、唐安史之乱以及唐末五代时期,各势力转战于禁苑之中。

隋唐洛阳城同样延续了北魏洛阳城规划、建造郭城城垣的制度。但与北魏洛阳城不同,隋唐洛阳城里坊区主要分布在洛水以南,且城市安全防卫的重心并不在郭城里坊,因此初建时城垣较为低矮,"无外城,仅有短垣而已"。长寿元年(692),武后令李德昭等重修洛阳城时,增筑了较为高大的城垣。① 自 1959 年起,考古工作者对洛阳城郭城进行了大量的考古发掘,主要勘查了南墙、东墙、西墙以及西墙外的夯筑护堤等。从考古发掘及相关资料可知,洛阳外郭城城垣自隋唐时期一直沿用至北宋,"前后经历过三次大规模修建",后世在前代基础上修葺、增筑。隋及唐代早期洛阳郭城南城垣仅存墙基,东城垣和西城垣还残存有部分墙体,墙宽在 1.5~2.5 米;唐代晚期,东西城垣的宽度在 3~3.5 米之间,② 与北魏时期洛阳郭城墙垣 7~13 米的宽度相比,相差甚多。安史之乱后,洛阳的政治地位下降,帝王不再巡幸,城市原本的核心丧失,安全防卫问题的重要性大幅下降。除了宗庙、宫殿及部分官署外,洛阳城城墙未再进行大规模修缮,特别是外郭城墙。

后梁、后唐时,以洛阳为都,宫城再次成为城市最为重要的核心区域,安全防卫的重要性再次凸显。河南尹张全义在重建洛阳城时,一方面修整了宫城、皇城内的部分宫殿建筑、城门等;另一方面因应军事防御需要,缩小郭城范围,在坊市内筑垒为城以自固。后晋、后汉、后周不再以洛阳为都城,再次改为陪都。虽然洛阳的政治地位有所下降,但军事战略地位仍然非常重要。后周显德元年(954)正月,太祖驾崩。北汉联合契丹南下,进逼潞州、河阳,威胁洛阳。世宗即位后,率兵亲征北汉、契丹,"以洛阳城头缺",令河南尹、西京留守武行德修葺郭城,③ 但仓促间修葺营建,"甚庳陋"④。

北宋延续后周之制,定都大梁,以洛阳为西京。北宋初期和末期,太祖、徽宗曾打算迁都于洛阳,但并未成行。洛阳虽然不是国都,却是山陵

---

① 〔北宋〕司马光:《资治通鉴》卷 205,中华书局 1956 年版,第 6478–6479 页。
② 中国社会科学院考古研究所编著:《隋唐洛阳城:1959—2001 年考古发掘报告》,文物出版社 2014 年版,第 37 页。
③ 〔元〕脱脱等:《宋史》卷 252《武行德传》,中华书局 1977 年版,第 8856 页。
④ 〔清〕徐松辑,高敏点校:《河南志》,中华书局 1994 年版,第 1 页。

所在。因此，洛阳大内依然是城市的重要核心之一。如前所述，北宋时期帝王朝谒诸陵时，往往会修缮宫殿、宫城城垣、城门等，以完善城市核心区域的安全防卫能力。北宋时期，地处平原地区的都城开封采用三重城的形制，自内而外依次为宫城、里城和外城，每个城的四周均有护城壕围绕，形成较为完备的城市军事防御体系。都城形制对地方城市有较大影响，北宋洛阳城同样是三重结构，自内而外依次为大内、皇城和罗城。

北宋洛阳大内四周依然被隋唐时期延续下来的隔城、皇城等拱卫，但又有一些与隋唐时期不同的新变化。如前所述，大内嵌套于皇城之中，隋唐洛阳宫城的东西隔城以及宫城以北的玄武城成为北宋皇城的一部分。隋唐时期，宫城北面防御体系除玄武城外，还有曜仪城和圆璧城。据现有考古发掘材料及相关史料来看，北宋时期这两座小城的作用并不突出，虽然城址中发现有宋代遗物，但尚未发现宋代夯土城垣遗迹。且从圆璧城南门的堆积情况来看，北宋时期城门已废弃不用，路土叠压在唐代墩台夯土之上。① 作为北宋洛阳皇城的北面城垣，隋唐时期的玄武城北城垣至北宋晚期已增筑至 16 米宽，军事防御得到增强。此外，北宋时期沿用隋唐时期洛阳宫城周围水系，形成护城壕体系。隋唐时期洛阳东城外自含嘉仓城引谷水南流入于新潭，即泄城渠。北宋时期，泄城渠已干涸，被改作东城东的护城壕。② 考古发掘发现在北宋玄武城南墙北侧、西夹城有水渠遗迹，这与文献记载是基本符合的。这些水渠一方面为宫城提供了水源，另一方面也发挥了护城壕的作用。而皇城南临洛水，犹如天堑，是一道天然的护城壕。

后周修葺郭城后，至北宋景祐元年（1034），王曾以同中书门下平章事判河南府，再次加筑罗城。从考古发掘来看，自唐代晚期至北宋时期，洛阳罗城城垣不断加宽。以定鼎门遗址东西两侧近 150 米左右的郭城南垣为例，"盛唐时期郭城南垣墙体部分底宽 3.1 米、上口残宽 1.1 米"，唐宋之际补筑后墙体底宽达到 5 米，上口达到 4.7 米，北宋时期其底宽更是达到了 8 米左右。除此之外，考古工作者在定鼎门和郭城南垣南侧发现有北宋时期的淤土沟，距离南垣南沿 4～14 米，底宽在 1.5～4.5 米之间，

---

① 中国社会科学院考古研究所编著：《隋唐洛阳城：1959—2001 年考古发掘报告》，文物出版社 2014 年版，第 927 页。

② 陈良伟、石自社、韩建华：《北宋西京洛阳监护城壕的发掘》，《考古》2004 年第 1 期，第 65 页。

第五章　自然环境与城市社会的生态空间互动

口宽 2.25～7.4 米, 深 2～3.35 米, 向东西两侧延伸, 超出探方。① 根据现有材料, 尚不能判定其为护城壕或自然河道, 但其至少对北宋定鼎门、郭城南垣有一定的军事防卫作用。在郭城东垣东南角、永通门以南同样发现有唐代晚期及北宋时期的水渠, 上口宽度 8.5～9.5 米, 深度 1.5～1.7 米。唐宋时期洛阳城西侧临近洛水, 临近洛水, 在皇城、上阳宫南有月陂等护堤, 而考古工作者在郭城西南角城垣外侧发现有夯筑护堤, 护堤以外有大量的洛河冲积层。② 该护堤的勘探夯土层从唐代早期延续至北宋时期。唐宋时期, 特别是北宋时期, 洛阳城利用洛水、伊水、瀍水、谷水等天然河流以及一些人工渠道, 增强宫城、皇城和外郭城的安全防卫。但, 洛水、伊水、谷水等河流水量较大、流速较快, 唐宋洛阳城又正好处于其下游冲积扇的顶点, 河流既提供了自然的防御, 也带来了生命的威胁。起始规划、建造洛阳城时, 宇文恺、杨素等就充分考虑了这一问题, 但自隋至北宋时期, 各条河流洪水对洛阳城的威胁依然是较为严重的。

从整体上来说, 隋唐洛阳城在选址营建之初, 最主要考虑的是军事防御问题。魏晋洛阳城一改东汉以前的多宫城制为单一宫城制。宫城处于全城的北部居中位置, 市场、官署、里坊等分布于宫城阊阖门至内城宣阳门的城市中轴线两侧, 圜丘、明堂、灵台、辟雍等礼制建筑延续东汉旧制。隋初, 文帝放弃湫敝日久、狭小阻滞的汉长安城, 在龙首原东南建造了规模宏大的大兴城。大兴城同样是由宇文恺等负责规划的, 宫城、皇城置于全城北部居中, 依照《考工记》的记载, 郭城内街道经纬布局, 以宫城承天门、皇城朱雀门和郭城明德门一线为中轴, 两侧分布里坊、东西市等, 形成了成熟的中轴线布局模式。但是, 隋炀帝时规划、建造的洛阳城, 其城市轴线却并不在城市空间的对称中心上, 而是偏于城市西部。也就是说, 隋唐、北宋时期的洛阳城既不同于北魏洛阳城, 也不同于隋唐长安城, 城市空间布局并不是完全意义上的中轴对称形制。对此, 学者们有不同的认识与观点。如宿白先生提出的"下京城一等"说, 贺业钜的"禁苑平衡"说, 董鉴泓、李永强等的洛阳城"未建成"说, 俞伟超、石

---

① 陈良伟、李永强、石自社等:《定鼎门遗址发掘报告》,《考古学报》2004 年第 1 期, 第 112 页。

② 中国社会科学院考古研究所编著:《隋唐洛阳城: 1959—2001 年考古发掘报告》, 文物出版社 2014 年版, 第 34 页。

自社的"地理条件制约"说等。① 李久昌认为,隋唐洛阳城同样是有轴线的——自宫城、皇城正南直对伊阙。隋唐洛阳城的"中轴线布局,受到长安的很大影响,同时,也颇具有自身的特点",是自然地理特征、城市规划与政治文化相结合的产物。② 李孝聪认为,隋唐洛阳城的宫城、皇城偏居于城市西北部,城市中轴线也不是正南正北方向,而是偏向西北的。造成这一问题的原因是,隋唐洛阳城是依托于北周洛阳宫建设的,北周洛阳宫的选址决定了隋唐洛阳城的形制。③ 笔者比较赞同李孝聪的推论,但是认为北周宣帝放弃北魏洛阳城,而另选址营建洛阳宫,主要是出于军事防御的考虑。

西周初年,周公在瀍、涧之间选址营建洛邑。洛邑是西周镇守东方的重要基地与桥头堡,军事价值十分突出。北周营建洛阳宫时,北魏洛阳城经战乱,城阙成墟;且"北瞻河内,咫尺非遥",北齐初定,洛阳可作为经营东方的重镇,军事防御要求较高,于是改在汉魏旧都以西的周王城附近营建洛阳宫。④ 隋炀帝营建东都时,以北周洛阳宫为基础,仍然考虑以洛阳为基地,镇抚、经营关东地区。因此,北周洛阳宫在营建之初并非作为都城来使用,而是作为军事堡垒,城市安全防卫重于其他。隋炀帝继承、发展了北周洛阳宫形制,同时充分借鉴北魏洛阳城的安全防卫体系,构建了以宫城为核心的城市规划格局。唐宋时期,延续了隋洛阳城的基本形制,洛阳既是王朝的都城、陪都,又是具有突出军事意义的重镇。

三、墙垣与城市社会区隔

中国传统城市的城垣、墙垣既起到了安全防卫的作用,同时也区隔了墙内外的不同人群。在相对和平的时期,城墙最主要的作用还是将城市最核心群体与其他群体区隔开来,将城市核心区域与城市附属区域、城市腹地区隔开来。

"城市社会区隔是城市生态的一个客观存在",是卢曼(Niklas Luh-

---

① 石自社:《隋唐东都形制布局特点分析》,《考古》2009年第10期,第78—80页。
② 李久昌:《国家、空间与社会——古代洛阳都城空间演变研究》,三秦出版社2007年版,第312页。
③ 李孝聪:《唐代城市的形态与地域结构——以坊市制的演变为线索》,李孝聪主编:《唐代地域结构与运作空间》,上海辞书出版社2003年版,第264页。
④ 〔唐〕令狐德棻等:《周书》卷7《宣帝纪》,中华书局1971年版,第118页。

mann）关于社会分化的最简单、最基础的原则。① 唐宋时期，洛阳城宫城、皇城、郭城城垣以及城内坊市垣墙对城市人群起到了空间上的分割作用，也由此形成了城市的基本功能区划。成一农认为，以往学界关于中国古代城市城垣功能的研究主要集中在战争防御、防洪抗灾、宗教避邪等方面，而城墙还有另外一种功能，"即分割城市不同身份居民"，也就是社会区隔的功能。② 列斐伏尔《空间：社会产物与使用价值》一文在论述资本主义空间功能时，提出"空间已经成为国家最重要的政治工具"，国家利用空间对各地方、各层级以及各部分进行区隔。③ 这一论述有助于认识、分析、理解唐宋时期洛阳城各墙垣的社会区隔作用。城市墙垣既是区隔不同社会群体的有形界限，也是城市政治统治、社会治理的重要载体。

唐宋时期洛阳城宫城、皇城的城垣宽度、高度都要大于外郭城城垣，这既是为了增强城市核心群体的安全防卫保障，也凸显了政治地位的崇高，扩大了与城市其他群体的区隔程度。唐宋洛阳城的社会区隔是历史发展的结果。先秦时期，洛阳地区的主要都城城邑普遍是有城垣将外部空间相区隔的，但无论是二里头都城、偃师商城，还是周王城、成周城等都没有规模较大的外城。也就是说，城垣防卫的主要是君王、部分贵族等城市的核心群体，将其与其他群体相区隔，而其他群体之间的区隔则并不明显。而自西周末期开始，城邑周围乡村地区的基层单位——里，开始出现墙垣和闾门。宫城以外的区域开始产生一些相对封闭的区隔空间。西汉时期，乡、聚等是区别于城的乡村聚落形态。宫崎市定考察了汉代及以前的邑、国、乡、亭、村等聚落形态，从"都市国家"的角度提出，基层聚落形态多是有城郭环绕的，而多数农民是被吸纳在这些小城之中的。④ 从考古发掘来看，西汉时期边地的一些基层单位往往是具有城郭的，而洛阳地区的里、乡、聚等基层单位往往是没有城郭的，但有一些围墙、壕沟等防御措施。这些防御措施在一定程度上也起到了分隔内外的作用。东汉时期，雒阳成为都城，文献资料相对丰富，为我们了解城市社会区隔提供了

---

① 张鸿雁：《侵入与接替——城市社会结构变迁新论》，东南大学出版社2000年版，第58页。
② 成一农：《古代城市形态研究方法新探》，社会科学文献出版社2009年版，第165页。
③ ［法］亨利·列斐伏尔：《空间：社会产物与使用价值》，包亚明主编：《现代性与空间的生产》，上海教育出版社2003年版，第50页。
④ ［日］宫崎市定著，张学锋、马云超、石洋译：《中国聚落形态的变迁》，上海古籍出版社2018年版，第19页。

较好的条件。东汉雒阳城以西周、东周、秦旧城为基础,南北二宫是城市的主体,同时又是相对独立的空间单元。两宫与城市其他部分相隔,而两者之间又有复道相连。西汉时期闾里已是城市的基层组成部分之一,此时在两宫周围散布着众多的闾里。《续汉书·百官志》有"里魁"一职,掌管一里百家之民,负责教化善恶及治安诸事。东汉时期,闾里是政治统治、社会治理的基本单位。学界对东汉雒阳城的闾里是否具有墙垣、里门尚有不同意见。从考古发掘来说,尚未见到有墙垣或里门的遗迹,当然与先秦、西汉时期类似,东汉雒阳城闾里的墙垣形制较为简单。从文献记载来看,东汉时期的一些闾里是具有墙垣和里门的。如《后汉书·刘平传》记载,汝南薛包丧母后,"父娶后妻而憎包,分出之",无奈之下只能"庐于里门"①。毕汉斯认为,东汉雒阳的里是具有外墙的,郭城也是有墙围起来的,而郭城城垣就是"由各个'里'的外墙联结起来的"②。不同的城市社会群体已有了一定的社会区隔与功能分区。陆机《洛阳记》中记载东汉雒阳有三市,金市、马市、南市。据薛瑞泽等人研究,雒阳还有粟市、西市等。③ 这些市场分布在雒阳城的西面、东面和南面。相对独立而聚集的市场一方面为城市居民的生产、生活提供了必需品,另一方面也是城市社会治理功能化的表现。此外,从一些文献记载中,我们可以看出,东汉时期不同城市居民有分区聚居的现象。如南许里是种植、贩卖蔬菜等相对贫寒的居民聚居之处,而官员、贵族多居住在临近南北二宫诸里之中。曹魏时期,两宫制改为单一宫城制,闾里数量有较大增加。城市社会区隔现象仍然十分明显,官僚、贵族等仍然聚集在宫城附近,例如自东汉时期就已形成的津门以内区域,城市贫民则聚集在城东白社里等处。

北魏洛阳城是经过规划而建造的,且修筑了规模宏大的外郭城垣。因此,城市的功能分区是人为设定的,强化了政治统治与社会治理。都洛之初,韩显宗上言,洛阳城多有空地,宜"分别工伎",而不令杂居群处。这种城市社会区隔的理念,在《管子》中就有所体现,即所谓"四民异

---

① 〔南朝·宋〕范晔撰,〔唐〕李贤等注:《后汉书》卷39《刘平传》,中华书局1965年版,第1294页。
② 张继海:《汉代城市社会》,社会科学文献出版社2006年版,第48页。
③ 薛瑞泽:《汉唐间河洛地区经济研究》,陕西人民出版社2001年版,第307页。

居"①，"凡仕者近公，不仕与耕者近门，工贾近市"②。孝文帝对韩显宗的谏言表示赞赏，"四民异居"也是北魏洛阳规划、建设的指导原则。北魏洛阳城依然是单一宫城，宫城是全城的核心，居于全城的北部中央的位置，有城垣将其与城市其他区域分隔开来。内城环绕宫城，与皇帝、皇族密切相关的各中央衙署等被安排在城内铜驼街两侧，改变了此前官署与里市杂处的状况。礼制区延续了东汉、曹魏旧制，分布在城外洛水以南。与东汉、魏晋时期相比，北魏时期洛阳城的里坊数大幅度增加，且有规律地分布在内城东西两侧和南面。规划建设的220个里坊为城市居民所居住。里坊区的规划、布局充分体现了"四民异居"的理念，而且各个里坊具有完备的墙垣、坊门等设施，有基层管理机构和人员。除了少数贵戚、高官居住在内城外，也有相当一部分的皇族宗室、官员居住在郭城内的里坊区。韩显宗在谏言中还提到，洛阳居民居住布局，有"以官位相从"的原则。他认为，官员官位时常会有升降变化，结果可能出现"清浊连甍"、衣冠、皂隶混居。从《洛阳伽蓝记》所记载的一些贵族、官员居住情况来看，"官位相从"的原则在一定程度上是执行了。宗室聚居于郭城西部的寿丘里；内城外官员聚居于城东的东安里、孝义里等处，临近任职的衙署。

北魏洛阳城延续了东汉以来的部分市的布局，内城里有金市等，同时又规划、安排了新的市。在一些市的周围，规划建造与手工生产、商业贸易相关的里坊，供工伎、商贾等居住，即所谓"工贾近市"。这些里坊以居者从事的工商业活动命名，如殖货、通商、治觞、奉终、调音等，具有非常突出的功能定位与社会区隔，虽便于社会治理，却有失灵活。北魏在洛阳城南的洛水南岸设置了归正、归德、慕化、慕义等四里，安置归降而来的其他政权之人。这些里坊与洛阳城以洛水为限，同城市其他群体区隔开来。

北魏洛阳城虽然仅仅存在了不到五十年时间，却达到了中国传统城市社会区隔的一个新高度。从规划、设计、建造之初，北魏洛阳城就将传统城市社会区隔的理念发挥到极致。"四民异居""官位相从""里仁之美"等是城市空间布局所遵循的基本原则。士、农、工、商等不同城市群体分处于城市的不同区域，甚至依据社会地位、职业特征等进行更为详细的规划。这样的社会区隔有利于加强城市政治统治和社会治理。为了更好地贯

---

① 〔北宋〕司马光：《资治通鉴》卷139，中华书局1956年版，第4350页。
② 黎翔凤撰，梁运华整理：《管子校注》卷7《大匡》，中华书局2004年版，第368页。

彻这些社会区隔理念，北魏洛阳城除了宫城、内城之外，各个坊市也都修筑了墙垣、坊门、市门，并且将里正纳入勋品，加强管理。相对严格的规划布局，有形的里坊、市场界限，无形中加深了城市居民的空间认知与心理区隔。宫城、内城以及各个坊市内的城市人群有着不同的自我定位与文化归属。有形的界限与无形的界限共同作用下，北魏洛阳城社会治理效能与此前相比有了极大提高。里坊区又有郭城城垣围绕，使洛阳城与周围区域明确地区分开来。北魏以前相对模糊的城乡界限清晰了起来。北魏以后，洛阳城的核心区域基本上能够以郭城城墙来界定，郭城以内居住的城市居民是洛阳环境的核心。

北魏洛阳城的空间规划、社会区隔特点被隋唐及北宋洛阳城继承和发展。隋唐洛阳城，虽然没有像北魏洛阳城那样以围绕宫城、内城，以铜驼街为中轴，规整而对称地规划、布局坊市，却延续了北魏洛阳城城市规划的基本理念。隋唐洛阳城延续、发展了北魏洛阳城"四民异居"的理念。宫城仍然是全城的核心，皇族居住其中，且是皇帝处理政务之地。宫城以南环绕着皇城，皇城内安排了与中央政权事务相关的各个衙署。皇城西南有上阳宫、西上阳宫，既是皇帝、皇后等闲居所在，也是处理政务之处。皇城东侧的东城内同样为中央官署区。类似于北魏洛阳城内城的皇城不再安排里坊，皇族宗室、中央要员已不再居住在皇城之中。这样的布局，一方面进一步增强了宫城的安全防卫；另一方面也进一步提高了宫城、皇城、东城等洛阳核心区域人群的单一度，则增大了核心区域人群与城市其他人群的区隔度。开元二十四年（736）以后，唐朝帝王不再临幸洛阳，宫城内主要是宦官、宫女等人群，以备帝王临幸之需；皇城、东城的衙署则是分司机构、官员处理政务所在。

与北魏洛阳城不同，隋唐洛阳城对贵族、官员等居住地没有做出明确的规定与安排。但"仕者近公"，官员们一般选择居住在距离皇城、东城较近或距离衙署较近的里坊。妹尾达彦较系统地考察了隋唐至北宋时期洛阳城的皇室宗族、官员等的居住空间及其变迁问题。李久昌《国家、空间与社会——古代洛阳都城空间演变研究》主要依据近年来出土墓志中，关于洛阳居人的记载，补充了妹尾达彦的相关研究。从考古发掘、文献记载、新出土墓志等材料以及两位学者的系统梳理来看，隋唐时期洛阳城的官员主要居住在洛水以北的东城宣仁门至郭城上东门一线大街两侧，以及靠近东城宣仁门的诸坊；洛水以南则主要居住在城市轴线——定鼎门大街两侧，特别是靠近皇城的诸坊。无论是妹尾达彦还是李久昌,以及新统计的相关墓志数量,与整个隋唐时期洛阳城居住官员数量相比都是较少的,这就难免会影响到统计的合理性与代表性。此外,从时间分布上可以看出,高宗至玄宗时期的墓志记载相对较多,而其他时期相对较少。自唐代中期以后,一些闲散、优待、恬退、罢黜的官员被安排在洛阳,形成了较为成熟的分司制度,且延续至北宋时期。分司官员人数虽然不多,却是唐宋洛阳城的特殊群体,对洛阳城的政治、文化、经济功能有着重要的影响。唐宋洛阳城的政治作用大于经济、文化作用,可以说,城市官员群体,特别是分司官员群体在唐代中期以后至北宋时期,是洛阳城重要的核心群体。从分布空间上说,这一时期官员群体主要居住在洛河以南郭城的东南部。

隋唐洛阳城同样反映出"分别工伎""工贾近市"的特征。隋炀帝营建洛阳之初,迁徙大量人口实都。全国各地的一些乐户、艺户、有道术士等被安置在洛水以南,紧邻洛水的里坊中,并与其他里坊相区隔。而在唐代时期,也存在着商贾聚居于南市、北市附近的情况。李久昌统计唐初及高宗后期至玄宗时期,临近于北市、南市附近里坊居住人群墓志情况,认为胡人居住在这一区域的比例高于其他区域,具有聚居的特征。除了胡人之外,南市、北市附近同样也是全城居住比例较高的地区。这反映出,隋唐洛阳城不同于北魏洛阳城相对严格的城市规划、社会区隔,具有一定的灵活性。城市一般居民的融合度相对较高,社会区隔相对较小。对此,一方面要看到,隋唐时期洛阳城市社会区隔只是相对较小,城市人群远未达到有机融合的程度;另一方面,隋唐时期的坊市治理依然十分严格,坊市形制依然规整、严密。

隋唐洛阳城里坊形制延续了北魏洛阳城和隋大兴城之制(见图九),"每坊纵横三百步,开东西二门"①,坊内开有十字街。唐代文献中多次出现有"十字街""十字街东""十字街西"等记载,说明东都洛阳里坊内的十字街是一种规范的形制。十字街的形制也从考古发掘中得到印证。1960年至1965年,中国科学院考古研究所洛阳工作队在对明教坊进行勘查时发现,该坊中部有十字交叉的街道,街道宽度大约14米,并且向四面通往坊外大街。② 也就是说,明教坊的坊门并非只有东西向的二门,而

---

① 〔后晋〕刘昫等:《旧唐书》卷38《地理志一》,中华书局1975年版,第1421页。
② 陈久恒:《"隋唐东都城址的勘查和发掘"续记》,《考古》1978年第6期,第371页。

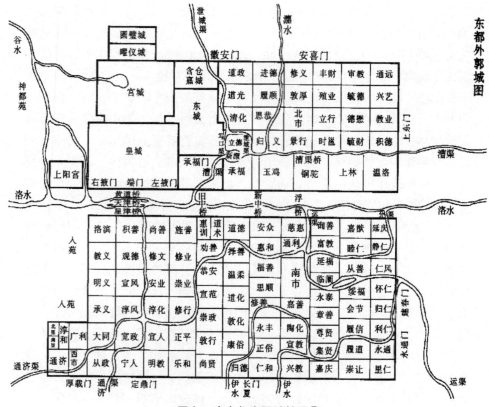

图九：唐东都洛阳城坊图①

是四面的四门。坊内被十字街划分为四个区域，也就是文献中提到的十字街东、十字街西道北等表述。从明教坊的考古发掘还能够看出，在遗址的南部、西南部有坊墙墙基遗迹，系夯筑而成，残宽在 1.4～2 米之间，形制较宽。从残宽比例来看，坊墙高度不会太高。唐长安城坊墙的高度接近 9 米，但就明教坊来看，高度不会超过 2 米。卢俌《对筑墙判》中曾提到，洛阳里坊墙垣不能超过人肩，大致是符合宽高比例的。洛阳里坊坊墙的主要功能并不是军事安全防卫，但能够较好地起到"防奸猾""相禁约"的社会治理功能，也能够很好地将里坊内外进行区隔。有学者提出，唐代长安城里坊多呈长方形，而隋唐洛阳城里坊的规模较小，形制多呈正方形，

---

① 〔清〕徐松撰，李健超增订：《增订唐两京城坊考（修订版）》，三秦出版社 2006 年版，第 23 页。

第五章　自然环境与城市社会的生态空间互动　125

也就是《旧唐书·地理志》《两京新记》所说的"东南西北各广三百步"。宿白先生在《隋唐长安城和洛阳城》一文中提出，隋唐洛阳城的这一形制是继承、发展了北魏故都，同时也是强化"对里坊居民的控制"①。

　　学界普遍接受日本学者加藤繁所提出的"传统封闭坊制崩溃"说，唐宋之际中国传统城市的一大变革是坊市墙垣的打破，对坊市制的突破。如前所述，宋代大内、皇城、东城的形制基本上延续了隋唐旧制，皇城在整体上包围宫城，恢复到北魏时期宫城与内城之间的关系。而在坊市形制上，则与隋唐洛阳城差别不大（见图十）。里坊对于中国传统城市来说，主要是一种社会治理模式、社会区隔方式。因此，唐代晚期至北宋时期，随着基层社会管理制度的变化，坊市出现了相应的变革。虽然从形制上来说，北宋洛阳城依然有大量的里坊，但管理方式已经发生了新的变化。

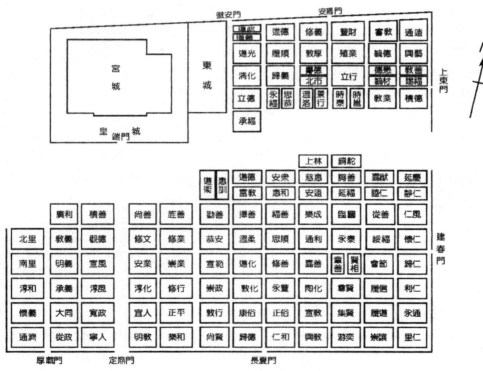

图十：北宋洛阳城城坊图②

---

①　宿白：《隋唐长安城和洛阳城》，《考古》1978 年第 6 期，第 421 页。
②　辛德勇：《隋唐两京丛考》，三秦出版社 1991 年版，第 217 页。

隋唐时期，里有里正、坊有坊正，其主要职责均是"以司督察""督察奸非"，而主要设置于乡村的里正主要掌管"课植农桑""催驱赋役"等职责。北宋时期，城市中的坊正的主要职责不再是治安管理，而是主课税和差发夫役。但并不是说，察奸止盗的治安职责不再履行，而是相对来说不那么重要。隋唐洛阳城的坊垣高度远不如长安，其并非国家的主要都城，政治地位、作用不如长安，社会治理、里坊封闭度的要求没有那么高。至北宋时期，相对低矮的坊垣其象征意义大于实际作用。

自东汉时期开始，洛阳城就规划、布局有规模较大的市场。北魏时期更是在内城、郭城的主要区域布局了较多的市场。隋唐时期，洛阳城主要的市场有南市、北市和西市，西市存在的时间较短。但是，无论在东汉、魏晋、北魏还是隋唐时期，在城市内外均有一些临时或小规模的商业贸易活动，特别是北魏和隋唐时期更加强了对市场的规划和管理。随着城市人口规模的不断扩大，对各种生存物资、生活物资、生产物资的需求也不断增加。集中的、规划式的、固定的市场模式难以满足经济发展的需要，难以适应社会发展的需求。与北魏时期相比，市周围里坊居住的人群已不再是与工商业活动相关者，包括一些城市平民甚至一些官员都选择居住在南市、北市附近的里坊。这打破了北魏的社会区隔模式，产生了一种新的融合。北宋时期，这样的趋势进一步发展。虽然洛阳城坊依然存在，且在数量上与唐代不相上下，但坊的功能已不再是单一化的区分居住，还有了经济功能。经济功能的加入，使里坊内的社会区隔度大为降低，自先秦时期形成的城市居民社会区隔理念发生了新的变化。

第二节 唐宋洛阳城居民的生存维持空间

唐宋时期，洛阳城已经有了规制相对完备的多层城墙，而在城市内部也由坊墙、市墙等区隔出不同的功能区间。虽然在郭城内也存在一些非城市功能区，特别是在安史之乱至北宋初年的相当一段时间，面积广阔的郭城内存在有一定的农田、草场等，但这些农业生产活动不能满足城市居民生活之需。城市需要不断地从外界获取各种物质和能量。对于唐宋洛阳城来说，主要就是从郭城以外获取各种物资。唐宋洛阳城居民维持生存的空间范围，或者说城市的社会、经济发展与自然环境的互动范围，受城市政治地位、军事形势的影响很大。这是唐宋洛阳城自然环境与城市社会互动的一个突出特征。

贺业钜《中国古代城市规划史》从城市区域规划的角度,对唐代洛阳城都畿区域各行政区进行了分层分析:唐代洛阳城以城市为核心,河南府统领各个县组成了城市的近卫区,为第一个层次;河南府周围的怀州、陕州、汝州、郑州等组成洛阳城的环卫区,为第二个层次;而各府、州下辖各县又与其境内的各个聚邑构成了城市群的基层组织,为最基本的层次。洛阳城的都畿圈与唐都畿道基本重合。长安城同样有近卫区与环卫区,其环卫区上的"陕州"一环为洛阳都畿区所共有。京畿圈与都畿圈组成了一个城市群的联合体,共同构成了唐代京畿区域的整体。① 这一观点是从城市区域规划的角度提出的,从宏观角度分析了长安、洛阳两城市的城市腹地、城市辐射区等问题,探讨了两城市之间的关系。

从城市生态系统的角度讲,城市社会与自然环境及其他社会环境之间的互动关系也有一个随空间变化而递减的规律。具体到唐宋时期的洛阳城来说,历史进程中城市政治地位、经济地位、军事形势的变化等,使互动空间又处于一种动态的过程中。为了便于研究、分析,我们定性地将不同时期、不同状况下唐宋洛阳城与环境互动的空间层次分为负郭之地、河南府、"三河"地区三个层次来讨论。

一、负郭之地

《史记》中多有"负郭"之地,指"近城之地"。司马贞注释"负郭"一词时认为,负郭之田土地较为肥沃,"最为膏腴"。② 秦代以后,县是中国传统社会的基层行政区划。类似于唐宋时期洛阳城多级行政治所累加的城市,一方面政务繁杂,另一方面人口众多,需要由两个或多个县分辖治理。唐宋时期,洛阳城及附近地区一般由河南、洛阳二县统领。武周时,从河南、洛阳二县中又分出合宫县、永昌县,但持续时间并不长。北宋中期,洛阳县也多次被裁撤、重置。治所所在县也被称作"附郭县",其统辖区域也别称作"附郭之地"。北宋以前,附郭县的治理模式是"城乡合治",即统辖范围包括郭城城垣以内和城垣以外的一些乡村里聚。北

---

① 贺业钜:《中国古代城市规划史》,中国建筑工业出版社1996年版,第403-404页。
② 〔西汉〕司马迁:《史记》卷69《苏秦列传》,中华书局1975年版,第2262页。

宋真宗以后，城内、城外的统辖方式发生了变化，附郭县主要管理的是城外的区域。

一方面，"附郭县"是一个行政区划的概念，在唐宋时期其所指的统辖范围有所不同。而我们所说的"负郭""负郭田"，更主要是一个城市生态系统的概念，主要指在最低程度上满足城市居民生存、生活最基本需要的各种物资的范围。从一定程度上来讲，也可以说是一个经济的概念。为了不发生歧义，我们仍然使用"负郭"一词。唐宋时期，洛阳城的负郭之地是动态变化的，而且其边界并不如行政区划的县清晰。

另一方面，负郭之地与唐宋时期附郭县的空间范围在一定程度上又有着密切联系。侯旭东考察北魏、北齐、北周的墓志、造像记等石刻资料，认为北朝时期虽然地方治理方面有"三长制"，但乡里的编制依然存在，并且发挥着重要作用。实行三长制后，原来的户籍单位"里"逐渐有了明确而具体的空间范围。虽然至隋文帝开皇九年（589），三长制被废除了。但乡里的行政区划被保存了下来。这也是负郭之地与唐宋时期附郭县的空间范围在一定程度上重合的重要原因。

爱宕元先生较早地利用墓志、碑刻等石刻资料对唐代河南县、洛阳县所辖乡里村等进行考证。但囿于资料的缺乏，只能指实河南县的33个乡和洛阳县的16个乡。① 此后，随着一些新材料的出现，特别是大量隋唐时期洛阳附近地区的墓志被发现、整理、研究，学者们对洛阳城附郭县统辖乡里村的情况，有了更为深入的研究。张剑《洛阳出土墓志与洛阳古代行政区划之关系》一文，在爱宕元研究的基础上，利用20世纪80年代以后出土、整理的墓志等材料，主要对隋唐时期河南县、洛阳县所辖乡里村及其范围进行了梳理。从现有资料来看，唐代河南县有"31个乡、50个里、48个村"，能够从墓志出土地判断其大致范围的有龙门乡、金谷乡、梓泽乡、河阴乡等8乡，而其余各乡则难以明确；洛阳县有"15乡、33里、17村"，能够明确大致范围的有平阴乡、金墉乡等5乡，其余10乡则难以明确。② 就出土墓志的梳理情况来看，唐代洛阳、河南两附郭县与其他县的范围大致是北面至邙山南麓一线，西面至今周山一带，南面为

---

① ［日］爱宕元：《唐代兩京鄉里村考》，《東洋史研究》1981年第四十卷，第44页。
② 张剑：《洛阳出土墓志与洛阳古代行政区划之关系》，洛阳古代艺术馆编，赵振华主编：《洛阳出土墓志研究文集》，朝华出版社2002年版，第144–146页。

今龙门西山、万安山一线,东面至汉魏故城一带,与今洛阳市区范围接近(见图十一)。

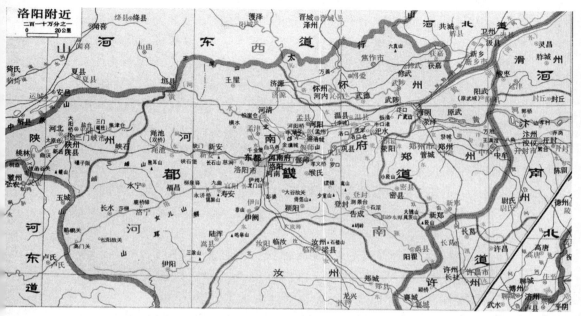

图十一:唐开元二十九年(741)洛阳城及河南府政区图①

《太平寰宇记》载北宋初期河南县辖4乡,洛阳县辖3乡,数量与唐代相比减少许多,但两县管辖范围并未有太大变化。这主要是因为唐代中期以后至北宋时期,洛阳人口大幅度下降所致。至北宋元丰年间,洛阳县被废为镇,河南县统辖4乡5镇,行政区划范围上与北宋初年没有太大差别。此后不久,洛阳镇又恢复为洛阳县。

负郭之地范围如何厘定?负郭之地是指近城之地,我们以此概念来表述唐宋时期洛阳城居民获得日常生产、生活所需基本物资的范围,表述洛阳城居民日常生产、生活中与周围环境进行最基本的物质、能量互动的范围。对于日常的、基础的物资供应来说,互动范围的极限是步行或车辆运输一日能够到达的距离。如果经常性超过一日而不能到达,负郭的意义就没有那么大了。如在传统时代,保鲜技术有限,新鲜蔬果的运送超过一日

---

① 谭其骧主编:《中国历史地图集》第五册,中国地图出版社1982年版,第44–45页。

便丧失了应有的价值。其他食物的供给，燃料、染料等的供应同样有这样的问题。而粮食、建筑材料、衣料等耐用耐储藏物资的供应，受运输距离的影响相对较小，但近城的负郭之地也能够保障一定的供应。

唐制规定，30里一驿，驿传每日的最低行程是30里。而实际中，每个驿站之间的距离或少于30里或远大于30里。而30里的规定是符合平原地区交通运输的基本路程的。驿站设置有驿马、客舍、店肆等为往来官员、递夫、商贾、旅人等提供服务。假设各种人员、马匹半日需要替换、休息等，那么，一日的行程便是60里。圆仁《入唐求法巡礼行记》中记载了每日的行程，王德权据此推算出"当时日行交通速率是马70里，步行、驿驴50里，车30里"①。而唐代各县的平均相隔距离为70里。考虑到给城市输送各种物资，一般而言使用的是车、驴和步行的方式，因此，我们认为负郭之地的范围大致是距离洛阳城周围30～50里。北宋时期，传统运输方式没有发生太大变化，这一范围也是基本适用的。唐宋时期，除河南县、洛阳县外，河南府（郡）周围各县距离洛阳城均超过50里。《元和郡县图志》卷五所记唐代基本情况，河南县、洛阳县为郭下，相对较近的县：偃师县距府治70里，缑氏县63里，伊阙县70里，寿安县76里，新安县70里，河清县60里。《元丰九域志》卷一"西京"所载北宋基本情况，河南县为附郭县，洛阳县改为镇省并入河南县，永安县距西京85里，偃师县距60里，新安县70里，寿安县76里，仅宋初治所由黄河北岸迁至南岸白波的河清县距离西京45里。以唐宋时期道里之制换算，以洛阳城南市为中心，50里的范围在今洛阳地区地图上标示（见图十二），仍然是不到今洛阳市区周围各县县城。考虑到洛阳城北面有邙山、西面有周山、西南有龙门西山、南面有万安山，仅东面相对较为开阔，洛阳城负郭之地的实际范围大致以周围山脉山麓为限，东面至与偃师县交界之处，大致与前述唐宋时期洛阳县、河南县的范围一致。具体到不同的物资，以及不同时期，这一范围是变动的。

负郭之田"最为膏腴"，这个"膏腴"一方面指的是田地距离城市较近，有大量的城市居民排泄物可作为肥料来源，且先秦、秦汉时期营建城市之处，往往是水利、地势、土壤等条件较好的地区。如前所述，洛阳城

---

① 王德权：《从"汉县"到"唐县"——三至八世纪河北县治体系变动的考察》，荣新江主编：《唐研究》第五卷，北京大学出版社1999年版，第191页。

第五章　自然环境与城市社会的生态空间互动　131

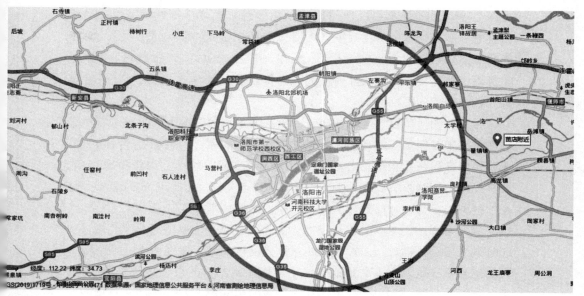

图十二：以隋唐南市为中心"50里"范围图①

所在的地区自古以来就被视为土壤优良的地区。另一方面，负郭之地距离城市较近，能够为城市提供基本的物资供应，有众多的消费群体，能够给田地主人带来丰厚的回报。苏秦负郭相君，讲的就是这个问题。司马迁在《史记·货殖列传》中提到了负郭良田的重要价值，栽种千亩卮茜或千畦姜韭，就能够拥有与千户侯相等的财富。从文献资料记载来看，唐宋时期洛阳负郭之地主要种植、贩卖各种蔬菜、瓜果、豆类及部分粮食，也有养殖羊、鸡、猪等家禽家畜，捕捉鱼类等以供应城市需要的。

贾思勰曾任职于北魏都城洛阳，后任高阳郡太守。贾思勰所作《齐民要术》反映了黄河流域的农耕、种植、畜养等情况。临近城市的地区，《齐民要术》中建议种植各种瓜果、蔬菜，应季之时能够满足城市的需要，冬春季节可以种收冬葵、萝卜等，也可以制作各种酱、菹等。与新鲜蔬果相比，腌制的蔬菜价格相对较低，口感也不够好。所以，贾思勰认为当季成熟的蔬果要尽快采摘，"如有车牛，尽割卖之；如自无车牛，输与

---

① 采自：国家地理信息公共服务平台，GS（2019）1719号－甲测资字1100471，1：500000。

人"①。豆类的食法多样,既可以将幼苗嫩芽、嫩叶茎等作为蔬菜,也可以收获豆子。先秦、秦汉时期,大豆、小豆等豆类是重要的粮食作物。至唐宋时期,豆类的地位有所下降,但在负郭之地的田间地头仍有种植。豆类可以代替肉类,补充人体所需的蛋白质。在青黄不接之时或灾年还能够补充其他粮食的不足。

  各种谷物虽然便于贮存,而且在唐代通过运河、漕渠有大量的谷物被输送至洛阳。但负郭之地仍有大量种植,一方面可以满足城居农民口粮需要,另一方面在社会动荡之时,能够应一时之需。所以,虽然种植蔬果、染料等作物能够给负郭之地的农民带来较多的收益,但政府仍然鼓励大量种植各种粮食作物。而且,从种植面积上来说,粮食作物也远大于其他作物。粟,是原产于中国的重要作物。从含嘉仓等仓窖遗址中发现有大量唐宋时期粟的碳化颗粒,以及记载数量巨大的铭文砖。而在唐宋时期洛阳水灾的记录中,也能够多次看到各地输送洛阳城的粮船被冲毁,大量的粟、米、麦等粮食沉入河中的现象。从中可以看出,唐宋时期洛阳人对粟的消费量。如前所述,考古工作者在皂角树二里头遗址中发现了大量的种子化石,其中粟占有将近一半的量。皂角树遗址位于唐宋洛阳城郊,由此可以看出,自古以来,洛阳负郭之地就有粟的种植。唐宋时期,洛阳城周围依然种植有粟。例如,邵雍游历厚载门南之时,见到"村落桑榆晚,田家禾黍秋"②的景象。相对而言,唐宋时期洛阳地区种植稻、麦——也是洛阳居民最主要的粮食的量更大。而且,唐宋时期洛阳周围的水文环境适宜稻类生长,质量较高。伊水、洛水进入伊洛河盆地后,在沿河河滩地带形成面积较大的淤泥质冲积田,水量充沛、土壤肥沃。白居易、宋之问、司马光等人笔下的"红粒陆浑稻""新城稻""香秔"等就是这样的稻米。麦,是唐宋时期最主要的粮食作物。与粟同为旱地作物,从全国范围来看,唐宋时期是麦与粟的一个变革期。麦的种植量、使用量越来越大,而粟的量则越来越少。人们的饮食方式也因此发生了重要变化。

  洛阳负郭之地也有饲养家禽、家畜,捕鱼、捕虾以贩卖的。除了"故人具鸡黍"式的散养的家禽、家畜外,洛阳城周围还有一些大规模养

---

① 〔北魏〕贾思勰原著,缪启愉校释,缪桂龙参校:《齐民要术校释》之《杂说》,农业出版社 1982 年版,第 17 页。

② 〔北宋〕邵雍撰,郭彧整理:《邵雍集》之《伊川击壤集》卷 3,中华书局 2010 年版,第 212 页。

殖的。洛阳城附近的山岭中，有散养、放养鸡、羊、猪等的情况。而洛阳城内南市、北市也有专门从事屠宰、加工肉类的商铺。《洛阳伽蓝记》中就有"洛鲤伊鲂，贵于牛羊"的记载，说明洛水、伊水水质较好，所产的鱼类十分鲜美。白居易喜爱江南鱼脍，闲居洛阳后，依然常以鱼脍宴请好友。王维《洛阳女儿行》一诗中也有"侍女金盘脍鲤鱼"之句，可见食鱼、脍鱼是唐代洛阳的一种风尚。而鱼脍需要用新鲜鱼类为原料，以传统时代的运输条件，一般来说超过一日便无法保证新捕鱼类的鲜活。北宋太祖之时，洛阳城东城内设置了飞龙院，后改称为洛阳监，主要掌管监牧、驯养马匹。当时，主要在洛阳城南的龙门及其以南的地区进行放牧。除了官养牲畜外，民间畜养牛、羊、猪、鸡的也相对较多。北宋中期以前，洛阳城人口相对较少，城外空闲土地较多，一些民户养殖大量的牛羊。与鸡、鸭、鹅等家禽和水产不同，牛羊等大牲畜可以采用放牧的方式进行运输，所以，洛阳城消费的牛、羊等也有较多是来自于西部、南部、西南部山区各县。

负郭之地相对狭小，主要是为洛阳城提供最基本、最基础的生存、生活、生产物资供应。但对于一座人口超过 10 万的大城市来说，仅仅依靠伊洛河盆地西部显然是远远不够的。且建筑材料、燃料、衣料等一些生活必需品，若仅仅依靠如此狭小的范围，会对这一区域造成极为严重的环境灾难，会是一种"涸泽而渔，焚林而猎"的行为。唐宋时期，维持洛阳城的正常运转，还不仅仅是需要解决衣食住行等最基本的需求的问题，城市政治、宗教、文化、经济、社会等功能都需要数量庞大、种类繁多的各种物品。而这些物品远非负郭之地所能满足。唐宋洛阳城需要有面积广阔的城市腹地。

二、河南府

河南府构成了唐宋洛阳城最基本的城市腹地。城市腹地的概念最初主要是研究港口城市而提出的名词，主要指港口城市所能吸纳的运转物资的范围。此后，这一概念被引入地理经济学领域，讨论城市与周围地区之间的经济关系问题，或城市与城市之间的地理空间经济问题。经济学、地理学以及城市规划学等相关学科对城市腹地的概念都有不同界定与侧重。但是，城市腹地大体上由"中心城市""次级城市或地区"构成，两者之间有着密切的经济联系，城市腹地在空间上一般符合层次性、动态性、边界弹性等基本的属性。①

从城市生态系统的角度讲，城市腹地是自然环境与人类社会相联系的概念，是城市的政治空间、经济空间、社会空间、文化空间与生态环境空间相融合的概念。负郭之地是满足城市居民最基本的生存、生活、生产所需的生境，城市腹地则是城市与居民与周围环境相互作用、相互影响的生态空间环境。前文讨论了洛阳城周围环境的各自然因素，各因素在城市生态系统环境中的地位、作用、功能、相互关系不同，其占据的生态空间也各不相同。因此，从生态学的角度讲，城市腹地同样具有层次性、动态性和相对模糊的边界。与此同时，城市腹地还具有自然性，需要充分考虑各自然因素的特性、相互之间的互动关系及其与城市社会相互影响、相互作用的关系等等。环境是相对于生物或生物群体而言的，而城市腹地是相对于城市、城市居民群体而言的。

综合洛阳城与周围地区、城市之间的经济、文化联系，洛阳城政治地位、经济地位、安全防卫形势的动态变化，以及城市居民生存、生活、生产与周围环境的互动关系，下文从河南府和三河地区两个生态空间层级来进行讨论。

河南府为唐宋时期河南县、洛阳县的上一级行政区划，在不同时期也有河南郡、洛州、东京、西京等名称，多数时期以河南府为名。作为一级的行政区划，在一定时期内政区界限是相对明确而固定的。这与我们强调的城市腹地的动态性、边界弹性是不一致的。但与负郭之地类似，唐宋时期河南府的行政区划范围是历史地形成的，本身也是在历史发展过程中，洛阳城政治、经济辐射影响范围的体现。在唐宋时期以前，洛阳城所在县的上一级行政区划或二级行政区划，也在不断演变，并最终形成一些相对稳定的区域。而在唐宋时期，河南府的行政区划、统辖各县也不是一成不变，也是与洛阳城的政治、经济地位的升降，社会的平稳或动荡密切联系而时有变化的。河南府的行政区域当然是人为划定的，但又是要充分考虑自然环境、自然条件的，即所谓"山河形便"的原则。因此，河南府的形成，也可以说是自然环境与社会在一定程度上互动的结果。

秦灭东周，设置三川郡，以洛阳为郡治。西汉之初，改三川郡为河南

---

① 陈联、蔡小峰：《城市腹地理论及腹地划分方法研究》，《经济地理》2005年第5期，第630页。

第五章　自然环境与城市社会的生态空间互动

郡，为此后洛阳城所在二级行政区划奠定了基础。《汉书·地理志》载平帝时河南郡下辖洛阳、河南、偃师等22县。唐宋时期河南府所辖的新安、福昌以西，伊阳县隶属于弘农郡。而唐宋时期郑州及汴州部分县，汉时属于河南郡，几何中心偏向于东部。一方面，西汉以长安为都城，汉武帝元鼎三年（前114）为了巩固关中地区，徙函谷关于新安，此后置弘农郡，并属畿辅之地。另一方面，汉沿秦制，三川郡是秦向东统一西周国、东周国、韩、魏等国所设置，面积广阔。为便于治理，以洛阳为之郡治，偏向于东部。

东汉以雒阳为都城，以秦汉以来洛阳城为基础。雒阳城政治地位提高，其所属一级行政区划的地位自然也有所提高。汉光武帝建武十五年（39），改河南郡为河南尹，长官同名，地位皆高于京兆尹。① 据《续汉书·郡国志》所载河南尹辖21县，至东汉末年弘农郡陆浑县属河南尹为22县。东汉河南尹承继西汉旧制，仅故市一县省并入荥阳、京县，辖区空间范围与西汉无异。陆浑县属河南尹后，后世基本均与洛阳城同属一行政区划。曹魏时期，原本作为监察结构的部州成为一级行政区划，具有实质的管辖权，郡一级的行政机构逐渐弱化。河南尹与河东郡、河内郡、弘农郡、平阳郡同属于司州。正始三年（242），魏明帝以巩县以东各县置荥阳郡，此后魏荥阳郡及下辖各县屡有废置、出入。② 唐宋时期的巩县地处伊洛河盆地的东缘，再向东的汜水、河阴、荥阳、荥泽、管城等县处于伊洛河盆地向黄淮海平原过渡的地带。自先秦时期起，虎牢、汜水、荥阳便是洛阳的东门户。无论从地理单元，还是从经济联系上讲，魏荥阳郡所辖地区均具有过渡性质，因此其行政隶属屡有变化。这种变化与洛阳城的政治、经济、社会地位，军事形势密切相关。

西晋时司州所辖范围进一步扩大至今河北南部、河南北部等地，而河南郡与曹魏时相较，增加了新安县、阳城县和阳翟县。新安县为洛阳与长安之间大通道的东端，汉武帝为了巩固长安，将新安县纳入弘农郡以扩大纵深。东汉以后，长安不再作为都城，弘农郡的畿辅重心东移，新安县的门户作用逐渐降低。隋炀帝放弃汉魏故城，西迁洛阳，新安县距离洛阳城

---

① 〔南朝·宋〕范晔撰，〔唐〕李贤等注：《后汉书》志19《郡国一》，中华书局1965年版，第3389页。

② 〔北魏〕郦道元著，陈桥驿校证：《水经注校证》卷7《济水》，中华书局2007年版，第193页。

更近，地位更加重要。新安县以西的渑池、永宁、长水等县，也越来越受到洛阳城的辐射。阳城、阳翟的归属与东汉末年置八关有关。八关中太谷关是洛阳城南万安山中，通向许州、汝州等地的重要通道。阳城、阳翟同样位于洛阳城与外部联系的重要孔道上。

西晋之后，洛阳地区沦为各方势力争夺的战场，破坏严重。行政区划屡有变动，但因战争中人口损耗极大，且处于动荡之中，并无太大意义。直至北魏孝文帝迁都洛阳之后，洛阳地区才逐渐平稳下来，行政管理、社会治理逐渐有所成效。北魏对洛阳城所属一级行政区划的规划、设置对隋唐有重要影响。北魏攻占洛阳地区后，并未以洛阳为都，改司州为洛州，统辖河南、弘农二郡。与西晋时期相比，大为缩小；与东汉、曹魏时期相比，也仅及其2/5。虽然唐宋时期河南府统辖范围均大于北魏洛州，但洛州所辖二郡的情况为我们了解战乱时期洛阳城城市腹地提供了样本。北魏迁洛后，洛州重新被改称为司州，作为洛阳城所在地区的一级行政区划，基本上接近了西晋时司州的规模。司州以下为1尹19郡，洛阳城属于河南尹辖区。河南尹领洛阳、河南等15县，虽然名称有异、分割归并有别，但总体辖区范围上来说仅比西晋河南尹少更为接近许州的阳翟县。北魏之后，洛阳地区再次陷入战乱纷争中，东西政权基本上以洛阳地区为界，互相争夺攻伐，行政管理、社会治理再次处于无序之中。军事意义的、临时的一些行政区划设置成为主体，如东魏、北周所置的河南道大行台、洛州总管府等。

隋延续北周之制，仍然采用军事管理的模式，同时逐渐过渡到行政管理，逐渐废除洛州总管府，而改为东京尚书省、行台省等；整理地方行政机构，恢复为州县两级行政区划，省并州县。炀帝后，改州为郡，洛阳城所在区域隶属于河南郡。河南郡统辖河南、洛阳等18县，与北魏时期相比，重心明显偏西。北魏时期隶属于司州渑池郡、恒农郡的渑池、阌乡、桃林、陕等诸县归属于隋河南郡，河南郡与长安畿辅的冯翊郡接壤。这从一定程度上反映了洛阳城西移的影响，也是隋继承北周旧制的体现。如前所述，东汉末期、曹魏以后地方行政区划由两级逐渐过渡到三级，郡一级行政区划的范围逐渐缩小，功能有所弱化，这适应了战争中加强区域集权的需要。南北朝各政权对峙之时，多有侨置郡县、双头郡县的情况，致使郡一级行政区划不断增多，甚至出现一郡仅领有一两县或无县可领的情况。北魏、隋时河南郡（洛州、豫州）统辖县数就出现了越来越多、越

第五章 自然环境与城市社会的生态空间互动

来越细化的情况。而这一时期河南郡人口数量与西汉、东汉时期相比,并没有明显的增加。另一方面,临近洛阳城附近的各县基本上没有太大变化,主要是新安县以西、龙门以南诸县变化较大。崤山山脉及两侧河谷地带是长安至洛阳的重要通道,也是魏晋南北朝时期关东与关中地区之间的战略要地。在此期间,这一地区的军事意义非常突出,自北魏至隋,分合并置了诸多郡县,如同轨郡、熊耳郡、谷州以及北宜阳县、寿安县、南陆浑县等等。在论述唐宋时期的崤山山脉时,我们曾分析了崤山南道与永宁县之间的关系。由此可知,唐宋河南府区划范围在历史形成的过程中,是人类社会与自然环境相互影响、相互作用的结果。

结合隋大业五年(609)河南郡所辖的 18 个县的历史沿革,结合前文所分析大业五年人口统计状况,参照谭其骧《中国历史地图集》第五卷和现代各县的基本地理信息,大致计算其人口密度。隋河南郡所辖 18 县,大致相当于今洛阳市区、孟津县、新安县、渑池县、宜阳县、嵩县、伊川县、偃师市、登封市、洛宁县、巩义市之地以及三门峡市区和灵宝市的故县镇等地。依据国家基础地理信息中心 2015 年的全国行政区划面积,① 上述各县、区、镇总面积为 14734.72 平方公里。由此计算,大致相当于隋河南郡的区域,在隋大业五年时,每平方公里大约有 13.72 户。考虑到豫西地区以山地为主,面积广大的山区人口密度极低,我们假设隋时各县人口均集中于县治所在,以该县今日所在地的县城中心区、镇中心区面积再做测算。这一测算有如下误差:①如历史县治与今县重合,今县建成区面积往往远大于历史时期县治;②历史县治与今县有异,取历史县治所在镇区计算,而镇区可能会小于历史县治;③历史县治已废弃不用,为保证相对准确性,采用遗址临近的镇区面积进行计算。这样测算的结果,肯定与历史不够符合,我们只是采用统一口径,测算比较自隋至北宋时期,洛阳城所在一级行政区划的人口密度,重在不同时期的比较,而不是数字的准确性。依据同一测算资料、按照同一计算方法,能够对隋至北宋时期洛阳城市腹地的人口变化与环境之间相互关系有较为直观的认识与理解。隋河南郡 18 县大致相当于今洛阳市区、故县镇、函谷关镇、三门峡市区、洛宁县、渑池县、新安县、偃师市、巩义市、韩城镇、宜阳县、鸣皋镇、嵩县、赵堡乡、缑氏镇、告成镇、登封市,依据前述国家基础地

---

① 据天地图 GS(2018)1432 号 – 甲测资字 1100471,https://zhfw.tianditu.gov.cn。

理信息中心 2015 年数据，合计县中心区、镇区面积 453.18 平方公里，每平方公里 446.25 户。

隋末唐初，李世民攻取洛阳后，再次设立了临时的军事管理机构——洛州总管府，管辖洛州、郑州等九州，大体上相当于除陕州以西的隋河南郡之地。武德四年（621）十一月，为进一步增强洛阳东进的军事战略地位，改洛州总管府为陕东道大行台，下辖洛、怀、郑、汝四州。唐初，洛阳城所在一级行政区划的重心再次东移，与唐平定全国，经略关东有密切的关系。贞观十三年（639），全国政局基本稳定。临时性质的陕东道大行台被废止，洛阳地区的行政区划再次恢复到二级，即洛州都督府和下辖的 11 县。所辖 11 个县均位于洛阳城周围，西面至新安、寿安，南面至陆浑，东面至巩县，北面至河，东南至阳城，收缩至政权稳定时期的最小范围，也是最为核心的范围。依据前文资料与计算办法，洛州总管府统辖 11 县，大致相当于今洛阳市区、孟津县、偃师市、巩义市、登封市、嵩县、伊川县、新安县和宜阳县丰李镇一带，总面积为 9175.17 平方公里。如前所述，贞观十三年的户口统计上，并没有洛州的统计记载，我们大致估算洛州都督府的人口密度在每平方公里 5.47 户至 10.93 户，最高数值也低于隋鼎盛时期。而以县中心区、镇中心区来进行测算，唐贞观十三年洛州都督府统辖 11 县，相当于今洛阳市区、偃师市、巩义市、缑氏镇、登封市、告成镇、嵩县、鸣皋镇、宜阳县、新安县，依据前述资料总面积为 331.68 平方公里，每平方公里大约 150.75 户至 301.50 户。

都督府的设置仍然是一种临时、军事性质的区划，贞观十八年（644）洛州都督府改为洛州。唐高宗时，以洛阳为东都，洛阳的地位不断提升，洛州管辖范围也不断扩大，同时继续归并、整合、梳理魏晋以来政区紊乱的问题。一些人口相对较少，功能较单一，政治、经济地位较低的州被省并，一些县重新划归辖属。自显庆二年（657）至永淳元年（682），高宗、武后不断整理洛州各县。前述崤山南北两道之间的州县得到进一步整理，撤销谷州，所辖渑池、永宁、福昌、新安重归洛州。又因黄河、河阳三城的军事防卫作用越来越突出，洛阳城对黄河以北怀州地区的辐射力越来越强以及黄河漕运作用越来越突出，洛阳城是高宗以后粮食中转西运的重要枢纽，沿黄各县汜水、温、河阳、济源、王屋、垣县划归洛州，又分置、归并大基、柏崖等县。这是洛阳城所在上一级行政辖区首次跨河而治。这种跨越超出了"山河形便"的原则，主要从城市辐射、城市影响力、城市功能、城市社会经济发展需要角度来考虑，自然的区隔作用相对较弱。从某种程度上讲，洛阳城将获取各种物质、能量，获取各种物资的范围扩张至怀州、郑州的辐射范围。也就是说，高宗、武后时期，负郭之地、洛州地区已不能满足洛阳城发展的需要了。

开元元年（713），玄宗即位不久后，对全国行政区划进行整顿，改洛州为河南府，下辖洛阳县、河南县等25县，行政区划辖区空间范围再次扩大，北面至黄河北岸的温县至济源、王屋一线，东面至巩县、汜水，南面至伊阳，西面至渑池、永宁、长水一线，东南再次至阳翟。依据前文资料与计算办法，河南府大致相当于今洛阳市区、孟津县、偃师市、巩义市、新安县、宜阳县、洛宁县、伊川县、嵩县、登封市、禹州市、新密县、济源市、吉利区、孟州市、温县、渑池县、义马市和荥阳市的汜水镇，总面积 23211.02 平方公里。以前述开元十七年（729）或十八年（730）户部帐人口统计，每平方公里 5.49 户，若贞观十三年洛州都督府以 5 万户记，人口密度约略相等，若以 10 万户记，仅及其一半，远低于隋大业五年（609）的人口密度。若以县城中心区、镇中心区来测算的话，25 县大致相当于洛阳市建成区、偃师市建成区、缑氏镇、巩义市建成区、新安县建成区、宜阳县建成区、韩城镇、洛宁县建成区、长水镇、鸣皋镇、嵩县建成区、登封市建成区、告成镇、禹州市建成区、颍阳镇、新密市建成区、汜水镇、济源市建成区、王屋镇、吉利区、孟州市建成区、温县建成区、渑池县建成区，总面积 495.47 平方公里，人口密度测算为每平方公里 257.21 户。

隋唐时期，中国经济重心逐渐完成南移，中央政权对东部、东南部的依赖越来越强，漕运的重要性愈加凸显。开元二十二年（734），京兆尹裴耀卿建议采用节级递运的方式转运漕粮。为了便于转运，唐玄宗下令割汜水、荥阳、武陟三县之地，置河阴县。因此，至天宝元年（742），河南府领有 26 县，大致相当于今各地市的总面积，合 23365.02 平方公里。由《通典·州郡志》所记天宝元年河南府户数，测算出河南府人口密度为每平方公里 8.28 户，虽然仍不及隋大业五年的人口密度，但相较于开元时期有了大幅度提高。而以县城中心区、镇中心区来测算的话，26 县相当于今各县城、镇区总面积为 499.47 平方公里，人口密度测算为每平方公里 387.37 户。至天宝十一载（752），唐代人口达到顶峰，河南府人口也达到了唐代的最高位，统县数量与天宝元年没有变化。依据前述相关资料，参照前述测算方法，天宝十一载河南府26县相当于今各市县的总面积仍然为23365.02平方公里，以《旧唐书·地理志》所记天宝十一载户数计，人口密度大致为8.33户，比天宝元年略微增加，但仍不及大业五年。而以县城中心区、镇中心区来测算，每平方公里389.91户。

开元二十四年（736）后，玄宗未再临幸洛阳。此后，安史之乱爆发，月旬间叛军便攻占了洛阳城。洛阳城和河南府地区是唐军和叛军争夺的战场，河南府各县多遭兵燹，破坏较为严重，人口流散。安史之乱前后，原来主要作为监察职能的"道"，逐渐拥有了一些行政管理的权力。而在边镇地区又有节度使，起初仅是类似于隋之总管、唐之都督，后逐渐拥有了民政、财政权力。安史之乱后，藩镇割据混战局面形成。中央与藩镇不断角力，藩镇与藩镇之间相互征伐。一些具有重要军事战略价值的地区，相继被各藩镇势力占据。至元和四年（809）或五年（810）时，河南府黄河以北的5县划归河阳三城节度使。河南府仅统领黄河以南的21个县。据前文分析《元和郡县图志》所记元和年间户数，依据前述相关资料和测算方法，大致相当于元和河南府21县的今各市县总面积约为20031.61平方公里，每平方公里尚不足一户，仅0.94户。即便是按照县城中心区或镇区的测算方法，元和河南府的人口密度也仅有42.03户，①仅相当于隋大业五年河南郡人口密度的1/10。元和时河南府人口数量大减，而辖区范围并没有太大变化，一方面是虽然皇帝未再临幸洛阳城，但洛阳的政治地位在名义上仍然是较高的；另一方面是行政区划、政治管理、社会治理的惯性使然。但是，这一时期洛阳城居民人口也大为减少，居民生存、生活、生产所需各种物质的数量也大为减少，与周围环境的物质、能量交换频度降低，其生态环境空间范围也相应缩小。这就体现了河南府与洛阳城市腹地不相一致的一面。

唐代中晚期，河南府的辖区范围基本上没有太大变化。会昌三年（843），河南府统辖范围完全自黄河以北退缩至黄河以南，东南面重新将阳翟归属于许州，退至嵩山南麓一带。五代时期，河南府地区再次陷入混战之中，行政辖区的意义不大。北宋建国之初，延续了唐代旧制。太平兴

---

① 元和四年（809）或五年（810），河南府所辖21县大致相当于今县城中心区、镇区的总面积为447.26平方公里。

国四年 (979),河南府统辖 18 县①,与元和四年或五年时相比,主要是陆浑县并入了伊阳县,告成县并入登封县,阳翟在会昌三年并入许州,辖区面积略小。依据前文所述相关资料,参照前述测算方法,地域大致相当于北宋太平兴国四年河南府统辖 18 县的今相关市、县总面积为 18564.39 平方公里。结合前述《太平寰宇记》所记北宋太平兴国四年户口记录,河南府的人口密度大致为每平方公里 4.41 户,相比于唐元和四年 (809) 或五年 (810) 有了较大提高。若采用假设人口集中于相对平缓的河谷、盆地、平原等地区的测算方法,以北宋河南府所辖 18 县的今相关市建成区、县城中心区、镇区的总面积为 407.26 平方公里,人口密度大致为每平方公里 201.24 户。

宋初,太祖曾打算迁都洛阳,在群臣建议下遂放弃此举,仍以洛阳为西京,但将历代陵寝安置在"西京巩县西南四十里邓封乡南訾村"②。因此,北宋时期洛阳城与北宋皇陵及皇帝临幸祭祀有密切联系。真宗景德四年 (1004),皇陵所在的永安镇改为永安县,归属于河南府,至此河南府下辖 19 个县。仁宗庆历以后,北宋在不断改革的过程中,对府县行政区划进行调整。范仲淹以河南府人少县多,十羊九牧,建议裁撤部分县邑为镇,以解决人民穷困,劳役租赋输出过多的问题。③ 至庆历四年 (1044),河南府缑氏、河清、寿安等 5 县被裁撤为镇。被裁撤的 5 县中,颍阳、寿安、缑氏均位于洛阳城向外联通的交通孔道上,但同时也是地势相对狭小、人口较少的地区。北宋时期,随着国家政治、经济重心的东移,洛阳城的军事防卫需求大为降低,出于经济的考虑逐渐超过了政治、军事考虑。但是,至庆历四年末改革中断,改县为镇的各个地区重新恢复为县,河南府依然统辖 19 县。神宗熙宁、元丰时,再次进行变法,行政区划的

---

① 张祥云在《北宋西京河南府研究》一书中,梳理材料,认为北宋初期的河南府除了《太平寰宇记》所载的 18 县外,还有望陵、汜水、河阴和白波军。《太平寰宇记》所记为太平兴国四年前的情况,这 4 县、军中,望陵、汜水已不在河南府统辖范围之内,河阴县、白波军在统辖范围内而未记。因计算人口密度所需的人口数字是以河南府 18 县为准的,因此我们在测算面积时未计算河阴、白波军的相关数据。参见张祥云编:《北宋西京河南府研究》,河南大学出版社 2012 年版,第 188、189 页。

② 〔南宋〕李焘撰,上海师范大学古籍整理研究所、华东师范大学古籍研究所点校:《续资治通鉴长编》卷 4,中华书局 1995 年版,第 113 页。

③ 〔南宋〕李焘撰,上海师范大学古籍整理研究所、华东师范大学古籍研究所点校:《续资治通鉴长编》卷 143,中华书局 1995 年版,第 3441 页。

省并、调整牵涉到官制改革,再次成为变法的重点。河南府辖县中的伊阳县进行了辖区调整,伊阙县本是随着龙门以南地区人口的增加,为加强管理而设置,至此再次归并入伊阳县。孟州氾水县先后多次撤并重置,并归属河南府,但很快又重新调整至孟州。河南府5县再次撤县为镇,其中福昌、颖阳、缑氏如前所述;洛阳县本是洛阳城附郭县,随着北宋时期附郭制度的改变,洛阳人口的下降,洛阳县撤县为镇,隶属于河南县。河南府辖县的变化,在熙宁改革中同样是出现了多次反复。至元丰元年(1078)或二年(1079)时,河南府统辖河南、永安、偃师等13县和阜财监。参考前文所述的各种相关资料,按照前文的测算方式方法,北宋元丰初年河南府的13县1监的大致范围相当于今洛阳市区、巩义市、偃师市、登封市、新密市、新安县、渑池县、义马市、洛宁县、宜阳县、伊川县、嵩县和孟津县,总面积约14818.29平方公里。按照王存等在《元丰九域志》中所记元丰元年或二年河南府主客户数测算,河南府的人口密度大致为每平方公里7.81户,低于唐代顶峰时的天宝十一载(752),也仅相当于隋大业五年(609)时测算出的人口密度的一半,但高于唐代其他有户数记录的年代。若考虑到河南府各县山地、丘陵相对较多,人口主要集中在山间谷地、河谷盆地和平原地带,以北宋元丰初河南府所辖县监大致相当于今各市建成区、县中心区和镇区的方法进行测算,则这些地区的总面积大致为354.48平方公里,测算出元丰元年或二年河南府人口密度大致为每平方公里326.32户。

  宋哲宗后,熙宁变法的多项内容被废止,其中就包括行政区划的改革。河南府辖县多有重新恢复的,洛阳、颖阳重新恢复为县。如前所述,传统时代县区的划分与人口数量、交通运输、"山川形便"等有密切关系。熙宁变法中废县为镇的地区,人口虽然与唐代鼎盛时期相比较少,但数量上仍然是较多的。废县为镇后,交通状况并没有太大变化,依然是日行50~60里,因此往往有"输税租者或咨怨于道途","讼诉追呼,皆非其便"。① 因此,至徽宗崇宁元年(1102),河南府下辖15县1监,而辖区面积没有发生变化。以前引分析的《宋史·地理志》所记崇宁元年河南府户口数量进行测算,河南府人口密度大致为每平方公里8.62户,

---

① 〔南宋〕李焘撰,上海师范大学古籍整理研究所、华东师范大学古籍研究所点校:《续资治通鉴长编》卷407,中华书局1995年版,第9908页。

第五章 自然环境与城市社会的生态空间互动

虽然总户数不及唐天宝十一载（752），但人口密度略高。而以抛开山地、丘陵，假设人口相对集中的测算方法进行测算，河南府的人口密度为每平方公里360.44户。

以上所述，主要是以唐宋时期洛阳城所在一级行政区划为主体，讨论洛阳城城市腹地的历史变迁问题。再次强调，之所以以"河南府"为讨论对象，是因为洛阳城作为一个城市生态系统，其首先是人类群体的集合体，城市居民是周围环境的主体，社会问题、社会现象、社会历史变迁是首要问题。而且，洛阳城作为河南府的治所所在，其所辖各县对洛阳城都有一定的经济财政支持力。从上文讨论可以看出，河南府辖区的调整与洛阳城的经济、政治地位密切相关，洛阳城是河南府的中心，深刻影响着下辖各县、监的设置、裁撤、归并等问题。河南府构成了洛阳城城市腹地，并随洛阳城的兴衰而盈缩；另一方面，河南府所辖各县及辖区的人为调整有一定的滞后性与反复性。唐高宗至唐玄宗时期，洛阳城政治地位最高，城市辐射力较强，城市需要的腹地面积较广。但直至开元、天宝年间，河南府黄河北岸各县区划才逐渐确定、稳定下来。而北宋时期，虽然有变法派与反变法派的政治斗争因素，但河南府属县、辖区并没有随人口的增减而进行较大调整。这反映出中国传统城市、行政区划的特性，即政治性要大于经济性。唐宋时期的洛阳城身处自然环境与社会的互动之中，互动作用下城市腹地在不断地变化。

唐宋时期洛阳城的城市腹地又有自然性的一面。维持城市居民的生存，满足其生活、生产等各方面需求，需要不断地从周围自然环境中获取各种物质和能量。传统时代，中国城市的各种经济活动与农业生产密切相关，而农业生产直接与动植物以其他自然环境因素发生关系。河南府可以用行政管理的方式，以行政区划的模式进行治理，具有较为清晰的界限。但洛阳城城市居民与自然环境之间的互动关系范围则是相对模糊，且是动态的。

前文述及洛阳城周围山脉、土壤、气候、水文以及动植物时，已对洛阳城的自然环境及其变迁进行了详细论述。从整体上来说，洛阳城地处伊洛河盆地的西部，周围三面环山，北有黄河，地理空间的隔绝度相对较高，能够自成一个单独的生态环境空间。但除了西部中山区、深山区的山脉海拔较高外，南面、北面多为丘陵地带，而且在群山、丘陵之中有众多河流河谷、孔道通向其他区域。因此，伊洛河盆地又是与其他自然环境区域相互联通、相互作用的。

从自然环境的角度分析，洛阳城西北部通过崤山山脉间的孔道，经涧水、谷水沿岸的河谷地带，与新安、渑池等地相联系。渑池以西，无较大河谷经行，只能在群山欹岩中穿行。也就是说，渑池以东，有谷水、涧河的主流或一级支流，属于伊洛河流域；而渑池以西则以崤函为界，河流多注入青龙涧或黄河。青龙涧、苍龙涧等河注入黄河处，形成了今三门峡盆地，唐宋时期为陕州治所陕县所在。陕县地处崤函之间，境内高山、丘陵较多，在山岭之间、河谷之中相对平坦的地区，逐渐形成了人类的聚居点，如地处苍龙涧河谷的灵宝县等。灵宝以西则为北魏时弘农郡地，弘农郡逐渐由豫西山地地带过渡到了黄土高原。

洛阳城以北，邙山北麓紧靠黄河，天堑隔断两岸。以最为明显的动物分布情况来说，洛阳城周围地区及唐宋时期河南府大部分地区今属于崤山山地和黄土丘陵平原亚区，而黄河以北的今焦作各地区则属于太行山地丘陵亚区。虽然在动物种类上没有太大的差别，但也反映了环境的差异。唐代，随着洛阳城的规模不断扩大，人口不断增加，政治、经济影响力不断提升，黄河不再是区隔南北的天堑，而成为给城市提供各种物资的交通大动脉，为了便于管理，黄河北岸的临河各县划归河南府管辖。安史之乱后，以黄河为主线的漕运体系遭到破坏，再加上洛阳城政治地位、政治作用相对下降，河北诸县开始逐渐脱离河南府管辖，重新回到怀州。

洛阳城以东为面积广阔的伊洛河盆地。盆地东缘至巩义市，南面至万安山、嵩山一带，北面依然为自西绵亘而来的邙山。盆地内河南县、洛阳县、偃师县、巩县（及永安县）的各种自然环境因素都非常相似，伊水、洛水为各县共同的生命之源。各县与伊洛河水系的关系非常紧密；各县的主要土壤类型相似，农业生产活动基本相同。如前所述，河南县、洛阳县是洛阳城最基本的负郭之地。偃师、巩县距离洛阳城，特别是唐宋时期洛阳城的距离超过了60里的步行一日距离。但是，谷物粮食、牛羊、燃料、建筑材料、特产以及一些出卖劳动力者则可以超出这一范围，而偃师、巩县是重要的供给地。巩县以东，被嵩山山脉与邙山所阻断，仅有孔道通往荥阳及其以东。

洛阳城东南地区为嵩山山脉，嵩山在历史时期被赋予了深厚的文化内涵。嵩山南北两侧河流分属黄河、淮河流域，动植物种类也有一定的差异。但因嵩山附加的历史文化，其在唐宋时期与洛阳城的联系十分密切。

嵩山两侧的缑氏、登封、告成、阳城、颖阳等县在唐宋时期均隶属于河南府。同时，嵩山山脉间的孔道也是洛阳城通向许、汝、颍、蔡等地的交通要道。这些通道借助于嵩山山脉两侧河流流向，也是南北气流流通、交汇之处。再向东南，经阳翟至许州。阳翟与荥阳相似，是豫西山地向黄淮平原的过渡地带。因此，在唐宋时期阳翟或隶属于河南府，或归并入许州。

洛阳城西南的福昌、寿安、永宁、长水等县，同处于崤山山脉与熊耳山脉之间的洛水中游谷地。因此，这些县在环境上具有较高的相似度，构成了一条带状分布的生态廊道。这条廊道的东端为唐代禁苑、唐宋洛阳城，西端为长水县。洛水在长水县以西为上游河段，两岸崇山峻岭，河道狭窄，交通不便。南北朝时期，沿洛水中游河段东下，可抵达伊洛河盆地，逼近洛阳城。当军事战略作用不断增强时，人迹活动才有所增加。南朝·宋义熙十三年（416），戴延之领军沿洛水西进，至长水、永宁间，不得再进。从生态环境空间的角度讲，这一地区是相互联系的一个整体。同时，通过崤山山脉间的河流谷地，这一区域与北面的谷水河谷地带相联系。和平稳定时期，崤山南北两区域通过谷水、洛水通道直接与洛阳城相互联系；战争动乱时期，两河之间的支流河谷又成为军事行动的主要通道，威胁着洛阳城的安全。

唐宋洛阳城南对伊阙，伊阙以南为伊河中上游区域。与洛水中上游谷地相比，伊水河谷地带土地面积较为狭小，主要集中在唐宋陆浑县、伊阙县。陆浑县南境则为伊水上游地区，地处伏牛山区，无论是气候带还是动植物分布上都具有过渡地带的性质；同时因地处中山、丘陵地带，路险难行，多数地区人迹罕至，植被丰茂。唐玄宗以前，这一地区基本上归属于多山地的虢州卢氏县。先天元年（712）后，以其地有大量木材、银矿等资源，割陆浑县南部设置了伊阳县。北宋时期，伊水上游的今栾川一带一度隶属于河南府，但在熙宁二年（1069），伊阳县栾川冶镇隶属于虢州。[①]

综上所述，洛阳地区特殊的生态环境空间，使其既相对独立，各有独特的性质，又与周围其他地区通过诸多方式进行着密切的互动。洛阳城为城市腹地的中心，洛阳城居民为城市生态腹地的核心。洛阳城的负郭之地与偃师、巩县构成了城市腹地的第一个生态环境分区。这一区域的环境同

---

① 〔北宋〕王存等撰，王文楚、魏嵩山点校：《元丰九域志》卷3《陕西路》，中华书局1984年版，第116页。

质性，使其无论在生态关系上还是经济、社会联系上都紧密地结合在一起，构成了雒阳城城市腹地最为重要的区域。这一区域通过诸山岭间的河谷地带，发散性地延伸至四面，与山间盆地地区的各个县区相联系。西面主要为谷水、涧水的山间河谷地带，西南面为洛水山间河谷地带，南面为伊水山间河谷地带，东南面为黄河、淮河流域各溪流、支流山间河谷地带，东面为嵩山山脉、邙山与黄河之间的孔道通向黄淮平原。这些不同的生态廊道既是输送洛阳城各种物资、人员、信息等的通道，本身也是洛阳城市腹地的重要组成部分。各个山间河谷地带、通道又主要通过支流的河谷、溪谷，向周围山地、丘陵地区延展，既满足自身生存、发展的需要，也为洛阳城提供燃料、建筑材料、医药、土贡以及各种人员、信息等，并与洛阳城在政治层面、经济层面、文化层面进行互动交流。

虽然，河南府各县的自然环境有所差异，但从宏观角度上讲，又是具有一定的同质性的。如前所述，自虢州、陕州至郑州，自黄河沿岸的河清、汜水至龙门以南的陆浑、伊阳，均属于秦岭山脉的东延余脉，在山体构造、性质、矿产蕴藏、植被、动物种类、分布，水文特征，土壤类型与区划等方面具有相似之处。环境的相似之处，造就了农业生产等经济活动的共生、互补关系。降水、光照、温度等气候因素对农业生产、对动植物生长、对人类的生存生活有着极为重要的影响。而这些因素在唐宋洛阳城城市腹地范围内同样具有较高的同一性，甚至是黄河北岸地区。当然，笔者也不否认各个地区环境条件，特别是气候因素的差异性，小范围、小生境内环境的独特性。例如，伊阳县位于陆浑县南部，地处温带向亚热带过渡地区，在光照、降水、温度以及动植物种类、分布上与以北的陆浑、伊阙等县有较大差异。自先秦至唐代，伊阳始终隶属于陆浑县或卢氏县。至北宋末年的崇宁三年（1104）才将伊阳南部的栾川冶镇设置为县。时人看来，栾川县在自然环境、社会经济等诸多方面与卢氏县相似，且历史上一直隶属于卢氏县。但如前所述，栾川与伊阳、陆浑同属于伊水流域地区，通过伊水河谷与各县相互联系。

每个地区的人们对环境有不同的适应方式、适应能力。人类对环境的适应，逐渐层叠累积成为一个地区特有的文化。《史记·货殖列传》中，司马迁将全国划分为若干个小区，并逐一介绍了各个分区内的政治经济、风土民俗、生活习惯等等。一些学者将这些区域视为全国的经济分区，但同时也应是一种文化分区，一种生态环境空间分区。我们从这些分区的描述中，能够看到人们与自然环境之间的互动关系。唐宋时期的洛阳城所在的区域，即为《史记·货殖列传》中的"河南"，"昔唐人都河东，殷人都河内，周人都河南"①。从自然环境、从人类社会两方面，"三河"构成了唐宋时期洛阳城生态环境空间的第三个层次。

三、"三河"地区

司马迁所说的"三河"，主要指的是汉代黄河中下游之间的河南、河内、河东三郡之地。从自然环境的角度来说，三河地区以黄河为主线，地区内主要河流均属于黄河支流，具有一定的同质性。气候带上同属于暖温带地区，动植物种类、分布等也具有较多的相同、相似之处。地形地貌上，河东主要地处于山西高原，太行山以北、以西，海拔较高，多山地、河谷、盆地；河内郡位于太行山与黄河之间，属于黄河冲积、淤积平原；河南郡如前所述，则属于黄河以南的豫西山地地区。这些自然环境因素的异同之处，成为三河共生、互补的重要基础。在司马迁看来，三河地区都是"地小人众"，但土地相对较好，"宜五谷桑麻六畜"，民人善于耕种，同时还以"天下之中"，商贾于周围各个地区。② 司马迁在论述了三河地区的共同特性后，又分都会介绍了各个地区的特性。三河地区的人们在适应自然环境、社会环境的过程，彼此沟通联系，更居三地，形成了"纤俭习事"的风俗；又因应各自小生境的特质，形成了各地独具特色的文化。

秦统一全国后，地区性的分裂状态结束。在大统一的形势下，国家区域中心城市迅速发展，洛阳城逐渐成为三河地区影响力、辐射力、吸纳能力最强的城市。夏、商、周时，这一地区就是王朝政权的重要发展区域，是全国重要的政治、经济、社会的中心区域之一。经过长时间的交流、融合，秦汉以后三河区域已形成密切联系，共生、互补的区域联合体，而洛阳城是这一联合体的重要区域中心之一。随着东汉、魏晋时期洛阳城政治地位的不断提升，洛阳城的辐射力由河南郡逐渐扩展到三河地区（见图十三）。

---

① 〔西汉〕司马迁：《史记》卷 129《货殖列传》，中华书局 1975 年版，第 3262 页。
② 〔西汉〕司马迁：《史记》卷 129《货殖列传》，中华书局 1975 年版，第 3270 页。

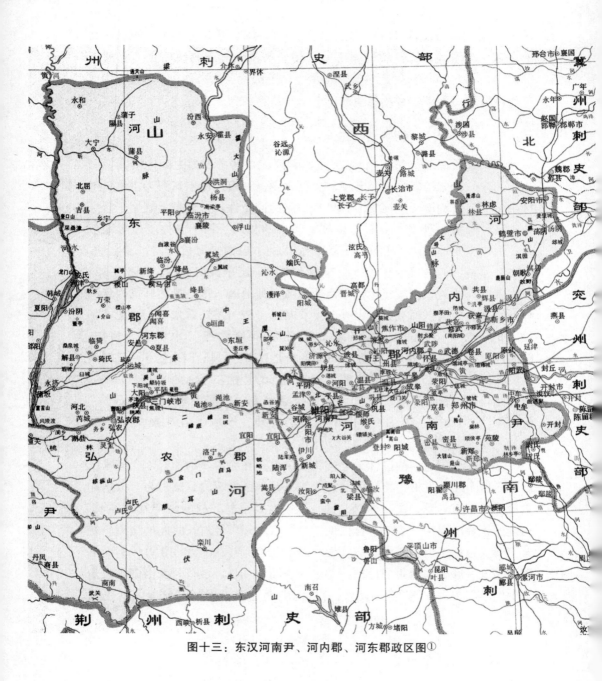

图十三：东汉河南尹、河内郡、河东郡政区图①

① 谭其骧主编：《中国历史地图集》第二册，中国地图出版社1982年版，第12－13页。

第五章 自然环境与城市社会的生态空间互动

西晋时期,国家的行政区划由原来的二级逐渐演变为州、郡、县三级。洛阳城作为都城,其一级行政区划便是司州。魏晋时期的司州相当于两汉时期的三辅,是都城畿辅之地,既是洛阳城的城市腹地,又是城市安全防御的战略区域。东汉时期,三河地区与河南郡西面的弘农郡以及三辅地区共同构成了雒阳城的京畿之地。京畿各郡之间有着密切联系,但又是相对独立的。曹魏时期,河南尹、河内郡、河东郡等郡隶属于司州。西晋时期,司州的统辖范围更是扩大至华北地区南部。在社会动荡时期,这样的布局有加强洛阳城战略防御的思考,也有增强中央势力的考虑。从城市生态系统的角度讲,城市腹地不仅是核心城市的经济辐射能力,也包含核心城市安全防卫的需求范围。因此,西晋时期面积广阔的司州均可以看作洛阳城的城市腹地。

南齐萧子良在上疏中提到,"西京炽强,实基三辅。东都全固,寔赖三河",以此谏议体恤建康畿辅之地,宽政优养。① 在魏晋南北朝时人的认识中,三河地区于洛阳城和三辅地区于长安城一样,为城市提供了强大的基础与坚固的防卫体系。洛阳城的发展壮大依赖于三河地区支持,三河地区也深受洛阳城的辐射影响。唐宋时期,三河地区与洛阳城依然保持着这样的共生、互补、相互作用、相互影响的关系,依然是洛阳城的重要腹地。

传统时代的都城,作为全国政治、经济、文化的中心,以其极强的吸附力和辐射力汇聚了全国各地的物资、信息、人员等,使都城成为王朝人口数量最多、功能最为复杂、结构最多样的城市。秦汉时期以后,大一统国家的出现,更为加剧了这种向心、凝聚的现象。东汉以后,洛阳城在较长时期成为王朝都城,直至唐宋时期仍然是陪都。与长安相比,洛阳城依托的伊洛河盆地面积较为狭小,三河地区虽然能够保障洛阳城的安全防卫,但区域内多山、多丘陵,盆地、河谷、平原面积狭小。长安地处的关中平原虽然号称"沃野千里""天府之国",但在西汉时期就已显现出支撑都城的不足,需要通过漕运转运关东地区的粮食等各种物资。洛阳城与长安相比,地处"天下之中",通达四方,相对有利于吸收、接纳漕粮。东汉至北魏时期,构建了以汉魏洛阳城为中心,以伊洛河为主渠道,以黄河为主线的漕运体系。三河地区是这一漕运体系的重要组成部分。

---

① 〔南朝·梁〕萧子显:《南齐书》卷26《王敬则传》,中华书局1972年版,第483页。

唐宋时期，从行政区划上来说，三河地区的中心区域包括河南府、怀州、陕州以及河东道（河东路）南部太行山脉各州，扩展区域包括都畿道（宋河南府、陕州、怀州、孟州）、河南道和整个河东道（河东路）等地（见图十四）。首先，三河地区为洛阳城提供各种扩展性的物资。唐宋时期，营建、修葺洛阳城及城内宫殿所需的木材主要来自河东道（河东路）的太行山区；盐等生活、生产必须矿产资源也来自河东盐池等。而怀

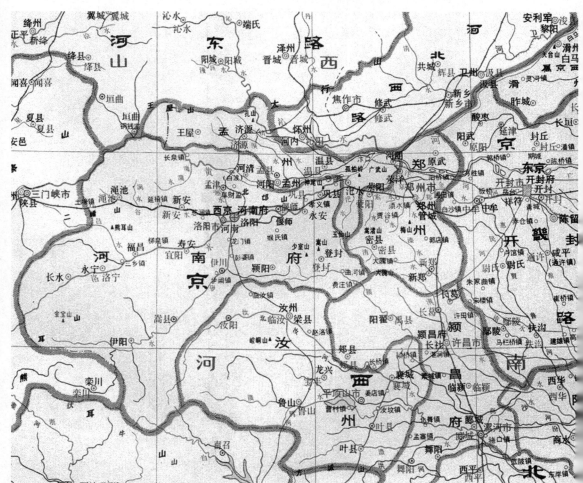

图十四：宋政和元年（1111）河南府、怀州、河东道南部各州政区图①

---

① 谭其骧主编：《中国历史地图集》第六册，中国地图出版社1982年版，第12–13页。

第五章　自然环境与城市社会的生态空间互动

州、孟州、陕州与河南府共临黄河，隋唐时期黄河是漕运最重要的河段，无论是自洛阳城向西转运长安，还是向东连通汴州、江淮，都要经过河南、河内之间的黄河河段。北宋时期，虽然不再需要向西供应长安，但仍然需要向关中地区、西北地区转运大量的物资，洛阳城依然是全国漕运运转系统中的重要枢纽；虽然洛阳城的政治地位有所下降，但依然对三河地区以及三河以外的全国各地有较强的辐射力与吸引力。因此，如前所述，河内地区的怀州、孟州各县在唐宋时期的隶属关系时常发生变动。这种变动主要是为了适应洛阳城的发展、变化，以及漕运体系的变化。河东地区、河内地区还是唐宋时期洛阳城的重要门户。自山西高原南下，经太行山诸山岭之间的孔道，能够居高临下，迅速抵达黄河岸边，威胁洛阳城。北魏时期，在河内郡河阳的黄河两岸及中泓沙洲修建了河阳三城。河阳三城扼守洛阳城的北面门户，隋末唐初、安史之乱、藩镇格局、唐末五代，各方势力自河东、河内南下洛阳城必经河阳三城。河阳三城失守，洛阳城的安全便危在旦夕。隋唐时期，河阳三城相当于三河地区相互联系、相互沟通的一大纽结。北宋时期，来自洛阳城北面的威胁相对较少，但因便利的津渡、转运条件，河阳三城及附近河段依然非常重要。北宋初期，为便于管理河内、河南之间黄河及支流漕运事宜，设置了三门白波发运司，后改为提举辇运司，衙署驻地便在三城附近的白波镇。

以上，我们从唐宋时期洛阳城的城市生态环境空间问题入手，讨论自然环境与城市互动下城市核心群体、城市居民的生存、生产、生活问题，进一步讨论了与城市居民生存关系最为密切的安全防卫与城市经济、社会发展问题。唐宋时期洛阳城延续了前一阶段的历史发展，其城市核心区、城市核心腹地、城市辐射范围等既与其历史沿革有着密切的联系，也与政治、经济、社会状况、军事形势等紧密关联。无论是城市核心区域、城市核心腹地、三河地区、辐射范围等，都是出自动态的过程中。在这一动态发展中，洛阳城经历着由唐至宋的变革。

第六章 城市社会生命层面的直接互动

前文我们主要讨论的是唐宋时期洛阳城居民如何从自然环境获取各种物质和能量，如何从城市核心区域、城市核心腹地、三河地区以及更为广阔地区获取维持城市生存、发展所需要的各种物资。然而，面对自然环境及城市所处的社会环境，从生命层面上来讲，并非只有鸟语花香、积粟满仓，还有来自不同层面、不同自然因素的各种威胁。如前所述，唐宋时期洛阳城城垣、墙垣的修建及其作用，主要是防御各种人为的安全威胁。而本章要讨论的威胁，主要来自自然环境，以及城市社会对自然环境的"不适应"。

学界在历史时期灾荒问题研究方面，已取得了丰硕成果。自20世纪二三十年代以来，灾害、灾荒、荒政问题始终是学界关注的重点之一。早期学者主要是对历史时期自然灾害的数量、频度、危害程度、空间分布等问题进行研究和系统梳理。20世纪七八十年代后，灾害研究向更深入的领域扩展，向分种类、分专题、分区域、分时间的细化的方向发展，极大推动了中国灾害史的相关研究。20世纪以来，灾害与人口问题、与社会问题以及荒政相关研究成为重点。灾害本身就是自然环境与人类社会的一种互动方式，是人类社会对自然环境的一种应对。

自然环境的变化超出了人类社会所能承受的范围，便会对人类社会造成危害、破坏。四季更迭、春去秋来、风雨变幻，自然环境的变化并非都会造成灾害。对社会来说引起威胁、造成危害的自然环境变化，或是自然环境因素的变化超过长年平均量，或是社会的承受能力大幅下降。因此，自然灾害是一个相对性的问题。近代以来，人类对自然环境的影响越来越大，取得了越来越多的对自然的"胜利"。在这样的背景下，灾害问题研究更加倾向于从人类社会角度去寻找问题的答案。即便是传统社会与工业社会的人与自然关系不同，也存在少数为"污染"而"污染"的研究倾向，或是认为传统社会中根本不存在环境问题，或基本不存在人与自然的不和谐。

这一部分，我们以唐宋时期洛阳城的自然灾害问题为切入点，考察自然环境与城市社会之间的互动关系，探讨生命层面的人与自然关系。自然灾害或威胁、或直接危害城市居民的生命。生命层面的人与自然关系是最根本、最核心的问题。在讨论这两个核心问题的同时，尝试考察唐宋时期洛阳城、洛阳地区人口与自然灾害、自然环境之间的关系。

第一节 唐宋时期洛阳城自然灾害概况

在"天人感应"的传统理念下，自然灾害并非单纯的自然环境变化与社会之间的问题，而是更倾向于社会的、具有象征意义的问题。水、旱、风、雹、霜、冻、虫、火等灾害在一定程度上被看作是对皇帝言行、政治统治活动的一种指示、预警或征兆。都城是中央政权所在，皇宫是皇权的象征。因此，都城及其附近地区的自然灾害问题得到更多的关注与记载。另一方面，都城汇集了来自全国各地的人群、物资、信息等，人口众多，社会复杂。自然环境变化与城市社会的互动层次更多，频率更高。相对来说，都城的自然灾害记载更多。总体来说，洛阳城作为唐宋都城时，各种自然灾害的记录相对较为完备；而在唐代中后期至五代时期，洛阳城的灾害记录相对较少。当然，这也与城市人口大幅下降，城市社会与自然环境之间的互动相对减弱有关。

唐宋时期，关于洛阳城自然灾害的记载主要集中在《旧唐书·五行志》《新唐书·五行志》《宋史·五行志》《通典》《唐会要》《宋会要辑稿》等政书、大型类书之中，在一些笔记小说的只言片语中，也零散分布着一些关于自然灾害以及洛阳城城市居民对城市自然灾害的认识。一些墓志、石刻铭文等资料，也能够补充唐宋时期洛阳城自然灾害记录的缺失，以及有助认识城市居民对自然灾害的应对问题。

笔者曾对西汉至唐代洛阳城及其附近地区的自然灾害进行梳理和分析，下文关于洛阳城自然灾害的记录主要来自笔者的博士学位论文《汉唐时期洛阳的生态与社会》（以下以"前期研究"代称）一文，同时参阅他人的研究成果，以及近年来研究过程中的新资料。北宋时期，洛阳城的各种自然灾害记录相对较少，笔者在论述过程中直接进行梳理、统计、分析。

唐宋洛阳城的城市规划布局、建设与长安城不同。如前所述，我们认为洛阳城在规划、建造之初，并未完全考虑郭城的问题，以至城市空间布局上出现了"洛水贯都"的问题。虽然隋炀帝等认为，"洛水贯都"是具有河汉之象，上应于天，但不可否认的是，传统城市跨河而建，必然会有较为严重的水灾问题。洛阳城又位于伊洛河盆地的西部，洛水、伊水、谷水（涧水）的冲积扇顶点上，诸河流出周围山岭后，摆脱束缚，在洛阳城附近易出现河道滚动，造成水灾。即便是不考虑唐代相对温暖湿润及北宋时期气候多变的问题，单从城市布局上来看，应对水灾就是这一时期洛阳城的重要问题。而唐代长安城和北宋开封城的这一问题相对不算突出。

在前期研究中，笔者统计了有唐一代，明确记载发生于洛阳城的水灾有18次，占西汉以来明确记载为城市水灾总次数24次的3/4。同为较长时期王朝都城的东汉时期，则仅有4次记录。且从洪水对城市的影响来看，东汉时期主要威胁距离洛水较近的雒阳城南墙的津城门，冲毁附近民舍、洛水、伊水上的桥梁。而唐代，城市洪水则冲毁里坊、城门、津梁、漕渠、民舍，甚至对东城、皇城、宫城构成威胁或造成损害。若以笼统的"京师""东都""洛阳"等来看的话，唐代水灾记载相对较少，而东汉时期相对较多。两者相加，东汉与唐代的洛阳城及附近地区的水灾记录在现有数量上基本上是接近的。这说明，东汉时期水灾对城市本身影响较小，但对城市周围地区影响较大；而唐代水灾对城市本身影响较大，但对周围地区的影响相对较小。如本书第二章的相关论述，东汉时期雒阳城的城市水系主要在城市核心区的外围，而唐代洛阳城的城市水系则遍布于城中，且各主要河流失去了自中游流域流出山谷后的缓冲地带。北宋时期，洛阳城的基本规制没有发生太大变化，在洛水主泓北移的影响下，河北临河城坊部分南移，但城市水系整体上没有发生太大变化，城市依然时常受到洪水的影响。宋初太宗至道二年（996），六月，"河南府瀍、涧、洛三水涨，坏镇国桥"①。特殊的城市规划、布局，决定了唐宋时期洛阳城的水灾主要由洛水、谷水（涧水）、瀍水的泛涨引发。伊水对洛阳城的危

---

① 〔元〕马端临：《文献通考》卷296《物异二》，中华书局1986年版，第2345页。

害、影响相对较小。

现有资料中并没有较为准确的、系统的关于唐宋时期洛阳城城市人口记载，人口记录的行政区划范围一般来说是州、府、郡一级。要对唐宋时期人口与水灾关系进行梳理、分析，还需要了解这一层级的灾害情况。唐代标明水灾发生地在"河南府""洛州"或辖属各县的记录共有11条。与洛阳城的水灾记录相比略少，这反映了灾害的社会性质问题。洛阳城是唐代河南府的核心，人口相对较多，城市人群分布较为密集。而河南府其他各县人口相对较少，且可能存在漏记、少记部分灾害的情况。在研究自然灾害与人类社会之间关系时，"河南府"层级的灾害记录也是一并计算在内的。北宋时期，具体到洛阳城的水灾记录相对较少，而以"河南""河南府""京西北"等为单位的水灾记录略多，但总体上与无论是次数还是频率都少于唐代。

从水灾发生时间上来看，唐宋时期洛阳城水灾主要发生在七至九月的夏秋之际，其次是三四月的春夏之交。而从气候变迁的角度来说，东汉时期、北宋时期气候的冷热、干湿交替较为频繁，而唐代中期以前主要是相对温暖、湿润的气候。水灾发生的季节性与气候的冷暖干湿关系不是太大。

城市洪水的主要来源是流域地区长时期的降水造成的，基本上没有山洪爆发威胁洛阳城的记载。这说明，洛阳城虽然三面环山，但邙山、周山、龙门山和万安山基本上都属于山脉的余脉，海拔较低，同时植被保护较好。但在洛阳城周围山区各县中，多有山洪暴发造成人员、财产损失的记录。唐开元五年（717）夏六月十四日，"巩县暴雨连日，山水泛涨，坏郭邑庐舍七百余家"，伤亡者众。① 这场山洪规模较大，当日涤荡巩县郭邑，继而一路狂奔，冲毁汜水县滨河民户。

面对水灾的威胁、危害，唐宋时期河南府、洛阳城除了通行的防灾、抗灾、赈灾的制度、措施之外，还有一些针对洛阳城实际情况的方法。隋时营建洛阳城之初，宇文恺等人在规划、营造时就已经考虑到了洛水对城市影响的问题，因此，在洛阳城禁苑中引洛水做众多支渠，弥漫于众宫院之中，削弱洛水来水之势，以减轻对洛阳城的威胁。同时，在宫城、皇城以南修建的月陂、积翠陂、上阳陂等大堤，既起到束水东流的作用，也起

---

① 〔后晋〕刘昫等：《旧唐书》卷37《五行志》，中华书局1975年版，第1357页。

到防护宫城、皇城的功效。在禁苑东部还开凿了水面广阔的积翠池（唐称凝碧池）。方孝廉等根据考古发掘和文献记载推测，积翠池在洛阳郭城之西，今"东下池、西下池、瞿家屯、兴隆寨东西一带"，西南抵今洛河河道，"向西至南昌路"一带。① 积翠池接纳了洛水、谷水，避免类似于东周灵王二十二年（前550）"谷洛斗，毁王宫"的悲剧。因此，积翠池在很大程度上减小了诸河流泛溢对城市的危害。如前所述，考古发掘发现，唐宋洛阳西郭城外有夯筑河堤，也是防范洪水的重要措施。然而，营建城市不能单单考虑防范河流泛溢的问题，更重要的是城市居民生产、生活用水问题。在这一方面，洛阳城的城市水系很好地解决了郭城、宫城的用水问题与漕运用水问题，开创了古代城市内水系规划、布局的新模式。

唐宋洛阳城是以宫城内的皇族以及皇城、东城的中央机构为核心的。在设计之初，宫城、皇城、东城的用水问题与城市防洪问题得到较好的解决。因此，虽然在唐宋时期也有宫城、皇城被洪水侵害、威胁的记载，但基本没有危害到主体区域。从地形地势上来说，洛阳城最核心的区域本身就在全城最高亢之地，抵御洪水侵袭的能力较强，而城市的其他区域相对较弱。为解决城市其他区域的洪水威胁，自隋至北宋，各王朝不断完善相关水利设施，减轻洪水影响。但总体上，依然是保证城市主要功能的充分发挥作用。洛阳城利用旧有河道，引谷水东行，汇入瀍水，既解决了宫城、东城、皇城的用水问题，也削减了谷水水势，同时还补充了新潭、漕渠的用水。但对于东城以东的郭城区域来说，谷水分水汇入新潭，再汇入洛水，瀍水汇入漕渠再汇入洛水。而新潭、漕渠附近及两岸又有较多里坊，一旦出现大面积、大量降水，三河同时泛溢，对这一区域就会造成极大威胁。唐开元十四年（726）、十八年（730），均出现诸水暴涨冲毁漕渠及漕运船只的记载。②

对于传统农业社会，影响范围较大、危害程度较高的自然灾害主要是水灾和旱灾。对于唐宋时期洛阳城来说，旱灾一般不会对其产生直接的侵害，但会对城市引水、用水造成威胁，同时会影响到城市的粮食供给问题。与洛阳城相关的唐宋时期旱灾记录均为较大的受害范围，如"东都"

---

① 方孝廉、李永强：《洛阳城市建设中的考古发现与探索》，《三门峡职业技术学院学报》2009年第1期，第52页。

② 〔后晋〕刘昫等：《旧唐书》卷37《五行志》，中华书局1975年版，第1357 - 1358页。

"河南府""京西北路""西京"等等。这是旱灾的突出特征，与水灾不同，旱灾往往是在较大范围内发生的，而少有局限于一城一地者。时间上讲，唐宋时期洛阳地区旱灾的发生主要在夏、秋季节，也有一些"春旱"的记录。时期上讲，北宋时期旱灾次数远多于唐代。旱灾的发生会造成较大范围的饥荒，且旱灾与蝗灾具有一定联系性。一般来说，秋季发生旱灾，若在冬春季节没有太大改善，次年春夏之际易发生蝗灾。蝗灾与旱灾类似，不会对城市造成直接的损害，却会在很大程度上影响到城市的粮食供给。虽旱、虫灾害不会直接对城市产生影响，但洛阳城是区域乃至全国的中心，区域内发生旱、虫灾害会威胁到洛阳城的负郭之地与城市腹地。此外，作为都城、区域中心，皇帝、中央官员及地方官员要开展赈灾、救灾以及与旱、虫灾害相关的礼制、宗教、政治活动。

气象变化引发暴雨，进而造成水灾之外，还会造成风灾、雹灾、霜冻、雪灾等。这些灾害同样会对唐宋洛阳城造成直接的损失与危害。但是风灾、雹灾、霜冻等灾害又具有一定的偶发性，难以形成与人口、人类活动的直接相关性。唐宋时期，风灾、雹灾记录主要集中在洛阳城，霜冻、雪灾则既有洛阳城的相关记录，也有较多河南府等较大区域的记录。从灾害发生时间上来说，与本身的气象变化相关，霜灾主要发生在早秋、晚春；雪灾主要发生在冬春季节；雹灾主要发生在春夏季节，且往往与风灾相关联；风灾则在一年各个季节均有发生。从时期来说，五代至北宋的雪灾记录相对于唐代来说更多一些；而唐代风灾、雹灾的记录略多，且对灾害造成的危害、影响记载得更为详细。但总的来说，与同时期的都城长安或开封相比，洛阳城的风灾、雹灾、霜冻、雪灾等记载相对较少。一方面，可能同一时期洛阳城此类灾害发生频度相对较低；但更重要的是，与城市本身的政治地位及灾害的记录有关。

在前期研究中，我们还讨论对唐宋洛阳城造成较大危害的另外两种自然灾害——地震和火灾。相较而言，地震对城市的破坏作用往往大于乡村地区。城市人口密度相对较大，居住较为集中，建筑较为密集，地震产生的破坏作用往往会被城市所放大。从汉魏、唐宋时期的记载来看，地震灾害的记载也是以城市区为主。唐代具有明确记载洛阳城地区地震的主要有3次，五代时期2次，北宋时期2次。与同时期的长安、开封相比，唐宋洛阳城的地震记载次数较少，且较为简单。唐代一般写作"神都""东都"地震，五代、北宋一般概括性地写作"河南府"地震。如前所述，洛阳城的地位相对较低，而作为武周神都的时间相对较短；另一方面，洛阳的地震灾害主要是受周围地震带的强震波影响，"小震多、震源浅、烈度高"①。就唐宋时期而言，在有关地震的记录中，并没有具体记载洛阳城的人员或财产损失。当然，没有记录并不意味着一定没有损害。但从长时期来说，以现有材料来看，唐宋时期与此前的汉魏、北魏时期相比，地震灾害的频度确实要低一些。而东汉、北魏时期的洛阳城地震记录中有败坏城郭、民屋以及致使伤亡等的记载。

氧与可燃物，加上适当的方式点燃，火便诞生了。生物产生之后，火也加入生物圈中，成为制衡生态系统的方式之一，"野火烧不尽，春风吹又生"，"火在不同程度上一直是一种环境因素、一种生态过程和一种演化力量"②。当人类学会使用火，火便成为社会发展的重要动力。人类试图控制点燃的方式，并不断拓展燃料的种类。然而，氧、燃料和热量的这种结合与其他自然力量一样，并非人类能够完全控制的；遑论进入人类社会的火本身就已经拥有了社会属性，其燃烧往往具有社会意涵。因此，在给人类的生产、生活带来便利的同时，火也带来了灾难。

现在一般认为，火灾是一种人为灾害，主要指由于人为疏忽或有意而为，促成起火条件的达到，并造成较大损害的事件。而传统观念则将火灾分为"火"和"灾"。"人火曰火，天火曰灾"，从人而起，因人失火是为"火"；从自然而起，不知火是如何发生的，是为灾。③"火"多指人为纵火、失火等人为因素导致的火灾；"灾"多指不明火，或闪电、地震等非人为因素引发的火灾。"火"与"灾"有时难以辨别清楚，故史籍记载中有同次火灾，或记为"火"，或记为"灾"者。

董仲舒天人感应学说给火灾赋予了系统性的政治预警涵义，"火"和"灾"不能完全按照人为或非人为的标准来判别。在不晚于东汉后期，原本以人为因素为主的"火"，取代了具有神秘色彩较浓的"灾"的政治预警主体地位。④此后，火灾记载具有了更强的政治指向性。因此，我们看

---

① 洛阳市地方史志编纂委员会编：《洛阳市志》第一卷，中州古籍出版社 2000 年版，第 473 页。
② [美]派因著，梅雪芹等译：《火之简史》导言，生活·读书·新知三联书店 2006 年版。
③ [晋]杜预注，[唐]孔颖达疏：《春秋左传正义》卷 24，中华书局 1980 年影印版，第 1888 页。
④ 彭卫、杨振红：《说汉代火灾》，郑州大学历史学院编《高敏先生八十华诞纪念文集》，线装书局 2006 年版，第 125 页。

到，唐宋时期，火之为灾，主要的记载集中于都城长安、洛阳或开封的宫殿、陵寝、府衙等政治色彩极浓的建筑。当然，火灾最主要的还是对人类的生命构成威胁。在洛阳火灾的相关记载中，能够看到烈火吞噬大量生命，触目惊心。东汉永初二年（108），河南郡县大火，烧 584 人。武周证圣元年（695）正月丙申夜，薛怀义"密烧天堂，延及明堂，火照城中如昼，比明皆尽"①。兵燹并称，对于洛阳来说，战乱之中，多遭焚毁。安史之乱，回纥助兵平乱，收复东京洛阳后，"恣行残忍"。洛阳士女惧怕，躲避在圣善寺和白马寺的楼阁之上。回纥纵火焚烧，死伤者万计，"累旬火焰不止"。②

第二节　唐宋洛阳自然灾害与环境承载力

人类活动不可避免地会对自然环境造成影响。20 世纪八九十年代，一些学者在研究森林植被等历史变迁问题时，曾讨论过洛阳城及其周围地区的环境问题。洛阳城作为都城时，对周围地区环境会带来一定的影响，会对森林植被造成一定的破坏。③ 从另一个方面讲，都城时期的洛阳人口增加，城市功能复杂，自然灾害对城市的影响会增大。而人类活动的加剧会扰动自然环境，需要从环境中获取更多的物质和能量。这些因素与自然环境本身的变化相叠加，会反过来对洛阳城或周围地区居民造成影响，也就是加剧了自然灾害的危害与威胁。

如上所述，能够对唐宋时期洛阳城产生直接影响的自然灾害主要是水灾、火灾、雹灾、风灾、霜冻、雪灾和地震。但是，相关记载中并没有系统的、相对完善的城市人口记录，人口记载主要是河南府一级的。因此，对洛阳城影响相对较为间接的旱灾也是需要着重考虑的。

具体而言，传统时期，区域环境变化最明显体现在周围地区的森林植被上。洛阳城作为都城时期，需要大量的木材、薪炭等，会对周围的森林植被造成影响，而洛阳城周围又有众多山岭，植被减少会在一定程度上影

---

① 〔北宋〕司马光：《资治通鉴》卷 205，中华书局 1956 年版，第 6614 页。
② 〔后晋〕刘昫等：《旧唐书》卷 195《回纥传》，中华书局 1975 年版，第 5204 页。
③ 史念海：《中国古都和文化》，中华书局 1998 年版，第 281 页。

响到山体含蓄水源、降低山洪风险的能力。因此，水灾问题与城市人口问题是笔者研究的重点。前章所述，唐宋时期洛阳地区人口的统计不够连贯，仅存有数个年份的相关记录。考虑到人类活动与自然环境的关系、自然环境变化、自然灾害与环境变化之间的可能关系、自然灾害的周期性变化等，通过对比每个人口年份前后十年的水灾情况，前后十年的极端天气灾害情况，前后十年的旱灾、虫灾情况，结合地震、火灾的相关记载，尝试研讨洛阳城自然灾害与环境承载力之间的关系。唐宋时期各灾害的数量依然是参考我们的前期研究成果，范围主要是洛阳城及河南府。

一、唐贞观十三年

接隋末唐初战乱之弊，洛阳城及附近地区人口相对较少。在《旧唐书·地理志》中并无洛州都督府的相关记载。我们推测人口大致在5万至10万，不及隋大业五年（609）的一半，人口密度大致在每平方公里5.47至10.93户之间。贞观十一年（637），洛阳城发生一次规模较大的水灾，谷、洛二水泛溢，危害到皇城，并冲毁民居600余家。①

二、开元十七年或十八年

经过高宗、武后时期的发展，洛阳地区的人口有了一定的增长，且在武后时期成为国家都城。人口增加、政治地位提高、经济社会发展，对周围环境有了更高的需求。《元和郡县图志》载河南府户数为127440，经测算人口密度大致为每平方公里5.49户。前后十年记载发生水灾5次，其中4次明确记载与洛阳城有关。发生旱灾1次，发生地震1次，发生城市火灾2次。开元十七年（729）或十八年（730）前后十年均仍在玄宗时期，洛阳城已重新成为唐王朝的陪都。但与前一时期相比，各种灾害的记录有较大幅度增加。

三、天宝元年

《通典》所记天宝年间人口记载，与开元十七年或十八年相比有较大幅度的增加，河南府领县未发生大的变化，人口增加至193480户，

---

① 〔唐〕吴兢撰，谢保成集校：《贞观政要集校》卷10《论灾祥》，中华书局2003年版，第526页。

1150780 口，经测算人口密度达到 8.28 户每平方公里。前后十年洛阳城附近地区记载发生水灾 2 次，发生风灾 1 次，火灾 1 次，相较于前一时期又有较大幅度的下降。

四、天宝十一载

天宝十一载（752）河南府人口达到顶峰，此后不久便爆发了安史之乱，人口出现了锐减。《旧唐书·地理志》载天宝河南府户数为 194764，口数为 1183093，与天宝元年相比有一定幅度的增加，经测算人口密度为每平方公里 8.33 户，同样为唐代最高值。天宝十一载前后十年河南府、洛阳城记载发生水灾 1 次，发生风灾 1 次，与前一时期相比记载又少。唐玄宗开元、天宝年间是唐代洛阳城发展的一个重要阶段。总括来看，自玄宗元年至天宝十四载安史之乱，洛阳城、河南府共发生水灾 8 次，火灾 3 次，风灾 2 次，旱灾 1 次。

五、元和四年或五年

安史之乱后，洛阳城遭到较大破坏，人口损失严重，政治地位下降，经济、社会辐射力减弱，对周围环境的需求减少。至宪宗元和四年或五年，有河南府人口记载。《元和郡县图志》载元和户 18799，尚不及唐代顶峰时期的 1/10，经测算人口密度为每平方公里仅 0.94 户。元和四年（809）或五年（810）的十年前后，洛阳城、河南府仅有元和八年（813）十月发生的一次霜灾记载，记载为东都。[①] 与人类活动对环境影响关系较大的水灾记录没有一次，一方面是这一时期洛阳城政治地位下降，可能存在记录缺失、漏记的问题；另一方面是人口大幅度下降，洪水造成的危害相对较小。

六、北宋太平兴国四年

经历晚唐五代时期的动荡，至北宋初期洛阳人口有所恢复。《太平寰宇记》载太平兴国四年河南府统辖 18 县，总户数为 81957，测算人口密度为每平方公里 4.41 户，相对较低。太平兴国四年（979）前后十年，洛阳城、河南府的旱灾记载 1 次，蝗灾记载 1 次，水灾记载 1 次，相对较

---

① 〔北宋〕欧阳修、宋祁：《新唐书》卷 36《五行志三》，中华书局 1975 年版，第 936 页。

少。且相关记载均以河南府为单位，尚未见到洛阳城城市灾害记录。

七、元丰元年或二年

元丰年间为北宋中期，经过百余年的发展，洛阳人口有了较大提高，《元丰九域志》载元丰元年（1078）或二年（1079）河南府统辖13县（1监），主客户共有115675户，接近唐开元十七年（729）或十八年（730）的数字，经测算人口密度为7.81户每平方公里，高于后者。元丰元年或二年前后十年间，史籍记载的洛阳城、河南府发生水灾2次，以及数次较大范围的旱灾。灾害记录仍然相对较少。

八、崇宁元年

崇宁元年（1102）已是北宋末期，河南府人口达到了北宋时期有记录的最高点。《宋史·地理志》载河南府辖16县（1监）共有民户127767，经测算人口密度为8.62户每平方公里，也是北宋时期数值最高的，超过唐天宝十一载的人口密度。崇宁元年前后十年间，史籍仅记载洛阳城、河南府水灾1次，大规模疾疫1次。水灾的记载极为简单，仅是"伊、洛溢"①，没有具体的灾情记录。

从以上对比分析中可以看出，唐宋时期洛阳城、河南府的人口顶点大致在唐天宝十一载和宋崇宁元年之后的一段时间。但这两个时间点的前后十年洛阳城、河南府的自然灾害次数并没有太大的提高，甚至相对来说有所减少。当然，数据资料的相对偏少，灾害记载与洛阳城政治关系的密切联系，气候的周期性变化等都会在较大程度上影响对这一问题的判断。但有一点是明确的，人口数量不一定与自然灾害数量、灾害程度成正比。在唐宋时期，以洛阳城来说，城市人口、区域人口增加，对周围自然环境会造成较大影响，但并未带来自然灾害的增加，特别是水灾、山洪的增加。自然灾害的发生与人类社会的关系较为密切，而在这一时期也与灾害记录的关系较为密切。

---

① 〔元〕脱脱等：《宋史》卷20《徽宗纪二》，中华书局1977年版，第378页。

结　语

20世纪50年代以后，环境污染、生态恶化等问题凸显。近现代城市是工业文明的产物，在其发展过程中，环境问题更为突出。面对城市社会与自然环境的"不相协调"，生物学、地理学、社会学、经济学等学科领域开始将目光投向城市社会与自然环境关系这一领域。一些历史学家也开始从人类历史进程与生态演替过程的角度，探讨人与自然的历史关系，研究人类社会与自然环境"彼此因应、互相反馈""协同演化"①的互动关系。从"生命共同体"的角度考察自然环境与人类社会的生态关系。虽然，历史时期中国传统城市与自然环境之间远未达到"不相协调"的地步，但古今中外的城市均是以自然环境为基础，从自然中产生，是自然环境与社会交互作用的结果。考察唐宋时期洛阳城市社会与自然环境之间的互动关系，不仅仅是为了探寻现代城市生态文化的"起点"与发展脉络，更是为了从更深层次上去认识、了解、理解不同时代人们对自然环境的适应、应对、改造与利用情况，了解如何在实现人与自然和谐共生的基础上，更好地延续种群、族群，构建基于"生命共同体"的生态文化体系。

隋唐至北宋时期是中国历史上的一个重要的转折期，同时也是洛阳城政治、经济地位发生变化的关键期。在历史变革期中，人们的自然观、生态观、社会观、文化观等都随着政治、社会、经济的转变而不断变化。这一时期，洛阳城所在的伊洛河流域气候冷暖干湿、水文环境、植被分布等自然环境因素发生了较大的变迁。从自然环境与社会共同演替的视角下，观察洛阳城的历史发展过程，能够更全面地认识洛阳城的兴衰交替，能够

---

①　王利华：《探寻吾土吾民的生命足迹——浅谈中国环境史的"问题"和"主义"》，《历史教学（下半月刊）》，2015年第6期，第3—8页。

更好地认识中国古代传统城市生态系统的演替过程，能够更好地理解自然环境与人类社会之间的互动关系。

"天下之中"，是唐宋时期洛阳最突出的特点，也是对洛阳城市生态系统较为全面的一个概括。

首先，"天下之中"是一个经济、社会空间概念。"天下之中"意味着"四方纳贡职""道里均"①。对于洛阳城来说，"贡职"意味着城市"生命"的维持。中，是以洛阳为"中"，是以城市中的人为"中"。无论是人还是城市，生命的延续，首先需要各种物质和能量。对于作为消费者的人类来说，并不能直接从太阳的辐射中获取生存所需的物质和能量。他们需要依靠生产者——主要是植物获取物质和能量。人类在获取物质和能量的需求方面与动物是一致的，食物、水等物质和能量的不足必然带来种群的衰落或灭绝。但与动物不同的是，人类能够通过文化适应来应对自然，能够采取适宜的生产方式最大限度地维持种群的生存。唐宋时期，洛阳城居民的生存主要依赖农业生产。农业生产是以人为的方式利用、改变原始植被或动物，以获取充足的食物、衣料等的活动。

历史时期，洛阳城一般是以"筑城所卫"之人为"中"。自夏代开始，二里头遗址就有了宫殿区，有了城市的中心。两汉魏晋时期，洛阳城有了大城城墙，其内即宫殿、衙署以及居民区等。大城城墙起着保护城市居民的作用，同时也是城市内外社会区隔管理的重要手段。北魏时期，修筑了郭城城墙，除了大城内的居民外，郭城内的居民也是郭墙保护的对象。隋唐洛阳城是安全防御与社会管理的典范。宫城被重重围起，表明隋代洛阳作为军事防御堡垒的定位，突出防护城市核心人群。隋唐洛阳郭城没有呈对称分布，其原因有二：（1）邙岭、洛河限制了其向西扩展；（2）附庸于洛阳宫城。伊洛河盆地中，适宜于修建都城之所，皆在北面的邙山山麓下。隋炀帝无法选择汉魏故城，只能选取盆地西北部的高亢地带，这样一来使郭城无法向西部扩展。西面的禁苑也是宫城防御体系的一部分。郭城以内，里坊制更加成熟，坊市治理依然十分严格，坊市形制依然规整、严密。北宋时期，洛阳已不再是都城，城市的核心群体不再是皇族、贵戚、权臣等，相比之下中心不再那么突出。另一方面，虽然郭城内依然有大量的里坊，但管理方式已经发生了新的变化。

---

① 〔西汉〕司马迁：《史记》卷99《刘敬列传》，中华书局1975年版，第2716页。

对城市的"中心"——居民，需要有一个较为明确的标准，以区别于其他人群。首先，城墙、郭墙之内的人，必然是洛阳城市人群中的一员，不论是流动（寓居）人口还是固定人口。其次，负郭之地的人是城市生态系统中的一员。他们为城市居民提供新鲜的蔬果、肉蛋以及部分粮食，提供建材、木材、燃料等。城墙、郭墙之外的人们，通过这种物质、能量的传输，成为洛阳城市生态系统中不可缺少的一员。再次，一般而言，距离洛阳城30～50里范围内①的人，可能属于洛阳城市生态系统。判定的标准是，其是否参与到城市的物资、能量输送圈中。要充分参与到洛阳生态系统中，需要与城市保持较为密切的距离。当然，这个范围没有具体的边界，只是一个过渡的地带，可长亦可短。

其次，"天下之中"还具有自然的意义，天地之合，四时之交，风雨之会，阴阳之和。从现代自然带的角度看，洛阳地区处于多个自然因素的交汇处。自然因素的交汇，造就了这一地区丰富多样的植物群落和动物种类。人们可以有多种生产方式进行选择，或农或牧，或渔或猎。从人类的自然观念角度看，洛阳地区的自然因素多被赋予了"中"的使命，例如嵩山为中岳，其地位不与他山同。嵩山的余脉邙山，自古以来便是人们的归宿所选择。历代帝王陵寝本就以邙山为选择之一，至北魏孝文帝时，又令代北人为洛阳人，亡葬北邙山，进一步促进了人们"邙山茔域"观念的形成。自北魏至北宋时期，邙山上陵墓累累。伊洛河流域的山脉由嵩山、伏牛山、熊耳山、外方山和嵩山山脉组成。诸山在形势上不能与关中四围比，但山脉足以捍卫环抱中的伊洛河盆地。崇山峻岭间的河谷既是要塞隘口，又是孔道，四通八达。例如嵩山的"嵩函古道"，自古以来便构成了洛阳西达长安的通道，同时也是洛阳的西部防线。

伊、洛、瀍、涧是洛阳城周围最重要的四条河流，是城市生活、生产用水的主要来源，能够满足洛阳城的需要。隋唐洛阳城城址与汉魏洛阳城城址不同，两者的城市水系也不同，但是水系河渠的水量都是十分丰富的。汉魏时洛阳城由谷水、阳渠环绕。其西有千金堨，引瀍水、谷水至城边；其东有阳渠、谷水东行入鸿池陂；其南有张纯堰洛入谷。谷水、阳渠入城为城市用水和排水的主要渠道。阳渠还是漕运的重要运道，保障洛阳的"天下之中"地位。隋唐、北宋时期的洛阳城，洛水贯都，有多条支

---

① 30～50里是唐宋时期人们依靠步行或车运在一日之内的行程。

流汇入、分出。谷水在周王城附近两分,一支东行入宫城,一支南下入洛水。瀍水自城外入,汇于漕渠,为漕渠添加水量。与汉魏故城相比,隋唐洛阳城为了便于漕运,在一定程度上牺牲了城市的用水安全。汉魏故城地势较高,且城距洛水主泓较远。虽有堰洛入谷的渠道,在洪水时会东北行,逼近洛阳。但从水灾记载看,最多只是至津城门,而未对城门、城造成大的破坏。应该说,在城市用水安全方面,汉魏洛阳城是相当成功的。而隋唐洛阳城,本就是跨洛水而建,为了便于漕运,自立德坊西南堰洛水东北出,为漕渠,又引瀍水、洩城渠汇入。因此,史籍中每每有漕渠与瀍水、洛水共同成灾的记载。

正如史念海先生所讲,唐代以前洛阳周边的植被条件还是比较好的;唐代之后开始慢慢变糟。① 这种变糟,不是在唐代突然恶化,而是历史时期积累的结果。原始植被被破坏后,或用于耕种,或种植树木,或自然长出次生林。无论何种,都没有原有的植被群落稳定。从环境考古发掘研究成果可知,自全新世大暖期结束后,洛阳地区的植被基本形态便形成了。今日的优势种与周代之后的优势种基本相同。与传统观念不同,我们能够发现唐宋时期洛阳地区有大量的优良植被的记载,却很少见到有植被被破坏的记载。

"天下之中",还指的是"三河","昔唐人都河东,殷人都河内,周人都河南。夫三河在天下之中,若鼎足,王者所更居也,建国各数百千岁"②。三河既是汉代行政区划的三个郡,也是人们"洛阳"观念中的一种。洛阳与长安、开封是黄河中下游地区的三个核心,三者之间是有着密切联系的,特别是在隋唐、北宋时期。长安为都城时,以三河为京畿,洛阳成为长安城市体系中的一环。为长安城市生态系统提供物质、能量。同时,洛阳又与河东、河内密切联系,共同构成长安的安全防卫体系。洛阳为都城时,三河是重要的城市腹地,为洛阳提供必须的物资、信息和人口。同是,两地构成了洛阳北面的防卫带。开封为都城时,京西路(京西北路)、河东路又共同构成开封城市体系的一环。

最后,环境承载是人与自然之间互动是否良性的一个标志。灾害,是

---

① 史念海:《历史时期黄河中游的森林》,《河山集·二集》,生活·读书·新知三联书店1981年版,第275页。
② 〔西汉〕司马迁:《史记》卷129《货殖列传》,中华书局1975年版,第3262–3263页。

自然因素的活动强度超出人类社会所能承受的限度而造成的损害，是环境承载的外在体现。灾害不是单纯的自然因素变化，而是人类社会与自然因素变化互动的结果。人们的应对方式及自然环境观都对赈灾、防灾影响极大，或加剧灾害的破坏程度，或有所减缓。唐宋时期洛阳的灾害记载都已加入个人的或国家的政治、社会观念。灾害记载不仅是记录文本本身，而且具有政治预警或惩戒的意义。因此，灾害记载的内容不甚客观，洛阳作为都城时数量较多，非都城时数量锐减。将唐宋时期洛阳人口与灾害频次相比较，在一定程度上能够反映环境承载的情况。总的来说，唐宋时期洛阳人口的增加，并没有带来自然灾害数量的增加，或灾害程度的加剧。

宋金之后，国家经济富足地区主要集中于江南，洛阳的经济实力大减。农业社会的经济，主要是农业生产活动，其对象是动植物，其基础则是土壤、气候等各种自然因素。从金元以后的通志、地方志等史籍资料中，可以看到洛阳地区大量植被被破坏、水文条件恶化等记载。这些在宋代以前是较为少见的。宋代以后，洛阳环境相对恶化与经济实力衰减之间的关系是怎样的？处于衰落期的洛阳城市生态系统是如何演变的？自然环境改善对于城市生态系统重构及城市复兴的作用是怎样的？这一系列问题需要进一步去探讨。

参考文献

一、基本史料

1. 〔西汉〕司马迁. 史记〔M〕. 北京：中华书局，1975.
2. 〔西汉〕桓宽. 盐铁论校注〔M〕. 王利器，校注. 北京：中华书局，1992.
3. 〔东汉〕班固. 汉书〔M〕. 北京：中华书局，1962.
4. 〔晋〕陈寿. 三国志〔M〕. 陈乃乾，校点. 北京：中华书局，1959.
5. 〔东周·春秋〕左丘明. 春秋左传正义〔M〕. 〔晋〕杜预注，〔唐〕孔颖达，疏. 北京：中华书局，1980.
6. 〔南朝·宋〕范晔. 后汉书〔M〕. 〔唐〕李贤，等，注. 北京：中华书局，1965.
7. 〔南朝·梁〕萧统. 文选〔M〕. 〔唐〕李善，注. 北京：中华书局，1977.
8. 〔南朝·梁〕萧子显. 南齐书〔M〕. 北京：中华书局，1972.
9. 〔北魏〕贾思勰. 齐民要术校释〔M〕. 缪启愉，校释. 缪桂龙，参校. 北京：农业出版社，1982.
10. 〔北魏〕郦道元. 水经注校证〔M〕. 陈桥驿，校证. 北京：中华书局，2007.
11. 〔北魏〕杨衒之. 洛阳伽蓝记校释〔M〕. 周祖谟，校释. 北京：中华书局，2010.
12. 〔唐〕白居易. 白居易集〔M〕. 顾学颉，校点. 北京：中华书局，1979.
13. 〔唐〕杜甫. 杜诗详注〔M〕. 〔清〕仇兆鳌，注. 北京：中华书局，1979.

14. 〔唐〕杜佑. 通典［M］. 王文锦, 王永兴, 刘俊文, 等, 点校. 北京: 中华书局, 1988.
15. 〔唐〕房玄龄, 等. 晋书［M］. 北京: 中华书局, 1974.
16. 〔唐〕韩愈. 韩昌黎文集校注［M］. 马其昶, 校注. 上海: 上海古籍出版社, 1986.
17. 〔唐〕李白. 李太白全集［M］.〔清〕王琦, 注. 北京: 中华书局, 1977.
18. 〔唐〕李吉甫. 元和郡县图志［M］. 贺次君, 点校. 北京: 中华书局, 1983.
19. 〔唐〕李林甫, 等. 唐六典［M］. 陈仲夫, 点校. 北京: 中华书局, 1992.
20. 〔唐〕李泰, 等. 括地志辑校［M］. 贺次君, 辑校. 北京: 中华书局, 1980.
21. 〔唐〕令狐德棻, 等. 周书［M］. 北京: 中华书局, 1971.
22. 〔唐〕刘禹锡. 刘禹锡集［M］.《刘禹锡集》整理组, 点校. 北京: 中华书局, 1990.
23. 〔唐〕权德舆. 权德舆诗文集［M］. 郭广伟, 校点. 上海: 上海古籍出版社, 2008.
24. 〔唐〕韦述,〔唐〕杜宝. 两京新记辑校·大业杂记辑校［M］. 西安: 三秦出版社, 2006.
25. 〔唐〕魏徵, 令狐德棻. 隋书［M］. 北京: 中华书局, 1973.
26. 〔唐〕吴兢. 贞观政要集校［M］. 谢保成, 集校. 北京: 中华书局, 2003.
27. 〔唐〕徐坚, 等. 初学记［M］. 北京: 中华书局, 1962.
28. 〔唐〕张籍. 张籍诗注［M］. 陈延杰, 注. 上海: 商务印书馆, 1938.
29. 〔唐〕韦庄. 韦庄集笺注［M］. 聂安福, 笺注. 上海: 上海古籍出版社, 2002.
30. 〔后晋〕刘昫, 等. 旧唐书［M］. 北京: 中华书局, 1975.
31. 〔宋〕王溥. 唐会要［M］. 北京: 中华书局, 1955.
32. 〔宋〕范仲淹. 范文正公文集［M］. 影印版. 北京: 中华书局, 1980.
33. 〔宋〕计有功. 唐诗纪事校笺［M］. 王仲镛, 校笺. 北京: 中华书局, 2007.

34. 〔宋〕乐史. 太平寰宇记［M］. 王文楚，等，点校. 北京：中华书局，2007.
35. 〔宋〕李昉，等. 太平御览［M］. 北京：中华书局影印，1960.
36. 〔宋〕李昉，等. 文苑英华［M］. 北京：中华书局，1966.
37. 〔宋〕李格非. 洛阳名园记［M］.（明）毛晋，订. 松本幸彦重校刊本，1829.
38. 〔宋〕李焘. 续资治通鉴长编［M］. 上海师范大学古籍整理研究所，华东师范大学古籍研究所，点校. 北京：中华书局，1995.
39. 〔宋〕马纯. 陶朱新录［M］. 嘉庆十三年.
40. 〔宋〕欧阳忞. 舆地广记［M］. 北京：中华书局，1985.
41. 〔宋〕欧阳修. 洛阳牡丹记［M］. 陶湘景宋刊本，1927.
42. 〔宋〕欧阳修. 欧阳修全集［M］. 李逸安，点校. 北京：中华书局，2001.
43. 〔宋〕欧阳修、宋祁. 新唐书［M］. 北京：中华书局，1975.
44. 〔宋〕钱易. 南部新书［M］. 黄寿成，点校. 北京：中华书局，2002.
45. 〔宋〕邵雍. 邵雍集［M］. 郭彧，整理. 北京：中华书局，2010.
46. 〔宋〕邵伯温. 邵氏闻见录［M］. 李剑雄，刘德权，点校. 北京：中华书局，1983.
47. 〔宋〕沈括. 梦溪笔谈校证［M］. 胡道静，校证. 上海：上海古籍出版社，1987.
48. 〔宋〕司马光. 资治通鉴［M］. 北京：中华书局，1956.
49. 〔宋〕王存，等. 元丰九域志［M］. 王文楚，魏嵩山，点校. 北京：中华书局，1984.
50. 〔宋〕王溥. 五代会要［M］. 上海：上海古籍出版社，1978.
51. 〔宋〕王钦若，等. 宋本册府元龟［M］. 北京：中华书局，1989.
52. 〔宋〕王应麟. 通鉴地理通释［M］. 上海：商务印书馆，1936.
53. 〔元〕马端临. 文献通考［M］. 北京：中华书局，1986.
54. 〔元〕脱脱，等. 金史［M］. 北京：中华书局，1975.
55. 〔元〕脱脱，等. 宋史［M］. 北京：中华书局，1977.
56. 〔明〕李时珍. 本草纲目（校点本）［M］. 北京：人民卫生出版社，1982.
57. 〔清〕董诰，等. 全唐文［M］. 北京：中华书局影印，1983.

58. 〔清〕方世举. 韩昌黎诗集编年笺注 [M]. 郝润华，丁俊丽，整理，译. 北京：中华书局，2012.

59. 〔清〕顾炎武. 历代宅京记 [M]. 北京：中华书局，1984.

60. 〔清〕顾祖禹. 读史方舆纪要 [M]. 北京：中华书局，2005.

61. 〔清〕郭庆藩. 庄子集释 [M]. 王孝鱼，点校. 北京：中华书局，1961.

62. 〔清〕郝懿行. 山海经笺疏 [M]. 北京：中国书店，1991.

63. 〔清〕胡渭. 禹贡锥指 [M]. 邹逸麟，整理. 上海：上海古籍出版社，2006.

64. 〔清〕焦循. 孟子正义 [M]. 沈文倬，点校. 北京：中华书局，1987.

65. 〔清〕彭定求，等. 全唐诗（增订本）[M]. 中华书局编辑部，点校. 北京：中华书局，1999.

66. 〔清〕阮元. 十三经注疏 [M]. 北京：中华书局，1980.

67. 〔清〕阮元. 尔雅注疏 [M]. 北京：中华书局影印，1980.

68. 〔清〕施诚.（乾隆）河南府志 [M]. 同治六年补刊本.

69. 〔清〕孙星衍. 尚书古今文注疏 [M]. 盛冬铃，点校. 北京：中华书局，1986.

70. 〔清〕孙诒让. 周礼正义 [M]. 王文锦，陈玉霞，点校. 北京：中华书局，1987.

71. 〔清〕徐松. 河南志 [M]. 高敏，点校. 北京：中华书局，1994.

72. 〔清〕徐松. 增订唐两京城坊考（修订版）[M]. 李健超增订. 西安：三秦出版社，2006.

73. 〔清〕徐松. 唐两京城坊考 [M].〔清〕张穆，校补. 方严，点校. 北京：中华书局，1985.

74. 徐元诰. 国语集解 [M]. 王树民，沈长云，点校. 北京：中华书局，2002.

75. 郭郛. 山海经注证 [M]. 北京：中国社会科学出版社，2004.

76. 黎翔凤. 管子校注 [M]. 北京：中华书局，2004.

77. 王叔岷. 列仙传校笺 [M]. 北京：中华书局，2007.

78. 刘琳，刁忠民，舒大刚，等. 宋会要辑稿 [M]. 上海：上海古籍出版社，2014.

79. 山右历史文化研究院. 西台集（外三种）[M]. 上海：上海古籍出版社，2016.

二、中文论著

80. 夏纬瑛.管子地员篇校释［M］.北京：中华书局，1958.
81. 中国农业科学院南京农学院中国农业遗产研究室.中国农学史［M］.上册.北京：科学出版社，1959.
82. 中国科学院《中国自然地理》编辑委员会.中国自然地理·土壤地理［M］.北京：科学出版社，1981.
83. 熊毅，李庆逵.中国土壤［M］.北京：科学出版社，1987.
84. 赵文林，谢淑君.中国人口史［M］.北京：人民出版社，1988.
85. 新安县地方史志编纂委员会.新安县志［M］.郑州：河南人民出版社，1989.
86. 中国社会科学院考古研究所.洛阳发掘报告：1955—1960年洛阳涧滨考古发掘资料［M］.北京：北京燕山出版社，1989.
87. 王文楷.河南地理志［M］.郑州：河南人民出版社，1990.
88. 翁俊雄.唐初政区与人口［M］.北京：北京师范大学出版社，1990.
89. 史念海.中国历史人口地理和历史经济地理［M］.台北：学生书局，1991.
90. 辛德勇.隋唐两京丛考［M］.西安：三秦出版社，1991.
91. 洛阳市史志编纂委员会.洛阳地理志［M］.北京：红旗出版社，1992.
92. 王邨.中原地区历史旱涝气候研究和预测［M］.北京：气象出版社，1992.
93. 黄怀信，张懋镕，田旭东.逸周书汇校集注［M］.李学勤，审定.上海：上海古籍出版社，1995.
94. 王育民.中国人口史［M］.南京：江苏人民出版社，1995.
95. 郭建民，郑金亮.伊洛河志［M］.北京：中国科学技术出版社，1995.
96. 贺业钜.中国古代城市规划史［M］.北京：中国建筑工业出版社，1996.
97. 文焕然，文榕生.中国历史时期冬半年气候冷暖变迁［M］.北京：科学出版社，1996.
98. 赵冈.中国历史上生态环境之变迁［M］.北京：中国环境科学出版社，1996.
99. 梁庚尧.宋代社会经济史论集（上、下册）［M］.台北：允晨文化实业

参考文献

股份有限公司，1997.
100. 吴松弟. 中国移民史［M］. 第三卷. 福州：福建人民出版社，1997.
101. 邹逸麟. 黄淮海平原历史地理［M］. 合肥：安徽教育出版社，1997.
102. 黄春长. 环境变迁［M］. 北京：科学出版社，1998.
103. 史念海. 中国古都和文化［M］. 北京：中华书局，1998.
104. 洛阳市地方史志编纂委员会. 洛阳市志［M］. 第一卷. 郑州：中州古籍出版社，2000.
105. 吴松弟. 中国人口史［M］. 第三卷 辽宋金元时期. 上海：复旦大学出版社，2000.
106. 张鸿雁. 侵入与接替：城市社会结构变迁新论［M］. 南京：东南大学出版社，2000.
107. 胡戟，张弓，葛承雍. 二十世纪唐研究［M］. 北京：中国社会科学出版社，2001.
108. 梁思成. 梁思成全集［M］. 第七卷. 北京：中国建筑工业出版社，2001.
109. 薛瑞泽. 汉唐间河洛地区经济研究［M］. 西安：陕西人民出版社，2001.
110. 程存洁. 唐代城市史研究初篇［M］. 北京：中华书局，2002.
111. 冻国栋. 中国人口史［M］. 第二卷 隋唐五代时期. 上海：复旦大学出版社，2002.
112. 葛剑雄. 中国人口史［M］. 第一卷. 上海：复旦大学出版社，2002.
113. 洛阳市文物工作队. 洛阳皂角树：1992～1993年洛阳皂角树二里头文化聚落遗址发掘报告［M］. 北京：科学出版社，2002.
114. 孙儒泳，等. 基础生态学［M］. 北京：高等教育出版社，2002.
115. 洛阳师范学院河洛文化国际研究中心. 洛阳考古集成·隋唐五代宋卷［M］. 北京：北京图书馆出版社，2005.
116. 王绍武，等. 现代气候学概论［M］. 北京：气象出版社，2005.
117. 吕贻忠，李保国. 土壤学［M］. 北京：中国农业出版社，2006.
118. 张继海. 汉代城市社会［M］. 北京：社会科学文献出版社，2006.
119. 李久昌. 国家、空间与社会：古代洛阳都城空间演变研究［M］. 西安：三秦出版社，2007.
120. 严耕望. 唐代交通图考［M］. 卷一. 上海：上海古籍出版社，2007.

121. 严耕望. 唐代交通图考 [M]. 卷六. 上海：上海古籍出版社，2007.
122. 梁方仲. 中国历代户口、田地、田赋统计 [M]. 北京：中华书局，2008.
123. 中共中央马克思恩格斯列宁斯大林著作编译局. 马克思恩格斯文集 [M]. 第九卷. 北京：人民出版社，2009.
124. 成一农. 古代城市形态研究方法新探 [M]. 北京：社会科学文献出版社，2009.
125. 段鹏琦. 汉魏洛阳故城 [M]. 北京：文物出版社，2009.
126. 张祥云. 北宋西京河南府研究 [M]. 郑州：河南大学出版社，2012.
127. 包伟民. 宋代城市研究 [M]. 北京：中华书局，2014.
128. 张国硕. 中原先秦城市防御文化研究 [M]. 北京：社会科学文献出版社，2014.
129. 中国社会科学院考古研究所. 隋唐洛阳城：1959～2001 年考古发掘报告 [M]. 北京：文物出版社，2014.
130. 张全明. 两宋生态环境变迁史 [M]. 北京：中华书局，2015.
131. 王星光，张强，尚群昌. 生态环境变迁与社会嬗变互动：以夏代至北宋时期黄河中下游地区为中心 [M]. 北京：人民出版社，2016.
132. 周振鹤，李晓杰. 中国行政区划通史·秦汉卷 [M]. 上海：复旦大学出版社，2016.
133. 曹家齐. 宋代的交通与政治 [M]. 北京：中华书局，2017.
134. 李晓杰. 水经注校笺图释（渭水流域诸篇）[M]. 上海：复旦大学出版社，2017.

三、中文论文

135. 陈久恒. 隋唐东都城址的勘查和发掘 [J]. 考古，1961（3）：127-135.
136. 竺可桢. 中国近五千年来气候变迁的初步研究 [J]. 中国科学，1973（2）：168-189.
137. 邹逸麟. 从含嘉仓的发掘谈隋唐时期的漕运和粮仓 [J]. 文物，1974（2）：57-66.
138. 陈久恒. "隋唐东都城址的勘查和发掘"续记 [J]. 考古，1978（6）：361-379.

139. 宿白. 隋唐长安城和洛阳城[J]. 考古, 1978 (6): 409 – 425, 401.
140. 高敏.《唐两京城坊考》东都部分质疑[J]. 中华文史论丛, 1980 (3): 175 – 185.
141. 施其仁. 伊洛河流域暴雨主要特征及其成因分析[J]. 河南师大学报 (自然科学版), 1983 (1): 43 – 49.
142. 郑斯中. 我国历史时期冷暖年代的干旱型[J]. 地理研究, 1983 (4): 32 – 40.
143. 马世骏, 王如松. 社会 – 经济 – 自然复合生态系统[J]. 生态学报, 1984 (1): 1 – 9.
144. 段鹏琦, 杜玉生, 肖淮雁等. 洛阳汉魏故城北垣一号马面的发掘[J]. 考古, 1986 (8): 726 – 730, 760.
145. 盛福尧. 初探河南省历史气候之特点及极值[J]. 中原地理研究, 1986 (2): 58 – 64.
146. 朱玲玲. 坊里的起源及其演变初探[J]. 郑州大学学报(哲学社会科学版), 1986 (2): 58 – 65.
147. 辛德勇. 崤山古道琐证[J]. 中国历史地理论丛, 1989 (4): 37 – 66.
148. 盛福尧. 初探河南省历史时期的寒暖[J]. 历史地理, 1990 (第七辑): 160 – 170.
149. 杜玉生, 肖淮雁, 钱国祥. 北魏洛阳外廓城和水道的勘查[J]. 考古, 1993 (7): 602 – 608.
150. 施雅风, 孔昭宸, 王苏民, 等. 中国全新世大暖期鼎盛阶段的气候与环境[J]. 中国科学(B辑 化学 生命科学 地学), 1993 (8): 865 – 873.
151. 赵冈. 从宏观角度看中国的城市史[J]. 历史研究, 1993 (1): 3 – 16.
152. 刘浦江. 金代户口研究[J]. 中国史研究, 1994 (2): 86 – 96.
153. 张丕远. 有关气候变化及其影响研究的展望[J]. 地理学报, 1994 (S1): 719 – 722.
154. 张丕远, 王铮, 刘啸雷, 等. 中国近2000年来气候演变的阶段性[J]. 中国科学(B辑 化学 生命科学 地学), 1994 (9): 998 – 1008.
155. 周振鹤. 从汉代"部"的概念释县乡亭里制度[J]. 历史研究, 1995 (5): 36 – 43.
156. 郭绍林. 洛阳天津桥、中桥与唐代社会生活[J]. 洛阳师专学报(自然科学版), 1996 (6): 66 – 71.

157. 王铮, 张丕远, 周清波. 历史气候变化对中国社会发展的影响: 兼论人地关系 [J]. 地理学报, 1996 (4): 329–339.

158. 吴宏岐, 党安荣. 唐都长安的驯象及其反映的气候状况 [J]. 中国历史地理论丛, 1996 (4): 171–177.

159. 张本昀, 李容全. 洛阳盆地全新世气候环境 [J]. 北京师范大学学报 (自然科学版), 1997 (2): 275–280.

160. 张丕远, 葛全胜, 张时煌, 等. 2000 年来我国旱涝气候演化的阶段性和突变 [J]. 第四纪研究, 1997 (1): 12–20.

161. 蒋复初, 吴锡浩, 孙东怀, 等. 中原邙山黄土地层 [J]. 地质力学学, 1998 (4): 14–20.

162. 满志敏. 关于唐代气候冷暖问题的讨论 [J]. 第四纪研究, 1998 (1): 20–30.

163. 吴宏岐, 党安荣. 隋唐时期气候冷暖特征与气候波动 [J]. 第四纪研究, 1998 (1): 31–38.

164. 朱士光, 王元林, 呼林贵. 历史时期关中地区气候变化的初步研究 [J]. 第四纪研究, 1998 (1): 1–11.

165. 王德权. 从"汉县"到"唐县": 三至八世纪河北县治体系变动的考察 [C] // 荣新江. 唐研究第五卷. 北京: 北京大学出版社, 1999: 161–218.

166. 陈良伟, 石自社. 洛阳唐东都圆璧城南门遗址发掘简报 [J]. 考古, 2000 (5): 34–38.

167. 费杰, 侯甬坚, 刘晓东, 等. 基于黄土高原南部地区历史文献记录的唐代气候冷暖波动特征研究 [J]. 中国历史地理论丛, 2001 (4): 75–82, 129.

168. 侯旭东. 北朝乡里制与村民的生活世界: 以石刻为中心的考察 [J]. 历史研究, 2001 (6): 16–29, 189.

169. 蓝勇. 唐代气候变化与唐代历史兴衰 [J]. 中国历史地理论丛, 2001 (1): 4–15, 125.

170. 郑景云, 张丕远, 葛全胜, 等. 过去 2000a 中国东部干湿分异的百年际变化 [J]. 自然科学进展, 2001 (1): 67–72.

171. 周宝珠. 北宋时期的西京洛阳 [J]. 史学月刊, 2001 (4): 109–116.

172. 葛全胜, 郑景云, 满志敏, 等. 过去 2000a 中国东部冬半年温度变化序列重建及初步分析［J］.地学前缘，2002（1）：169－181.

173. 葛全胜，郑景云，方修琦，等.过去2000年中国东部冬半年温度变化［J］.第四纪研究，2002（2）：166－173.

174. 赵振华，何汉儒.唐代洛阳乡里方位初探［C］//洛阳古代艺术馆，赵振华.洛阳出土墓志研究文集.北京：朝华出版社，2002：45－119.

175. 刘连香.张全义与五代洛阳城［J］.洛阳工学院学报（社会科学版），2002（2）：9－12.

176. 俞凉亘.隋唐东都天津桥的初步探讨［C］//中国古都学会2002年年会暨长江上游城市文明起源学术研讨会，2002：211－216.

177. 张光直，胡鸿保，周燕.考古学中的聚落形态［J］.华夏考古，2002（1）：61－84.

178. 张剑.洛阳出土墓志与洛阳古代行政区划之关系［C］//洛阳古代艺术馆，赵振华，洛阳出土墓志研究文集，北京：朝华出版社，2002：133－162.

179. 李孝聪.唐代城市的形态与地域结构：以坊市制的演变为线索［C］//李孝聪.唐代地域结构与运作空间.上海：上海辞书出版社，2003：248－306.

180. 梁亮，夏正楷.瀍河流域的河谷地貌结构及近万年以来土壤侵蚀量的估算［J］.水土保持研究，2003（3）：77－79.

181. 钱国祥.由阊阖门谈汉魏洛阳城宫城形制［J］.考古，2003（7）：629－639.

182. 钱国祥，刘瑞，郭晓涛.河南洛阳汉魏故城北魏宫城阊阖门遗址［J］.考古，2003（7）：596－617，680－682.

183. 陈良伟，李永强，石自社.定鼎门遗址发掘报告［J］.考古学报，2004（1）：87－130，147－154.

184. 陈良伟，石自社，韩建华.北宋西京洛阳监护城壕的发掘［J］.考古，2004（1）：62－66.

185. 葛全胜，郑景云，满志敏，等.过去2000年中国温度变化研究的几个问题［J］.自然科学进展，2004（4）：91－97.

186. 季军良，郑洪波，刘锐.邙山黄土地层再研究［J］.海洋地质与第四纪地质，2004（4）：101－108.

187. 陈联，蔡小峰.城市腹地理论及腹地划分方法研究［J］.经济地理，

2005（5）：629-631，654.
188. 王利华. 生态环境史的学术界域与学科定位［J］. 学术研究，2006（9）：5-11，147.
189. 成一农."中世纪城市革命"的再思考［J］. 清华大学学报（哲学社会科学版），2007（2）：77-87.
190. 徐东升.《元丰九域志》户口、铸钱监和盐产地年代考［J］. 厦门大学学报（哲学社会科学版），2007（5）：108-114.
191. 徐昭峰."谷、洛斗，将毁王宫"事件的考古学观察［J］. 中原文物，2007（4）：62-65.
192. 张本昀，陈常优，王家耀. 洛阳盆地平原区全新世地貌环境演变［J］. 信阳师范学院学报（自然科学版），2007（3）：381-384.
193. 张全明. 论北宋开封地区的气候变迁及其特点［J］. 史学月刊，2007（1）：98-108.
194. 李健超. 崤山南道考察记［J］. 三门峡职业技术学院学报，2008（4）：45-48.
195. 方孝廉，李永强. 洛阳城市建设中的考古发现与探索［J］. 三门峡职业技术学院学报，2009（1）：49-54.
196. 石自社. 隋唐东都形制布局特点分析［J］. 考古，2009（10）：78-85.
197. 朱宇强. 开元八年洛阳水灾试析［J］. 唐史论丛，2009（第十一辑）（00）：298-307.
198. 曾谦. 隋唐时期的崤山南道［J］. 河南科技大学学报（社会科学版），2010（4）：5-9.
199. 宁欣，陈涛."中世纪城市革命"论说的提出和意义：基于"唐宋变革论"的考察［J］. 史学理论研究，2010（1）：125-134+160.
200. 宁欣，陈涛. 唐宋城市社会变革研究的缘起与思考［J］. 中国史研究，2010（1）：25-30.
201. 郑景云，邵雪梅，郝志新. 过去2000年中国气候变化研究［J］. 地理研究，2010（9）：1561-1570.
202. 马依莎. 隋唐东都洛阳城水系浅析［J］. 洛阳理工学院学报（社会科学版），2011（2）：4-8.
203. 王炬. 谷水与洛阳诸城址的关系初探［J］. 考古，2011（10）：79-84.

204. 满志敏. 全球环境变化视角下环境史研究的几个问题［J］. 思想战线，2012（2）：60－63.

205. 王震中. 关于古代国家的概念定义与标志［J］. 考古学研究，2012（00）：748－767.

206. 楚纯洁，赵景波. 开封地区宋元时期洪涝灾害与气候变化［J］. 地理科学，2013（9）：1150－1156.

207. 王星光，柴国生. 宋代传统燃料危机质疑［J］. 中国史研究，2013（4）：139－156.

208. 陈淳. 聚落考古与城市起源研究［J］. 杭州师范大学学报（社会科学版），2014（1）：47－57.

209. 葛全胜，郑景云，郝志新. 过去2000年中国气候变化研究的新进展［J］. 地理学报，2014（9）：1248－1258.

210. 贾兵强. 隋唐时期黄河中下游地区气候变化初步研究［J］. 农业考古，2014（3）：116－121.

211. 陈国梁，许宏，赵海涛. 河南偃师市二里头遗址墙垣和道路2012—2013年发掘简报［J］. 考古，2015（1）：40－57＋2.

212. 聂传平. 宋代环境史专题研究［D］. 陕西师范大学，2015.

213. 王炬，吕劲松，赵晓军. 金元明清洛阳城东南隅2014年度发掘简报［J］. 洛阳考古，2015（3）：21－37.

214. 王利华. 探寻吾土吾民的生命足迹：浅谈中国环境史的"问题"和"主义"［J］. 历史教学（下半月刊），2015（6）：3－8＋19.

215. 许宏. 二里头：中国早期国家形成中的一个关键点［J］. 中原文化研究，2015（4）：52－57.

216. 严辉. 陆浑之戎地名地望通考［J］. 洛阳考古，2015（3）：60－66.

217. 蔡运章，史家珍，周加申. 三塗山、涂山氏及其历史文化考察［J］. 洛阳考古，2016（2）：41－53.

218. 高虎，王炬. 近年来隋唐洛阳城水系考古勘探发掘简报［J］. 洛阳考古，2016（3）：3－17.

219. 韩建华. 试论北宋西京洛阳宫城、皇城的布局及其演变［J］. 考古，2016（11）：113－120＋2.

220. 李乐. 明到民国末年南洛河河口变迁研究［J］. 西安文理学院学报（社会科学版），2016（3）：65－68.

221. 刘涛，钱国祥，郭晓涛. 河南洛阳市汉魏故城太极殿遗址的发掘 [J]. 考古，2016（7）：63-78.
222. 闵祥鹏. 实都策略、人口增长与政治中心东移：唐显庆至开元年间长安、洛阳政治地位变迁的量化分析 [J]. 社会科学，2016（7）：144-159.
223. 赵晓军，吕劲松，张如意. 洛阳汉唐漕运水系考古调查 [J]. 洛阳考古，2016（4）：8-18.
224. 陈业新. 《周礼》生态职官考述 [J]. 中原文化研究，2017（6）：111-121.
225. 韩建华. 唐东都洛阳履道坊白居易宅院出土经幢研究 [J]. 考古，2017（6）：102-111.
226. 于志飞，王紫微. 南郊之丘：从西朱村曹魏墓看曹魏洛阳"王畿"空间设计 [J]. 洛阳考古，2017（1）：52-65.
227. 韩建华. 唐宋洛阳宫城御苑九洲池初探 [J]. 中国国家博物馆馆刊，2018（4）：35-48.
228. 侯深. 错综的轨迹：在自然中重写城市史 [J]. 史学月刊，2018（3）：10-17.
229. 李久昌. "崤函古道"释名 [J]. 三门峡职业技术学院学报，2018（1）：1-8.
230. 李久昌. 夏王朝时期崤函古道交通的初创 [J]. 三门峡职业技术学院学报，2018（2）：1-9.
231. 洛阳市文物考古研究院. 隋唐洛阳城西苑水系遗迹2016年度考古调查与发掘简报 [J]. 华夏考古，2018（4）：112-118.
232. 钱国祥. 汉魏洛阳故城居中宫城制度考 [N]，中国社会科学报，2018-07-03：7.
233. 王利华. "资源"作为一个历史的概念 [J]. 中国历史地理论丛，2018（4）：35-45.
234. 夏方胜. 2000年以来中古时期环境史研究述评 [J]. 中国史研究动态，2018（3）：13-22.
235. 杨州，王书兵，蒋复初. 中原邙山黄土地层划分的讨论 [J]. 地质力学学报，2018（2）：274-282.
236. 郑景云，方修琦，吴绍洪. 中国自然地理学中的气候变化研究前沿进展 [J]. 地理科学进展，2018（1）：16-27.

237. 韩建华，屈昆杰，石自社. 河南洛阳市隋唐东都宫城核心区南部2010~2011年发掘简报［J］. 考古，2019（1）：60-84+2.

四、译文译著及外文文献

238. ［英］A. N. 怀特海. 科学与近代世界［M］. 何钦，译. 北京：商务印书馆，1959.

239. ［日］周藤吉之. 唐宋社会经济史研究［M］. 東京：東京大学出版会，1965.

240. ［日］爱宕元. 唐代両京郷里村考［J］. 東洋史研究，1981，（第四十卷3号）.

241. ［日］日野開三郎：唐代大城邑の戶数規模について：特に首都長安を中心とする［C］//日野開三郎. 東洋史学論集. 東京：三一書房，1988：241-281.

242. ［美］唐纳德·沃斯特. 自然的经济体系：生态思想史［M］. 侯文蕙，译. 北京：商务印书馆，1999.

243. ［法］亨利·列斐伏尔：空间：社会产物与使用价值［C］//包亚明. 现代性与空间的生产，上海：上海教育出版社，2003：47-58.

244. ［美］唐纳德·沃斯特. 为什么我们需要环境史［J］. 世界历史，2004（3）：4-12，142.

245. ［英］李约瑟. 李约瑟中国科学技术史［M］. 第六卷·第一分册. 袁以苇，等，译. 北京：科学出版社，2006.

246. ［美］J. 唐纳德·休斯. 什么是环境史［M］. 梅雪芹，译. 北京：北京大学出版社，2008.

247. ［日］宇都宫美生：隋唐洛阳城时期西苑的四至和水系［C］//洛阳博物馆. 洛阳博物馆建馆50周年论文集. 郑州：大象出版社，2008：90-115.

248. ［美］芒福德. 城市文化［M］. 宋俊岭，李翔宁，等，译. 北京：中国建筑工业出版社，2009.

249. ［美］Eugene P. Odum, Gary W. Barrelt. 基础生态学［M］. 陆健健，王伟，王天慧，等，译. 北京：高等教育出版社，2009.

250. ［日］肥田路美. 奉先寺洞大佛与白司马坂大佛［J］. 石窟寺研究，2010（第1辑）：130-136.

251. [美] J. R. 麦克尼尔. 阳光下的新事物：20 世纪世界环境史 [M]. 韩莉, 等, 译. 北京：商务印书馆, 2013.
252. [美] 南茜·兰斯顿, 曹牧. 变迁世界中的环境史学：进化、环境健康与气候变化 [J]. 中国人民大学学报, 2013（3）：13－19.
253. [美] 狄·约翰, 王笑然. 气候改变历史 [M]. 王笑然, 译. 北京：金城出版社, 2014.
254. [日] 久保田和男. 宋都開封の旧城と旧城空間について [J]. 都市文化研究, 2014（16）：79－91.
255. [日] 妹尾达彦. 帝都的风景、风景的帝都：建康·大兴·洛阳 [C] //陈金华, 孙英刚. 神圣空间：中古宗教中的空间因素. 上海：复旦大学出版社, 2014：23－105.
256. [德] 恩格斯. 自然辩证法 [M]. 中共中央马克思恩格斯列宁斯大林著作编译局, 编译. 北京：人民出版社, 2015.
257. [英] 拉伍洛克. 盖娅时代：地球传记 [M]. 肖显静, 范祥东, 译. 北京：商务印书馆, 2017.
258. [美] 包弼德. 斯文：唐宋思想的转型 [M]. 南京：江苏人民出版社, 2017.
259. [日] 宫崎市定. 中国聚落形态的变迁 [M]. 张学锋, 马云超, 石洋, 译. 上海：上海古籍出版社, 2018.